POR FAVOR, TOCA

POR FAVOR, TOCA

SUSAN STRIKER

grijalbo

POR FAVOR, TOCA

Título original en inglés: *Please Touch*

Traducción: Argelia Castillo Cano,
de la edición de
Simon&Schuster/A Fireside Book
Nueva York, 1986

Calz. San Bartolo Naucalpan núm. 282
Argentina Poniente 11230
Miguel Hidalgo, México, D.F.

ISBN 970-05-1144-8

IMPRESO EN MÉXICO

Dedico este libro a todos los niños
cuyos padres y maestros les han enseñado,
con tanto cuidado,
todas aquellas cosas que no deben tocar o hacer
en este mundo.

Índice

TERCERA PARTE
El niño entre los dos y los tres años

CUARTA PARTE
El niño entre los tres y los cuatro años

Agradecimientos

Gracias a mis amigos Pat Feller y Dana Wyles, así como a mi representante Chris Tomasino, por su ayuda, inspiración y aliento, y a Doug Wyles por introducirme al arte de Frank Post, quien hizo las ilustraciones de este libro.

Gracias a las musicólogas Ann Russell y Nancy Sheridan Montgomery por su generosa contribución a los capítulos sobre música, así como a mi querida amiga, la maestra de música Maryann Craven, quien dedicó mucho de su tiempo, información y experiencia a los capítulos sobre ese tema.

Por sus generosas contribuciones de tiempo y experiencia en la cuestión del movimiento quiero agradecer a Patty Caplan y a Cynthia Olivera, y también a Jack Wiener de la Escuela para el Movimiento Creativo en las Artes, quien con desinterés me proporcionó información sobre movimiento y danza.

Gracias a Leslie Day de la Asociación para el Masaje Infantil, quien contribuyó a la sección sobre ese tema.

Gracias muy especiales a mi marido Michael por su paciencia, apoyo y ayuda. Gracias a Suzanne Kolodziej y a Janet Liff por su ayuda en la compilación de la lista de museos para niños.

Y, sobre todo, quisiera dar las gracias a todos los niños que contribuyeron a la realización de este libro y que con tanta generosidad permitieron que se les fotografiara o proporcionaron sus obras de arte, y a los padres de ellos por su cooperación:

Oren Abeles
Tally Kristen Brolin
Pat Feller
Sarah Feller
Paul Gnellery
Miguel Gómez
George Gumpert
Dennis Holland
Nicholas Krohley
Russell Lambright
Jeffrey Lane
Amanda Miller
Jesse Conan
Elizabeth Craven
Elizabeth Newman
Jonathan Nickerson
Peg Nickerson
Rachel Perschetz
Katherine Severs
Jesse Sneddon
Jason Striker
Laura Wigmore
Gregory Wyles
Evan Zeisel

Gracias especiales a mi hijo Jason, cuya curiosidad y creatividad inspiraron este libro, y quien con alegría me autorizó a fotografiar, anotar y fechar cada uno de sus movimientos.

Las ilustraciones de Frank Post fueron hechas a partir de fotografías de Susan Striker.

Christine Buck Kissel copió la música.

Introducción

Si usted desea que su hijo "se adapte" a la escuela, que entienda que él o ella no es "mejor" que los demás niños y que nunca se arriesgue a nada, entonces no debe leer este libro. Si a usted le parece importante que su casa y la ropa de su pequeño *siempre* estén limpias y ordenadas, entonces este libro le hará sentirse incómodo. Por otra parte, tampoco puedo prometer que voy a convertir a su hijo en un Miguel Ángel. Este libro no pretende enseñar a dibujar o pintar bien. Explica, en cambio, cómo estimular a su niño o niña para que piense de manera independiente y confiada. Es un libro que se propone ayudar a su hijo a explorar su medio con intrepidez pero también con sensibilidad. Habla de cómo ayudarlo a conservar la curiosidad con que nacen todos los niños y que la mayoría ha perdido para el momento en que entran a la escuela. Es un libro sobre cómo ser un tipo especial de padre, uno que prefiere supervisar de cerca esos momentos en los que sería más fácil decir "no, es muy peligroso", y al que no le importa cargar con las tareas extra de limpiar lo que inevitablemente ensucian los niños activos, exploradores, intrépidos y curiosos. Creo que la mayoría de las personas que tienen hijos especiales y talentosos en realidad tienen hijos normales, y que son ellas las que tienen un talento especial para la paternidad y la maternidad.

En mis muchos años dedicados al arte, como maestra y autora de libros, he tenido que destinar buena parte de mi propia energía creativa a combatir las acciones de buena fe, pero inhibidoras, de padres y maestros; a poner fin a las mal llamadas actividades "artísticas", y a desalentar los juguetes y juegos que evitan que los niños piensen por sí mismos y desarrollen mentes curiosas. Aunque mi especialidad es el arte, trabajo con niños cuyos cerebros no están divididos en compartimientos; de modo que cada vez me fue más claro que una razón por la cual los niños no pueden expresarse a través del arte es por haber sido sistemáticamente programados para no expresarse en otras áreas, tales como la música, la danza, la palabra o las actividades físicas. Un ambiente restrictivo es aquel en el que los padres están el día entero diciendo "no toques", lo que para un niño significa lo mismo que "no aprendas". "Por favor toca" o "inténtalo si quieres" son las dos frases que mejor resumen la filosofía de este libro. Por supuesto, es fácil para un maestro criticar a los padres, pero también soy madre de familia y aquí hago algunas propuestas que puse a prueba con mi propio hijo, así como con mis estudiantes en una escuela llamada Jóvenes en el Arte.

Tradicionalmente los bebés son considerados un regalo de la cigüeña o de Dios para los padres, pero en realidad son regalos que los padres ofrecen al mundo. ¿Cómo crecerá su bebé?, ¿qué aportaciones recibirá el mundo de usted, a través de la manera cuidadosa y sensible con que ha educado a su hijo? Todos tenemos grandes esperanzas y expectativas para nuestros críos, pero es fácil olvidar nuestros objetivos de largo plazo cuando estamos atrapados en la vida diaria con un niño o un bebé.

Su hijo es especial, no sólo diferente de todos los otros niños, sino incluso muy diferente de sus demás hijos. Y, sin embargo, ciertas conductas y patrones de desarrollo son perfectamente predecibles. Él o ella seguramente se sentarán alrededor de los seis meses, podrán con facilidad sostener algo entre el dedo pulgar y el índice a los ocho, caminarán a los doce y hablarán a los veinticuatro. También es seguro que ese bebé romperá libros, pintará las paredes, derramará innumerables vasos de jugo, romperá cosas, tendrá dificultad muchas veces para compartir sus objetos y hará berrinches para expresar su frustración. La manera de reaccionar frente a sus logros y manejar las conductas que se consideran inaceptables ejercerá una influencia definitiva sobre la conducta futura del niño. Los juguetes, libros y experiencias de juego que usted le proporcione, así como la manera en que le exprese su amor, también tendrán una influencia importante sobre el tipo de ser humano en que se convertirá su pequeño.

Como padre de familia, no es mi objetivo que mi hijo se convierta en artista. Lo que quiero es que tenga confianza en su propia capacidad para resolver problemas, que desarrolle su fantasía y, sobre todo, que piense por sí mismo. El proceso de pensamiento creativo prevalecerá después en cualquier cosa en la que se interese. De hecho, es bastante desafortunado que la palabra *creatividad* se relacione tanto con las actividades artísticas. He visto la palabra en el anuncio de uno de esos juegos llamados de arte que incluía las palabras *calcar* y *colorear*, dos actividades que en realidad no dejan lugar para la verdadera creatividad. De manera ideal, el arte *debería* ser un esfuerzo creativo, que sólo incluyera ideas originales y un pensamiento experimental, pero en la realidad no siempre es así. Es posible producir algo que parezca muy artístico sin tener ni un solo pensamiento creativo en la cabeza y, en cambio, es posible ser creativo como banquero, abogado, maestro, científico o ama de casa. Alguien me dijo una vez si no me parecería terrible que, después de trabajar tan duro, mi hijo decidiera ser banquero, a lo cual respondí con un rotundo no, porque estoy tratando de criar a mi hijo de una manera que le permita ser cualquier cosa. Lo único importante es precisamente que su vida no esté gobernada por lo que a *mí* me gustaría, sino por lo que *él* quiera. Los proyectos artísticos que hacemos *no* están diseñados para llevarlo a elegir una carrera artística; les atribuimos importancia en nuestras vidas porque son una forma de juego que, cuando se presenta de manera adecuada, estimula a los niños a adquirir el hábito de utilizar sus propias mentes; así que resultan igualmente valiosos tanto para futuros artistas como para futuros banqueros, médicos, licenciados o contadores.

Para preparar este libro, combiné mis estudios en educación artística con mi experiencia como maestra de arte y como directora del centro Jóvenes en el Arte (al que asisten niños de entre uno y doce años, para aprender a pensar creativamente a través de su participación en arte, música y actividades de juego), y con mi realidad de madre. Después de todo, una cosa es decir: "No castigue a su hijo por pintar las paredes", y otra muy distinta decir: "Esto es lo que yo hice —y por qué— cuando mi hijo pintó las paredes".

Sabemos que a los cuatro años, los niños ya han desarrollado aproximadamente la mitad de su inteligencia, o sea que los años preescolares, cuando el pequeño está con usted y no con maestros profesionales, constituyen el periodo clave de su vida intelectual. Muchos han malinterpretado esta información al pensar que los bebés pueden leer o aprender matemáticas o dibujar como adultos. De hecho, hay muchas actividades preliminares que sirven como preparación al niño y que éste debe experimentar para hacer después cosas más sofisticadas. Antes de leer, escribir, sumar, restar o dibujar, debe aprender sobre la luz, el aire y el agua, lo duro y lo blando, el día y la noche, el lenguaje y el movimiento, caminar y comer, el amor y el miedo, y esto sólo para empezar. Al elegir las actividades para su bebé o niño pequeño, debe hacerlo con mucho cuidado, pues ellas no sólo pondrán los cimientos para su aprendizaje futuro, sino también le ayudarán a configurar todo el modo de ver la vida y su actitud hacia el aprendizaje. Las más sencillas canciones infantiles le enseñarán el amor por las palabras, los juegos con los dedos podrán prepararlo para las matemáticas, y los garabatos le darán las bases para escribir.

La investigación muestra que un niño adquiere cerca de 50% de su inteligencia hacia los cuatro años, otro 30% hacia los ocho y el resto (20%) hacia los diecisiete. Así pues, es muy claro que depende de mamá y papá, y no de algún maestro de arte, por muy experto que sea, que el infante entre con firmeza en el camino de la creatividad y la sensibilidad. Y si bien es cierto que no necesariamente será usted la persona que le enseñe la diferencia entre un Picasso y un Braque, sí será la única que le enseñe de qué se trata la vida y si el pensamiento imaginativo, la apreciación de la belleza o la habilidad para resolver problemas forman parte de ella.

Los padres somos sólo seres humanos y, a pesar de nuestras mejores intenciones, estamos condenados a cometer errores en el largo camino de la crianza de nuestros hijos. Pero si uno debe errar, que sea por el lado de la indulgencia. Dé a su hijo siempre demasiado amor, demasiado tiempo, demasiados juguetes, demasiado interés, demasiada confianza y demasiada libertad. Creo que para liberar a su hijo a fin de que sea un ser pensante, creativo e inteligente, lo primero que debe darle son tres regalos:

1. Un firme sentimiento de ser amado, querido y respetado.

2. La libertad para satisfacer su curiosidad lo mejor posible, seguro de que sus logros serán valorados a pesar de los inevitables desórdenes y los inconvenientes que ocasione a los padres.

3. La oportunidad de realizar la mayor cantidad de actividades en las que él exprese interés, sin tener que adaptarse a expectativas preconcebidas de lo que es correcto o equivocado.

Los niños son muy diferentes y se desarrollan a diferentes velocidades, pero las siguientes gráficas muestran los tiempos aproximados en que están listos para desarrollar los diversos aspectos de la creatividad:

DIBUJO

6 a 12 meses	12 a 18 meses	18 a 24 meses
Sostiene un crayón, lo mira, se lo lleva a la boca. 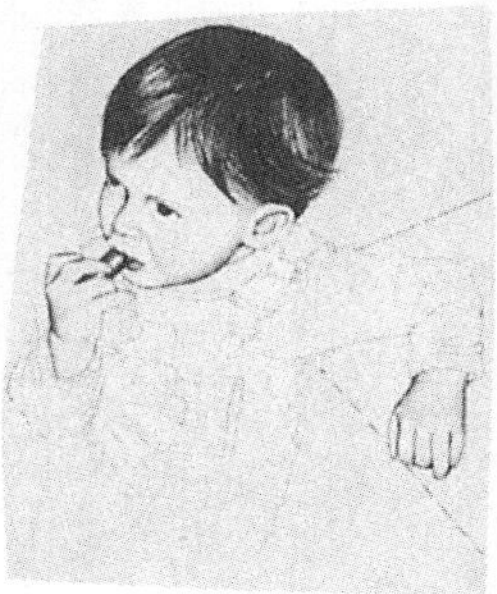	Intenta hacer algunos garabatos. 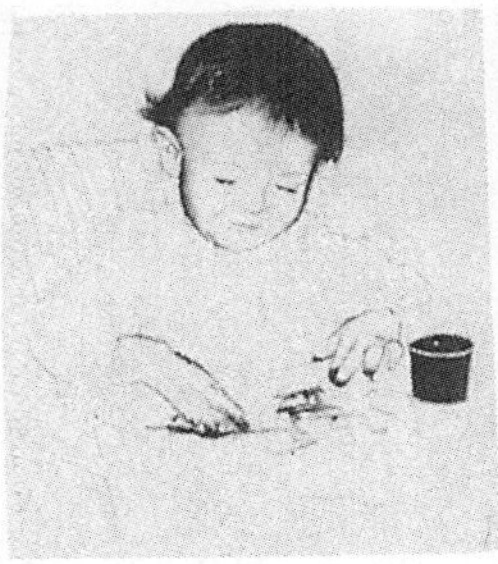	Dibuja líneas verticales, horizontales, diagonales; experimenta con los garabatos y se interesa en las texturas. 
24 a 30 meses	**30 a 36 meses**	**36 a 42 meses**
Hace garabatos más libres, circulares, y empieza a darles una diversidad de formas. 	Nombra las figuras después de dibujarlas. Con frecuencia las líneas se unen para cerrar las figuras. 	Cuenta historias sobre los dibujos, empieza experimentos tipo mandala, y tal vez dibuje figuras humanas. 

TRABAJO CON PLASTILINA O CON MASA

6 a 12 meses	12 a 18 meses	18 a 24 meses
Prueba la plastilina y se la come. 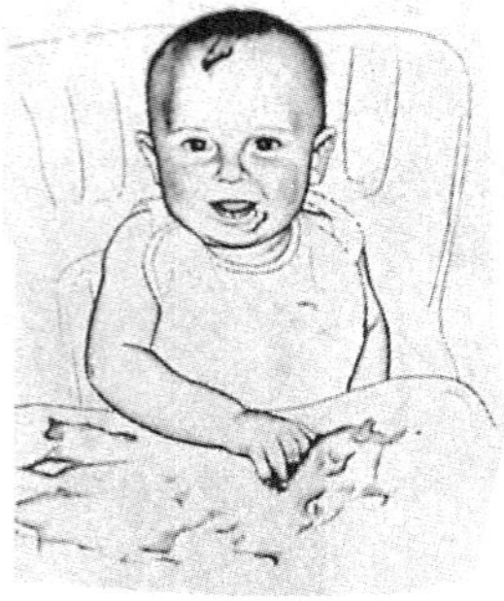	La aplasta, exprime y bate. 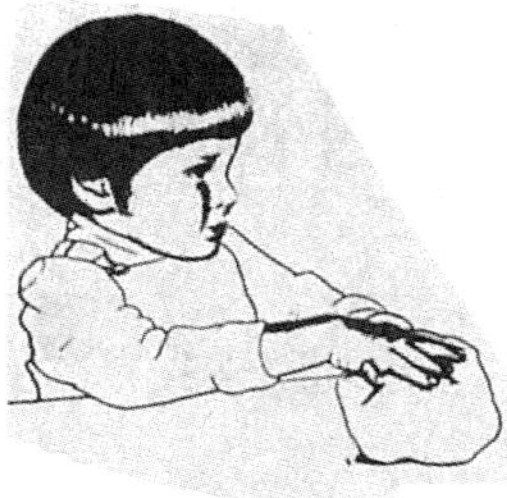	La rueda dándole forma de víbora. 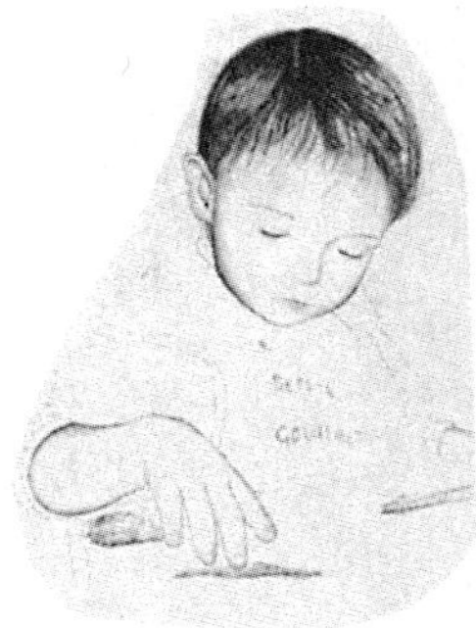

24 a 30 meses	30 a 36 meses	36 a 42 meses
Hace bolas de plastilina y nombra los objetos que modela para jugar con ellos (trenes, víboras y tortillas son sus favoritos). 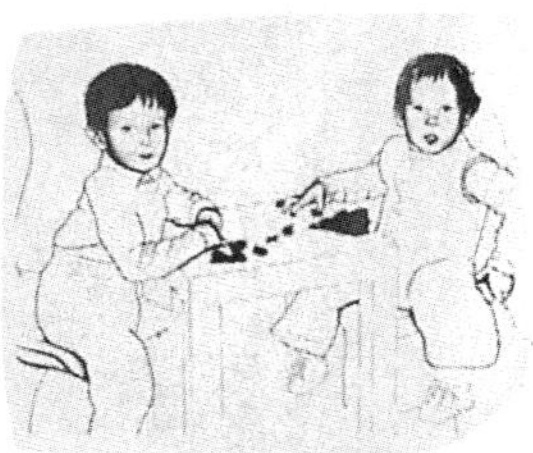	Graba decoraciones sobre la plastilina y le pega objetos. 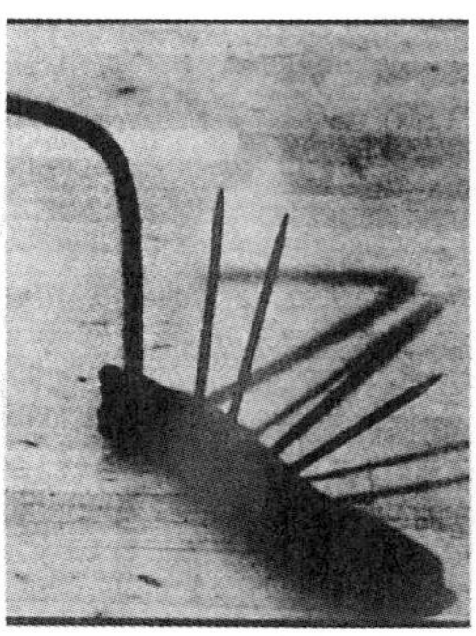	Hace diseños planos y los apila unos sobre otros; construye. 

PINTURA

6 a 12 meses	12 a 18 meses	18 a 24 meses
Embarra la pintura con las manos y la prueba. 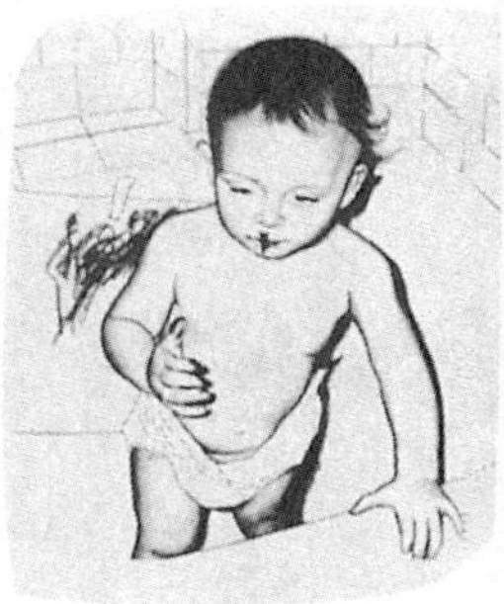	Se decora el cuerpo y se unta la pintura haciendo movimientos con el pincel. 	Pinta líneas que parecen garabatos. 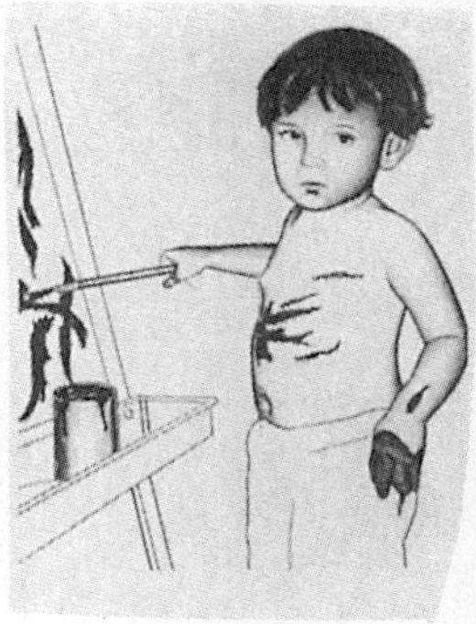

24 a 30 meses	30 a 36 meses	36 a 42 meses
Sigue desarrollando sus garabatos con pintura. 	Pinta áreas completas en el papel. 	Sigue pintando líneas y formas, aunque ya en el dibujo ha comenzado el realismo. 

MOVIMIENTO

6 a 12 meses	12 a 18 meses	18 a 24 meses
Está acostado de espaldas y patalea. Gatea. Se empuja para enderezarse. 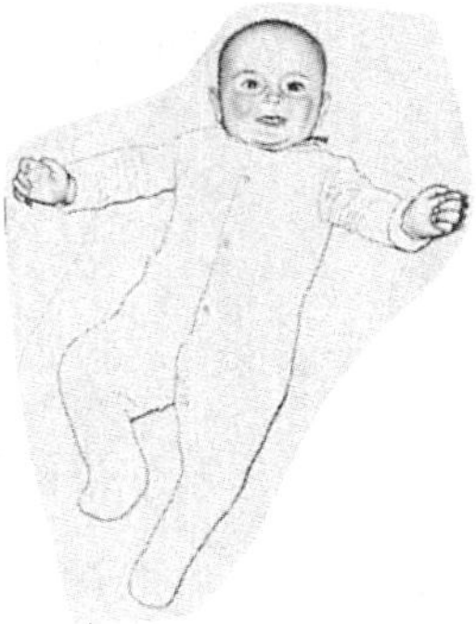	Empieza a caminar. Se balancea al ritmo de la música. Le encanta actuar para el público. 	Corre, se para de puntas. 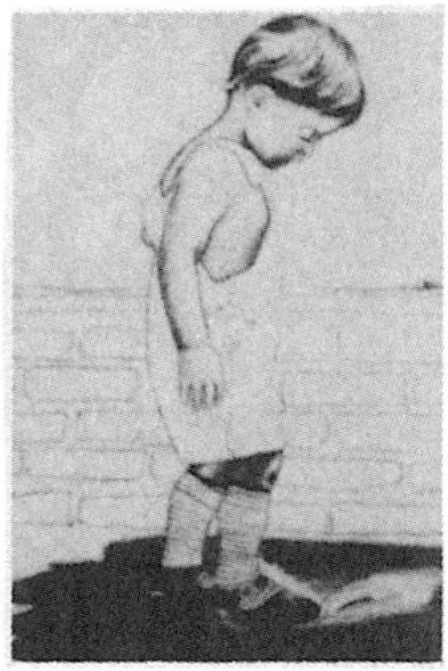
24 a 30 meses	**30 a 36 meses**	**36 a 42 meses**
Brinca en un sitio, camina de puntas. 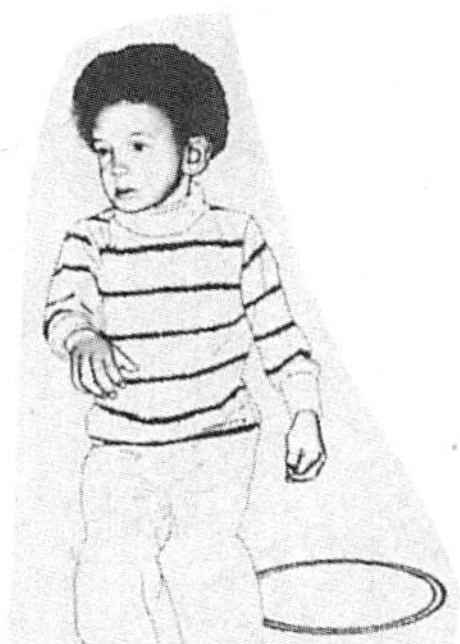	Se puede parar en un solo pie. Pero no puede alternarlos para saltar; marcha. 	Brinca en su lugar. Empieza a saltar. Está muy bien coordinado y puede empezar a experimentar en bailes organizados y deportes. 

MÚSICA

6 a 12 meses	12 a 18 meses	18 a 24 meses
Disfruta escuchando música y se interesa en producir sonidos con instrumentos. Puede hacer sonidos con la boca: chascar la lengua, gorjear, balbucir.	Le pega al tambor, a los platillos, al xilófono. Empieza a soplar. Le fascina cantar. Se balancea y baila con ritmo.	Puede tocar la trompeta y la armónica. Manipula sus dedos sobre el piano.
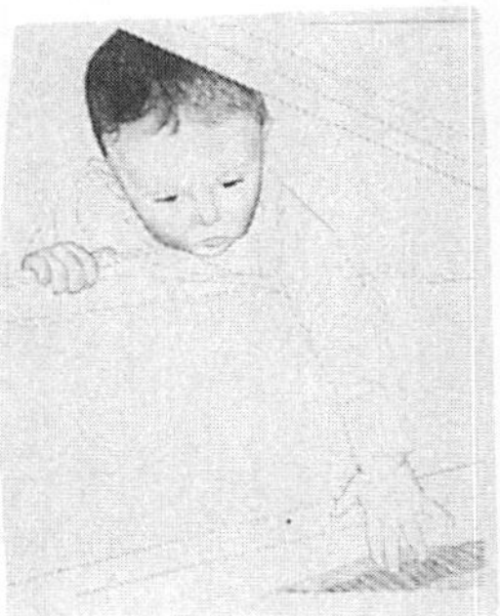	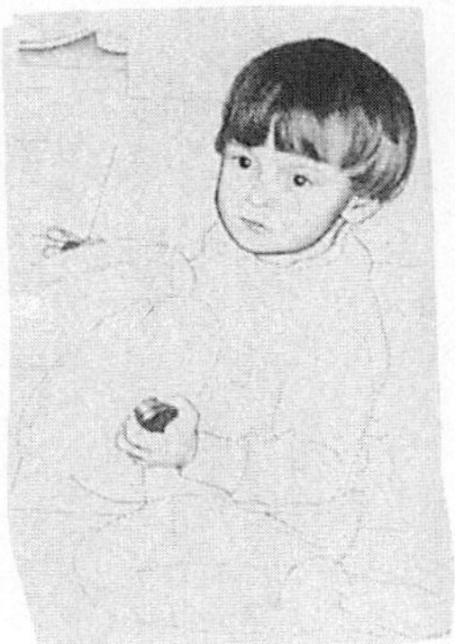	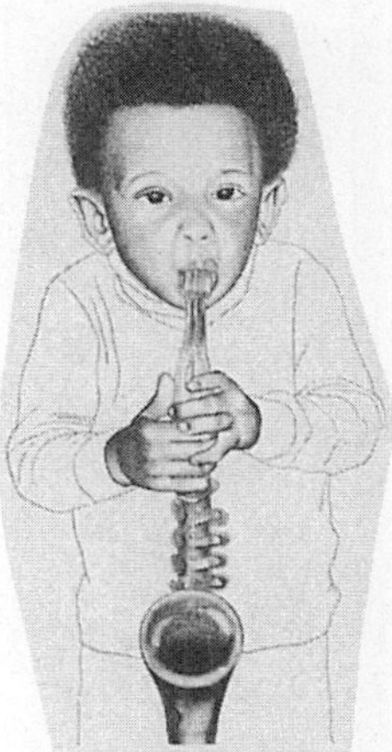
24 a 30 meses	**30 a 36 meses**	**36 a 42 meses**
Tararea aunque no una música en particular. Disfruta haciendo música.	Escucha cintas y discos. Disfruta observando a los músicos mientras tocan.	Canta siguiendo la música e inventa canciones. Disfruta cantando en grupo. Puede tocar un instrumento aunque no una melodía.
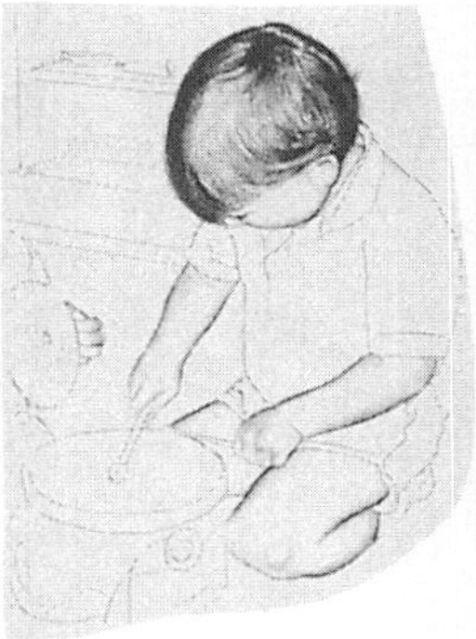	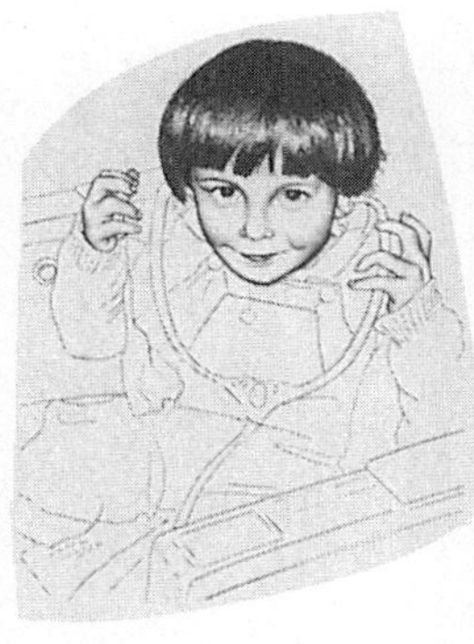	

CONSTRUCCIÓN

6 a 12 meses	12 a 18 meses	18 a 24 meses
Disfruta derrumbando las estructuras que otros construyeron. 	Lleva los cubos de un lugar a otro y los coloca en lugares específicos. 	Construye hileras verticales y horizontales. 
24 a 30 meses	**30 a 36 meses**	**36 a 42 meses**
Une dos cubos con un tercero. 	Construye recintos. 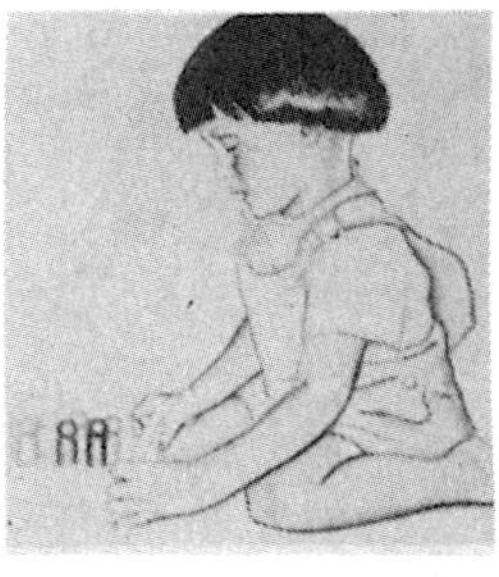	Pone nombre a sus construcciones y juega con ellas. 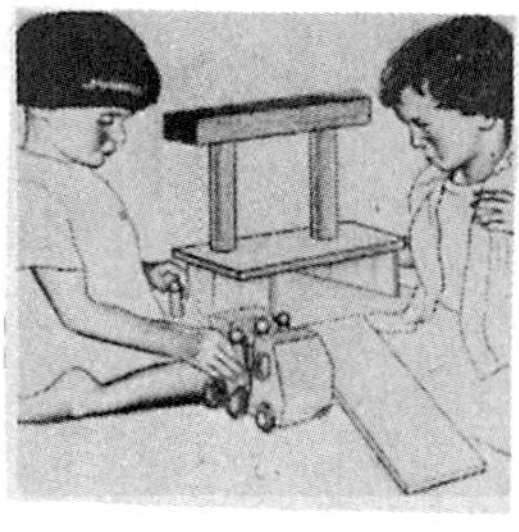

JUEGOS DE IMAGINACIÓN

6 a 12 meses	12 a 18 meses	18 a 24 meses
Le gusta que los adultos jueguen a ocultarse y aparecer. Imita los sonidos de los animales. Puede sustituir un objeto por otro. 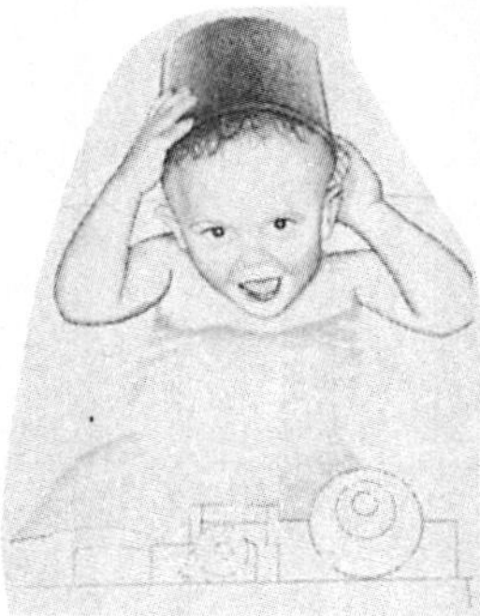	Empieza a jugar a esconderse; simula actividades como dar de comer a su muñeca. Hace cosas para provocar una respuesta de sus padres. Entiende la diferencia entre lo simulado y lo verdadero. Utiliza los juguetes para adoptar papeles de adulto. 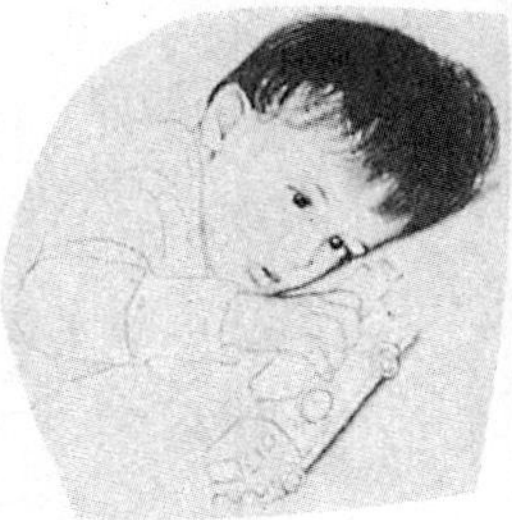	Le encanta simular que es adulto. Juega solo haciendo representaciones teatrales con objetos como muñecos, automóviles, etcétera. 
24 a 30 meses	30 a 36 meses	36 a 42 meses
Disfruta escuchando historias y le gusta que le lean. 	Se involucra en los papeles que desempeña en el juego, cuenta historias y se disfraza. 	La mayor parte de su tiempo de juego se va en actuar y simular. Disfruta los juegos con otros niños y se suma a ellos cuando de imitar se trata. 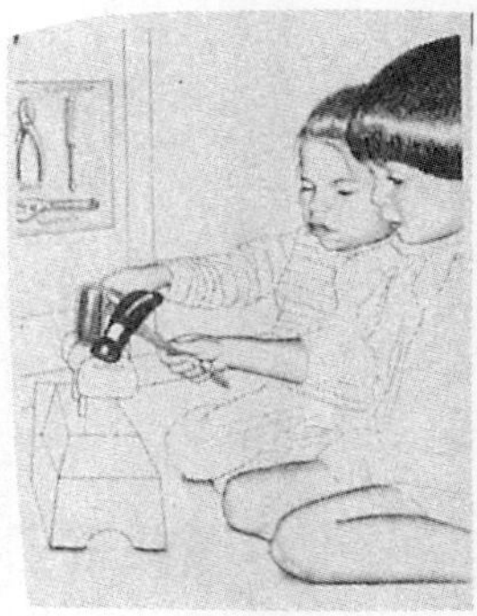

Primera parte

Del nacimiento del niño al primer año de edad

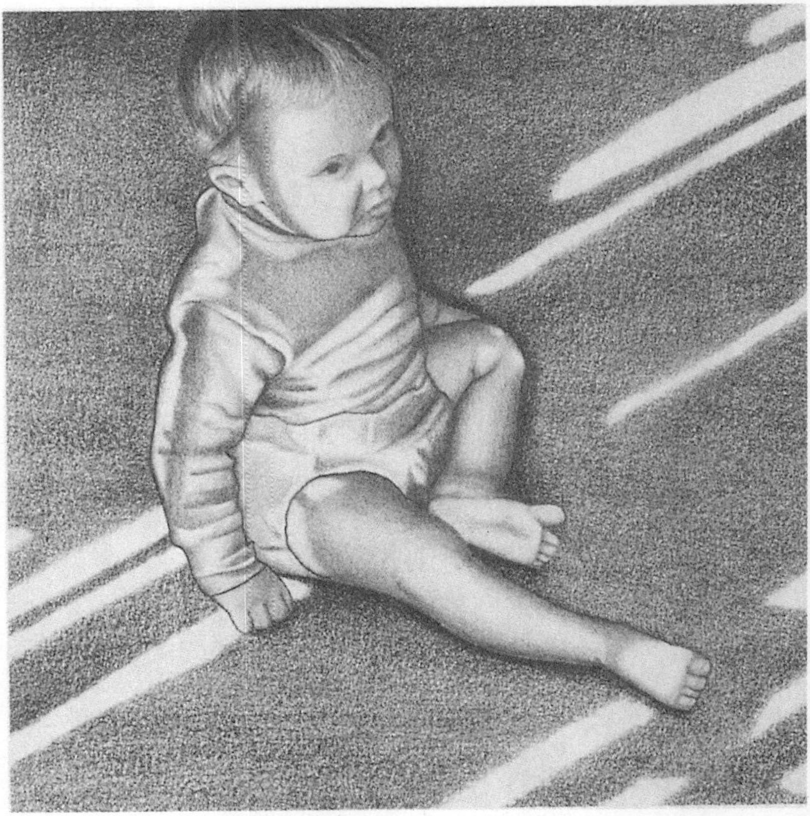

1. El primer año

Los padres casi nunca tienen que "enseñar" algo a sus hijos. Todo lo que deben hacer es darles la oportunidad de aprender y crear un ambiente que los lleve a la libre exploración. Tratar de mantener limpios y desinfectados a los niños y la casa puede tener un efecto negativo: inhibir el pensamiento independiente y la curiosidad. Usted puede ayudar a su hijo a apreciar el mundo a través de sus cinco sentidos señalándole algunas cosas, descubriéndole otras y mostrando interés por su reacción personal hacia ellas. Desde el primer día, muestre cualquier cosa a su bebé y dé a cada cosa un nombre. Ponga la mano del pequeño sobre el tronco de un árbol, una pantalla, un terciopelo, una alfombra y cualquier otra cosa que esté cerca de él y descríbasela. Háblele de los efectos cambiantes de la luz, de las sombras sobre la pared, de los cláxones de automóviles que se escuchan en la calle y del aroma de las flores. No se sorprenda después cuando él vea y escuche cosas en las que usted ya no repara.

Respete las preferencias del niño y aliéntelo a participar en la toma de decisiones. Por supuesto, "¿cómo te gustaría vestirte hoy?" es una decisión muy difícil para un bebé, pero "¿cuál de estas dos prendas preferirías ponerte?" es un buen principio. Al vestir a su bebé le puede decir: "¿te gustaría ponerte el vestido azul de tela suavecita o el pantalón rosa con elástico?", y verá que antes de que cumpla su primer año ya le dará una respuesta. Y es que para llegar a tomar decisiones es necesario empezar por las más sencillas.

Los padres y madres primerizos se preocupan mucho por la alimentación, sea el pecho o la fórmula, los pañales y baños, las fiebres y rozaduras, aunque no necesariamente en ese orden. Sin embargo, su papel principal como padre consiste en ayudar a su hijo a convertirse en un adulto autosuficiente. Cuando nació mi hijo yo sabía muy poco, como cualquier otra madre primeriza, sobre pañales, fórmulas y enfermedades infantiles; pero después de haber sido maestra en la universidad, la preparatoria, la secundaria, la primaria y el jardín de niños, buscando con cada nuevo trabajo niños cada vez más pequeños, me fui convenciendo de que los años preescolares son los más importantes para establecer una mentalidad creativa: precisamente los años en que los únicos maestros del niño son sus padres, quienes piensan que su propia habilidad artística es nula, y rara vez emplean su capacidad de pensamiento creativo en la vida diaria.

Usted puede ayudar a su hijo a apreciar el mundo a través de sus cinco sentidos señalándole algunas cosas, descubriéndole otras y mostrando interés por su reacción personal hacia ellas.

En cuanto empieza la escuela, el primer maestro del niño casi siempre es alguien que nunca tomó un curso de arte y cuyos objetivos dan prioridad a la lectura y a las habilidades con los números. La socialización, a su vez, subraya la conformidad y el "aprendizaje de las reglas". La música por lo general se limita al aprendizaje de las *letras* de algunas canciones, nunca a componer una. Pasarán muchos años antes de que aparezca un maestro de arte que (esperamos) se preocupe por la creatividad, pero para entonces ya será demasiado tarde y todo el grupo de alumnos permanecerá sentado muy calladito, con las manos cruzadas, en espera de instrucciones sobre exactamente qué hacer y cómo hacerlo. Para entonces habrán coloreado demasiados dibujos, hechos por los maestros, y todo el arte que parezca hecho por niños se habrá enfrentado a la pregunta de "¿qué es esto?", ya se habrán trazado demasiados mapas y se habrán recortado demasiados tréboles y árboles de Navidad triangulares para pintarlos siguiendo las instrucciones de los adultos. Por consiguiente, el problema más importante al que se enfrenta un padre es el de cómo hacer —sin tener ninguna experiencia como maestro de creatividad y en el curso de las rutinas cotidianas que con tanta frecuencia se oponen a nuestras necesidades— para infundir al bebé un sentimiento de confianza en sí mismo que lo haga capaz de enfrentarse al mundo con independencia. Criar un ser humano inteligente y sensible es un asunto muy serio y que requiere un trabajo muy duro. Su pequeño está deseoso de amor, atención, estimulación visual e intelectual, y libertad para explorar.

La seguridad

No sólo debe hacer sentir a su bebé que usted es una persona en quien puede confiar, sino también que confía en él o ella. Que su bebé sepa con certeza que usted realmente se preocupa cuando él llora, puesto que responde de inmediato. Su confianza en él se la trasmite cuando lo deja explorar el medio sin restricciones innecesarias impuestas por los adultos. Algunas veces deberá relajarse y dejar que él decida su propio programa de crecimiento. Cada generación tiene nuevos expertos que aconsejan a los padres. Un pediatra recomienda alimentar a los bebés con un horario rígido, mientras que otro propone hacerlo según libre demanda. Un experto sostiene que no se debe permitir que el bebé se chupe el dedo, y otro nos advierte que eso cumple una importante función psicológica, ¿y quién tiene razón? Mientras los expertos van y vienen, las necesidades de los niños siguen siendo las mismas, generación tras generación. Lo que nosotros como padres debemos hacer es escuchar a nuestros hijos. El bebé no puede hablar, pero puede comunicarse muy bien y hacer saber cuándo es tiempo de comer, tiempo de que lo carguen en brazos y tiempo de pasar a una nueva etapa de desarrollo. Cuando él decida dejar de chuparse el dedo, o dejar de tomar pecho o biberón, o abandonar su cobijita y su chupón, ése será el tiempo correcto para que lo haga, aunque a usted le parezca que está siendo bebé por demasiado tiempo. Cuando mi hijo me hizo saber que quería dormir en nuestra cama, me puse a leer libros de todo tipo; algunos aconsejaban que eso no debía permitirse, y otros consideraban que eso era lo mejor para el bienestar emocional del niño. Decidí entonces ignorar los libros y escuchar a mi bebé. Lo tomé en brazos, lo metí en mi cama y nos dormimos todos juntos.

Obligar a un niño a irse a su cuarto cuando su necesidad real es estar en brazos de mamá, hacer que un pequeño que todavía necesita pañales se sienta "malo" por usarlos, quitarle el pecho, la botella o el chupón cuando aún son una comodidad para él, todo eso sólo le provocará sentimientos de rechazo y de incapacidad. Todo niño necesitará privacía en algún momen-

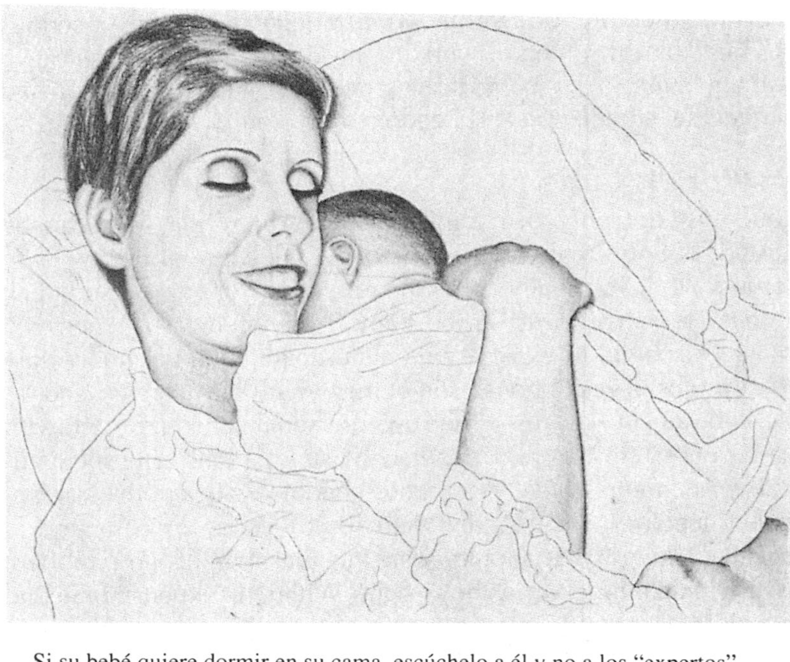

Si su bebé quiere dormir en su cama, escúchelo a él y no a los "expertos".

to, llegará a controlar sus esfínteres y dejará atrás su necesidad de chupar. Pero la diferencia de si este crecimiento fue autodeterminado o forzado por los padres tendrá mucho que ver con los sentimientos de confianza y autoestima del infante.

Durante esos primeros meses en que es tan indefenso, su hijo aprenderá a sentirse seguro o inseguro, y esos sentimientos permanecerán en él de manera muy profunda y para siempre. La inseguridad bloquea la creatividad y la felicidad, y la neurosis inhibe a mucha gente evitando que desarrolle todo su potencial.

> Una autoimagen negativa es el freno más poderoso que existe contra el esplendor.[1]

Mucha gente ve la obra de artistas como Van Gogh y piensa que sus neurosis les ayudaron a convertirse en grandes. Creo que eso es una falacia. Las personas verdaderamente creativas, en todos los campos y no sólo en las bellas artes, necesitan mucha confianza y un fuerte sentimiento de libertad personal.

Hay dos prácticas muy comunes entre los padres que, según creo, van en detrimento del desarrollo del niño, y mi propio hijo sirvió para poner a prueba esta creencia mía en los dos casos. Desde el primer mes de edad, mi hijo se negó a dormir solo; lloraba hasta que lo cargábamos y entonces se dormía inmediatamente. Además, tomó su leche en biberón casi hasta los cinco años de edad, cuando simplemente la dejó. Me preguntó entonces si yo estaba dispuesta a comprarle un tren si lo dejaba, y cuando dije que sí, lo dejó: todo había sido idea suya.

Responder de manera afectuosa y positiva a las necesidades que expresa nuestro hijo, cualesquiera que sean, puede ser difícil, pero da buenos resultados. A esta edad, el bebé necesita que lo carguen mucho o quiere seguir a su madre a todas partes, incluso al baño, y eso junto con mucha estimulación visual, con que se le esté meciendo todo el tiempo o se le cante una canción. Tómese el tiempo para hacerlo, pues un niño seguro y amado pronto deja atrás estas necesidades y se vuelve independiente. En cambio, aquel a quien se le enseña o se le fuerza a comportarse de manera menos inconveniente para los padres seguramente remplazará estas necesidades con una conducta más neurótica.

[1] David Lewis, *How to Be a Gifted Parent*, Berkeley Publishing Co., Nueva York, 1982, p. 172.

> La evidencia indica que hay buenas razones para que los padres no tengan miedo de guiarse por las demandas insistentes que hacen los bebés comunes y corrientes, y no deberían reprimir su inclinación natural a tratarlos como individuos sensibles con necesidades y sentimientos similares a los suyos.[2]

Cuando era yo madre primeriza, una mujer ya mayor se acercó, en la calle, a mi hijo para admirarlo. "Disfrútelo ahora —me dijo con tristeza—, porque cuando crezca ya no le pertenecerá más." El hecho es que las necesidades de los niños no se dan a conveniencia de sus padres: lo necesitan a usted *totalmente* cuando son pequeños y parecen no necesitarlo para nada cuando crecen. La relación con sus hijos mayores será mucho mejor si usted satisface sus necesidades ahora, y después voluntariamente deja que se vayan. Ya tendrá suficiente tiempo para estar solo cuando envejezca... quizá hasta más del que desea. Pero durante los próximos tres años ¡no tendrá ni un momento libre! Durante mucho tiempo, los padres se han resistido tenazmente a este hecho tan simple de la vida. Una madre me platicó que cerraba con llave la puerta de su cuarto para que su bebé no la molestara si se salía de la cuna. Se esperaba que él jugara solo desde que se despertaba al amanecer hasta que sonaba el despertador de ella a las ocho de la mañana. Entonces se levantaba para llevarlo a la guardería, en donde lo dejaba hasta las seis de la tarde; después de la cena, la hora de dormir era estrictamente a las siete y media, "aunque él no estuviera cansado". La explicación es que ella "necesitaba tiempo para sí misma". Es muy probable que ese niño seguirá haciendo cosas para llamar la atención de sus padres mucho tiempo después de que otros hayan podido independizarse. Y siempre existe el peligro de que los mecanismos para llamar la atención utilizados por los niños sean autodestructivos. Con guarderías durante el día y cuartos separados durante la noche, no sorprende que haya una distancia emocional y psicológica tan enorme entre los niños y sus padres, y que ya para la adolescencia esta brecha sea tan grande que la comunicación se vuelve imposible. Los padres tienen que responder a los balbuceos de sus bebés y escuchar la plática interminable de sus niños de dos y tres años si quieren después tomar parte en las discusiones importantes que tendrán lugar en los años posteriores.

[2] John y Elizabeth Newson, *Toys & Playthings*, Nueva York, Random House, p. 31.

A mi hijo que ya creció

Mis manos estaban ocupadas durante el día,
no tuve mucho tiempo para jugar
los pequeños juegos que me pedías.
No tuve mucho tiempo para ti.
Lavaba yo tu ropa, cosía y cocinaba,
pero cuando me traías tu libro de dibujos
y me pedías que compartiera tu diversión,
yo te decía: "después, hijo, después".
Por las noches te arropaba
y escuchaba tus plegarias, cuando apagabas
la luz,
y de puntas me acercaba a la puerta...
Me hubiera gustado quedarme un minuto más,
porque la vida es corta, los años pasan de
prisa...
Un niño pequeño crece muy rápido.
Pronto ya no está más a tu lado,
con sus preciosos secretos que confiar.
Los libros de dibujos quedan guardados;
no hay beso de buenas noches ni rezos que
oír...
Todo eso pertenece al ayer.
Mis manos, alguna vez tan ocupadas,
hoy permanecen quietas.
Los días son largos y difíciles de llenar.
Me gustaría poder regresar y hacer
las pequeñas cosas que me pedías.

—Autor desconocido.

Dedíquele el tiempo necesario ahora y su hijo se sentirá seguro y querido, y a largo plazo será un niño mucho menos demandante que aquel que fue obligado a luchar, llorar, esperar o suplicar para que mamá o papá le diera algo de su tiempo.

Los niños nunca se vuelven verdaderamente independientes, a menos que se hayan sentido seguros y queridos durante la etapa dependiente. Ellos empiezan a comunicarse desde que nacen, y si usted responde inmediata-

EL CIRCO DE LA FAMILIA

mente a las necesidades que el bebé le expresa, él se relajará y se sentirá seguro. Los pequeños aprenden desde muy temprano qué tan importante son de verdad en función de qué tanto responden a sus demandas quienes los cuidan. La respuesta a los lloriqueos de esta etapa pronto se volverá la respuesta a los balbuceos y, por fin, a las palabras.

El aspecto más importante del bienestar físico del recién nacido es la comodidad. El estómago lleno es la solución más obvia. Él está acostumbrado a la temperatura de 37 grados del cuerpo materno y durante los primeros diez días se sentirá más cómodo si se le mantiene caliente. Después, la comodidad de la madre será la mejor guía para vestir al bebé, excepto por el hecho de que el pelo mantiene caliente la cabeza del adulto mientras que el infante seguramente no tendrá pelo, por lo que podría ser conveniente ponerle un ligero gorro de algodón aunque la madre no lleve uno.

La comunicación por medio del tacto

Otra forma importante de comunicar amor es a través del contacto físico. Cargar al bebé por un buen tiempo, ya sea en brazos o en el portabebé,

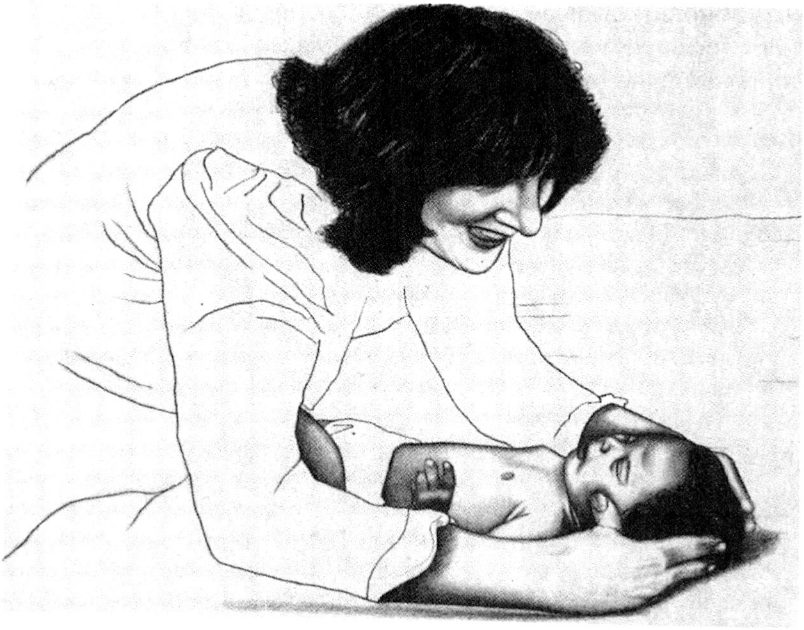

Si usted siente que no se comunica bien con su bebé por medio del tacto, quizá podría interesarse en aprender sobre masaje infantil.

permitirá aliviar la tensión y contribuirá a crear un bebé seguro. Hablarle, mostrarle sus objetos, cargarlo y tocarlo son las prioridades absolutas del padre y madre primerizos.

Se ha demostrado que tocar contribuye bastante al bienestar físico y emocional del bebé. El masaje es una forma de comunicarse por medio del tacto. Si usted cree que necesita estimular su comunicación táctil con el pequeño, podría intentar el masaje.

Leslie Day, masajista-terapeuta, madre y directora de la Asociación para el Masaje Infantil, dice:

> El masaje debe darse en un cuarto silencioso y caliente. Desvista al bebé y acuéstelo de espaldas frente a usted o a su lado.
>
> Empiece el masaje por la cabeza, con movimientos lentos y circulares, utilizando todos los dedos. Úntele aceite vegetal en la cara y déle masaje con sus dedos, desde el centro de la cara hacia las orejas, bajando de la frente a la barbilla. Luego unte el aceite en el pecho, moviendo las manos como si

estuviera alisando las páginas abiertas de un libro. Utilice las palmas y empiece desde el centro del pecho subiendo hasta los hombros y hacia abajo a los costados del bebé.

Aplique después aceite en los brazos y dé masaje primero a un brazo y después al otro. Resbale la palma de la mano y los dedos hacia arriba, desde la muñeca hasta los hombros, y luego hacia abajo. Resbale desde el interior de la muñeca hacia el brazo y de regreso. Haciendo círculos con el pulgar, sóbele los brazos por arriba y por abajo, de afuera hacia adentro de la muñeca. Sóbele la muñeca, la mano y luego la palma. Utilizando el pulgar y el índice dé masaje a cada uno de los dedos.

Una hora después de que el bebé haya comido, aplíquele aceite y déle masaje en el abdomen haciendo un círculo en el sentido de las manecillas del reloj. Si el bebé es propenso a los cólicos, utilice el canto de la mano y, empezando desde la parte superior del abdomen, vaya bajando la mano despacio pero con cierta presión hasta hacer que se eliminen los gases.

Aplique aceite a las piernas y deslice su palma y dedos por la parte exterior, desde el tobillo hasta la cadera, y luego de regreso. Después sobe la parte interior del tobillo hacia arriba y luego hacia abajo. Sobe el muslo, la parte inferior de la pierna, el tobillo, el pie, la planta del pie y cada uno de los dedos. Dé el masaje completo en una pierna antes de empezar con la otra.

Ahora voltee a su bebé boca abajo con la cabeza de lado, y déle masaje en la parte posterior de la cabeza.

Úntele el aceite en la espalda, las nalgas y las piernas. Deslice las palmas de sus manos y los dedos de abajo arriba, desde los tobillos hacia los hombros, y viceversa. Haga primero una pierna y después la otra, y repita el movimiento varias veces. Utilizando los pulgares, sobe la parte de atrás de los hombros hacia abajo hasta las nalgas. No haga ninguna presión sobre los huesos, solamente trabaje sobre el suave tejido muscular. Siga sobando, moviéndose hacia abajo, a las caderas y la pelvis, y termine el masaje dando unos golpecitos largos y amorosos de arriba abajo a lo largo de toda la espalda del bebé.[3]

Cómo festejar los logros de su hijo

Usted no sólo debe amar a su bebé, sino también hacerle saber que lo quiere y hacerle sentirse siempre querido. Mucha gente cuyos padres genuina-

[3] *Contraindicación:* No se dé masaje si el bebé tiene fiebre. No dé masaje a un bebé que parezca no disfrutarlo.

Un niño nunca es "demasiado pequeño para comprender" lo que se siente ser el centro de atención.

mente los amaron nunca se enteraron de eso. He escuchado a muchos padres decir que no se molestaron en preparar nada especial para el primer cumpleaños de su hijo o para la navidad, porque el niño era "demasiado pequeño para entender". Y, sin embargo, basta con que el bebé se sienta el centro de atención y que perciba que algo muy excitante está sucediendo, para que se sienta especial. ¿Y qué mejor manera de hacerlo que invitar a los amigos para que lleguen cargados de regalos, prender velitas, servir pastel y cantarle una canción? Pero los cumpleaños sólo suceden una vez al año, y eso no es suficiente para que un niño se sienta el centro del universo. Por tanto, aproveche otras fechas y acontecimientos para hacer que su hijo se sienta especial e importante. Por ejemplo, en mi caso una reunión familiar se convirtió en una celebración del primer diente de mi hijo Jason.

Las fiestas para los bebés, sobre todo cuando los invitados son muy pequeños, pueden ser un caos o una delicia. La diferencia depende de la preparación y la planeación. Algunas ideas infalibles para hacer bien una fiesta para un niño muy pequeño son las siguientes:

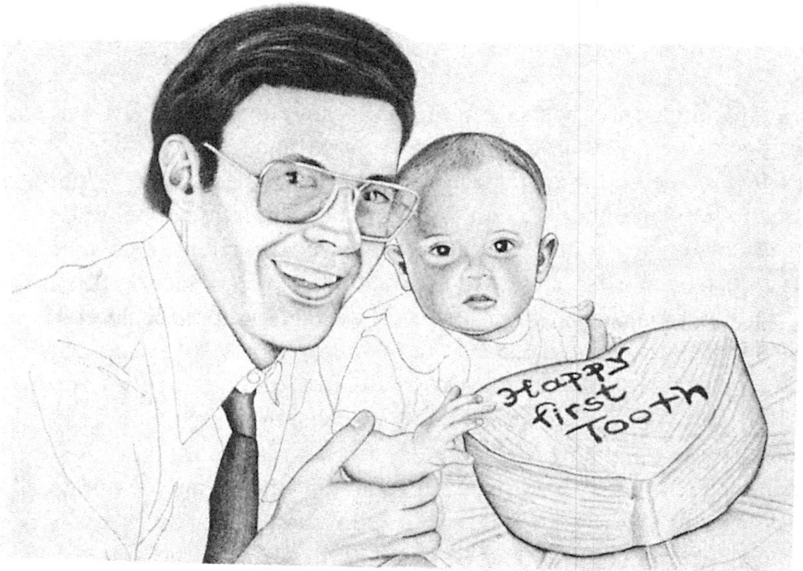

Los acontecimientos significativos y los logros del bebé se pueden convertir en pretextos para festejar.

1. *Los niños muy pequeños deben invitarse con todo y la persona que los cuida.* Sólo hasta el cumpleaños número cuatro se les puede invitar solos.

2. *Compre o prepare dos pasteles*, uno para los pequeños invitados que ya esté cortado y colocado en platos en la cocina desde antes de que empiece la fiesta, y otro más pequeño y muy decorado para llevarlo a la mesa, con todo y las velitas para que se cante la canción del cumpleaños y que se deberá retirar en seguida dejándolo para que lo disfrute después la familia en la cena. Esto evita que los niños muy inquietos estropeen la fiesta mientras esperan su rebanada de pastel.

3. *Incluya algún entretenimiento previamente preparado.* Por ejemplo, que alguien toque la guitarra, la armónica o el acordeón durante una media hora para que todos canten. Se le puede dar una lista de las canciones favoritas de su niño para que las incluya en su repertorio. Hay algunas canciones infantiles que son las favoritas de los niños más pequeños. La persona encargada de divertirlos no debe disfrazarse de payaso ni llevar ningún maquillaje o máscara en este primer año, pues eso los asusta. Recuerde que la participación activa divierte a los niños menores de cuatro años más que quedarse mirando pasivamente lo que sucede. Otros buenos entretenimientos incluyen películas y videos, juegos de movimiento, espectáculos de títeres y (si los niños no están vestidos con ropa especial para fiestas) hacer proyectos artísticos colectivos, como murales, dibujos con gis en el pavimento (lo cual mantendrá limpia su casa) o decoración de pasteles (lo cual la ensuciará). Recuerde que es muy fácil complacer a los niños y basta con que el papá del niño de la fiesta se ponga un sombrero y saque de por ahí un conejo para hacerlos felices. No se necesita llevar al mago Houdini, sino que basta con alguien a quien le gusten los niños y que los entienda.

4. *Si usted planea departir con otros padres*, deberá organizarse de tal modo que alguien permanezca con los niños y supervise sus juegos. También puede alternarse con su cónyuge para que uno acompañe a los pequeños y otro a los adultos durante todo el tiempo.

5. *Compre y prepare las notas de agradecimiento al mismo tiempo que las invitaciones para la fiesta.* Tenga una pluma y un sobre en su bolsa, de modo que cuando el niño abra un regalo usted pueda apuntar inmediatamente lo que es para facilitar las notas de agradecimiento. Después de los dos años de edad hacía que mi hijo dibujara en unas tarjetas, que ya traían la inscripción "gracias". Una vez que jugaba con algún regalo o se lo ponía, dejábamos de "escribir" las notas.

6. *Dé a cada niño un gafete*, para que tanto usted como los adultos visitantes puedan supervisarlos de manera más efectiva pudiéndolos llamar por sus nombres.

7. *Especifique claramente a qué hora terminará la fiesta*, y a esa hora entregue las bolsas de juguetes y los abrigos. Una hora y media es más que suficiente para las primeras cuatro fiestas de cumpleaños. No les sirva bebidas alcohólicas a los padres para que no se queden demasiado tiempo y los niños no se cansen demasiado.

8. *Ponga exactamente los mismos juguetes en cada bolsa de fiesta*. Darles automóviles a los niños y muñecas a las niñas puede causar gran infelicidad. Quizá podría incluir las dos cosas, una pequeña muñeca y un pequeño automóvil, para que todos queden contentos. Si les regala libros, los niños van a querer subirse de inmediato sobre las piernas de sus padres para que se los lean, seguramente éstos no aceptarán hacerlo en ese momento y lugar, y la cosa terminará en varios berrinches. Para el primer y segundo cumpleaños no ponga en la bolsa ningún objeto con el que no quiera que jueguen en la fiesta misma, como crayones o pistolas de agua. En el centro Jóvenes en el Arte, todos los obsequios los hacen los mismos niños durante la fiesta, por ejemplo: dibujos, pinturas, collages y artesanías. Si utiliza

globos como decoración, asegúrese de que haya suficientes para dar uno a cada niño, y que sean del mismo color —incluyendo la cuerda—para evitar lágrimas y envidias. Los nuevos globos de aluminio no se rompen tan fácilmente como los tradicionales de plástico, aunque cuestan un poco más.

9. *No crea que el niño de la fiesta puede esperar hasta que se termine para abrir los regalos.* Déjelo que los abra inmediatamente y déle tiempo para aprender etiqueta hasta su tercer cumpleaños, cuando ya puede posponer la apertura de regalos hasta después.

Durante muchas décadas nos han aconsejado que no debemos "echar a perder" a nuestros hijos, pero hay más niños echados a perder por falta de amor que por exceso. Además de las fiestas de cumpleaños, hay otros acontecimientos que pueden servir de pretexto para festejar. Nosotros aprovechamos la primera vez que Jason gateó, su primer garabato, su primera palabra, sus primeros pasos, su primer corte de pelo, su primera lección de natación, su primera pintura e innumerables situaciones más. Hasta que el niño tenga su propia familia, es muy posible que nadie lo quiera tanto como sus padres. Y además ellos tienen la enorme responsabilidad de establecer el patrón de expectativas que el pequeño seguirá de por vida. Aquellos niños cuyos padres los tratan como si fueran príncipes no terminarán casándose con personas que los traten como basura, y aquellos cuyos padres prestan más atención a sus pequeños logros que a sus grandes infracciones serán los que seguirán haciendo logros cada vez mayores en sus vidas. No deje que su hijo sienta que usted lo juzga por sus berrinches o por dejar caer algo, sino más bien por los pequeños pasos adelante que da cada día. Y tenga presente que todos los pasos hacia adelante necesariamente irán acompañados de pasos para atrás. Enséñeles a sus hijos que "no son mejores" que los demás, ¡y seguro no lo serán!

Invierta tiempo en su hijo

Actualmente ya hemos recorrido casi completamente el círculo en lo que se refiere a la cuestión de la profesión *versus* la maternidad. Hasta los años cincuenta, las madres no tenían alternativa: se quedaban en casa. Luego, las madres que se quedaban en casa fueron ridiculizadas y abundaban los mitos de las supermamás. Aunque yo todavía creo en que se debe ser una supermamá, no lo creo posible con un niño menor de dos y medio o tres años (dependiendo del pequeño).

Pertenezco a una generación que posponía la maternidad por una carrera. Y ésta, como todas las decisiones importantes de la vida, significaba un compromiso. Claro que antes de los hechos, el problema del cuidado de los hijos parecía muy sencillo. Yo me creí todos los clichés según los cuales la calidad del tiempo dedicado a ellos era más importante que la cantidad, y estaba segura de que muy poco tiempo después de tener a mi hijo volvería al trabajo. Nadie, y menos que nadie mi propia madre de tiempo completo, me preparó —ni hubiera podido hacerlo— para ese lazo tan fuerte que se desarrolla entre una madre y su hijo. La única manera de construir ese lazo es con tiempo —tiempo para jugar, leer, nadar, visitar museos y crecer juntos. Su hijo necesita no sólo tiempo de calidad, sino también ver a su madre cansada, enojada, aburrida, triste o distraída para conocerla de verdad. Los niños que son criados con la teoría del "tiempo de calidad" nunca serán capaces de entender la verdadera intimidad.

No importa qué tan feministas sean sus ideas, sin duda este problema se le presentará. Si se queda en casa durante los tres años que la mayoría de los psicólogos recomienda, su carrera se verá afectada. Si vuelve al trabajo inmediatamente, la relación con su hijo se verá afectada. Los bebés necesitan tanto tiempo como las carreras. Los hombres profesionistas no se han visto afectados por el tiempo obligatorio que tienen que pasar en el servicio militar, y las madres bien pueden tomarse el tiempo para cuidar a sus bebés sin sentir que la vida les pasará de largo. Los hombres que terminan el servicio militar reciben después salarios muy altos. El cuidado de los hijos también tiene sus recompensas.

Invertir tiempo en su hijo no necesariamente quiere decir no trabajar, sino que su horario de trabajo puede cambiar. Puesto que muchos jefes son inflexibles, ¡quizá será necesario que usted se convierta en su propio jefe! Si se decide a emprender un negocio propio, esto le permitirá tener un ingreso y no interrumpir su experiencia de trabajo en tanto puede regresar a su empleo anterior, o bien se puede convertir en un fin en sí mismo.

En mi caso, abandoné de muy mala gana el trabajo de tiempo completo en el que había invertido quince años de mi vida, después de que terminó mi licencia por maternidad y mi jefe se negó a darme un trabajo de medio tiempo. Pero yo sabía que Jason valía más que el salario anual y que la satisfacción del trabajo. Este libro nunca habría sido escrito si yo no estuviera segura de ello. Hasta que cambie la sociedad, el trabajo de medio tiempo, el trabajo en casa o el emplearse a sí mismas serán las mejores alternativas para las madres. Por supuesto, usted nunca se convertirá en presidente de la General Motors trabajando sólo medio tiempo, pero podrá tener ingresos, sentirse con objetivos en la vida y conservar sus habilidades mientras acostumbra al bebé desde el principio a la presencia de una segunda persona que lo cuide. Siempre será posible recuperar el tiempo perdido de la carrera más adelante, pero en cambio este tiempo en la vida del niño es irrecuperable. Recuerdo que la persona que me ayudaba por ratos invariablemente se enfermaba cuando yo tenía que entregar mi trabajo, y que había muchos días en que tenía inspiración para trabajar, pero tenía que pasarlos en el patio jugando. (Debo compartir con mis lectores el hecho de que la redacción de este corto párrafo fue interrumpida por un "mamá" que venía del cuarto de al lado. Suspendí mi trabajo, fui a componer un auto que la cuidadora no tenía permiso de tocar, y me entretuve en la mesa de la cocina para organizar un proyecto especial de arte con tres niños. Pasaron veinte minutos antes de que pudiera regresar a mi escritorio.) Mi propio hijo ha dedicado mucho de su tiempo "ayudándome" a trabajar y trabajando en la oficina que tengo en casa. Y si bien es cierto que eso hizo mucho más lento mi quehacer durante sus primeros cuatro años, también lo es que me inspiró dos libros y me dio muchas ideas originales para proyectos de arte que he utilizado en mi trabajo. Antes de cumplir los cuatro años, él me sugirió que escribiera *The Superpowers Anti-Coloring Book*, y para su quinto cumpleaños ese libro ya estaba en las librerías. Cuando di una clase en la universidad sobre arte para niños pequeños, Jason se presentó muy orgulloso a demostrar sus habilidades, y mis estudiantes aprendieron más de esa clase que de mis conferencias.

Las madres que trabajan no son cosa nueva. Siempre las madres han tenido trabajo que hacer. Pero es antinatural que realicemos todo nuestro trabajo fuera de casa, y debemos encontrar una forma de evitar que este hecho interfiera en el desarrollo de nuestros hijos. Los niños aprenden participando, y si los excluimos de nuestra vida la mayor parte del tiempo, también eliminamos muchas de sus posibilidades para que crezcan y aprendan.

Yo quedé muy impresionada con las soluciones que muchas madres ingeniosas que conozco encontraron para seguir trabajando. Una de ellas era una editora independiente que se levantaba en las mañanas dos horas antes que su hija para trabajar, y continuaba haciéndolo durante las siestas de la pequeña y por las noches. Otra pasaba todas las mañanas haciendo cosas interesantes con su hija y salía a trabajar cuando ella tomaba la siesta. Así daba una clase en la universidad y hacía todo su trabajo de papeleo antes de que la niña se despertara. Mi propia secretaria sólo trabajaba en las mañanas para poder pasar las tardes con su hijo, y después de que el niño se dormía ella aún hacía trabajos de mecanografía para tener más dinero. Otra mujer que conozco trabajaba dos días de la semana en los que su marido se ocupaba de la niña, y después él se iba a trabajar y era ella quien la cuidaba. Esa pequeña tenía dos "buenas madres" y le iba muy bien. Pero en aquellos casos en que es necesario un trabajo de tiempo completo, hay suficientes trabajos en horarios nocturnos para permitir a la madre salir a trabajar cuando el marido vuelve a casa o viceversa. Después de todo, no es porque sí que los niños tienen un padre y una madre. Y si se trata de una madre soltera —o incluso si no es ése el caso— siempre es posible encontrar a otra mujer con un hijo de la misma edad que el propio, de modo que se puedan compartir el trabajo y la maternidad.

Muchas mujeres inteligentes y preparadas que conozco tienen hijos que han sido criados por cuidadoras mal pagadas y sin preparación. Esta gente inteligente, creativa y con muchos estudios volvió al trabajo de tiempo completo poco después del nacimiento de sus bebés, aunque no les era económicamente muy necesario, y dejó a sus hijos con gente linda y competente, pero sin educación. Cada vez que el niño en crecimiento tenía una pregunta, muy probablemente la cuidadora le daba una respuesta mucho menos aceptable que la que le hubieran dado los padres. Hace poco vi a una de esas mujeres llevar al bebé bajo su cuidado —cuya madre es abogada— a un bar y no a un parque, en un hermoso día de primavera. Y aun en el caso en que tuviera usted la suerte de encontrar excelente ayuda, su bebé seguiría queriendo y necesitando la demostración del amor de los padres y no de un extraño, por afectuoso que éste sea. Es rara la cuidadora que pondrá toda su atención al bebé de otra mujer cuando éste "se exprime", sobre todo si eso quiere decir tener que limpiar el piso después.

Tanto usted como su hijo necesitarán algún tiempo separados uno del otro y con otras personas, pero eso no quiere decir que estar separados todo el tiempo sea el camino. Las mejores guarderías no pueden proporcionarle al niño la relación de persona a persona que necesita, pues el hecho de cuidar a varios chicos les obliga a imponer una serie de reglas que benefician al grupo pero que no necesariamente satisfacen las demandas individuales. En casa usted le puede permitir a su hijo conductas que en la guardería provocarían un desorden. Es muy posible que para cuando cumpla tres años, el niño vaya a la escuela, pero entonces ya lo hará con un fuerte sentimiento de seguridad y además tendrá ya un espíritu de aventura que ninguna guardería puede estimular. A esa edad seguro ya sabrá también ir al baño, podrá vestirse solo o sola, será capaz de arreglárselas en cuanto a expresión verbal y estará deseoso de relacionarse. Ese mismo bebé que grita al ver llegar a la cuidadora, será entonces un niño de tres años que se sentirá feliz de quedarse con su nuevo amigo o de salir a una aventura escolar y que apenas si se despedirá de su madre. Pero antes de eso, ningún niño tiene la suficiente seguridad para arreglárselas por sí solo. Una separación de tres horas puede ser refrescante, mientras que una de ocho horas puede ser angustiosa.

Aunque el niño se las arregla mejor con una misma cuidadora, sin duda usted necesita algo de tiempo para usted misma y para continuar con sus asuntos. En mi caso encontré que el arreglo perfecto para este primer año de vida que es tan importante consiste en que pase por lo menos la mitad del día con el niño y encuentre una cuidadora capaz en quien su hijo pueda confiar, para pasar la otra mitad. Durante los primeros meses al bebé no le importará si es usted u otra persona la que lo atiende, pero hacia el final del primer año será necesario que usted invierta más tiempo en su hijo y que use su ingenio cuando se separe de él. *Nunca* deje a un pequeño que llora ni con una cuidadora ni en la guardería ni en la escuela. Y jamás desaparezca sin decir adiós. Si le es muy necesario salir, la cuidadora deberá invitar al niño a visitar a los bomberos, o al parque o a cualquiera de sus lugares preferidos, y después de que él se haya ido feliz a pasear, entonces usted podrá salir. Esto toma tiempo extra y mucha planeación, pero le da seguridad a su hijo.

Es mucho más fácil para el bebé ser él quien salga que sentir que usted lo "abandona". Entre los nueve y los catorce meses, los bebés establecen ligas muy estrechas con la madre y sienten pánico si ella se va, aunque sólo sea por unos momentos. Muchas madres sienten la presión de ni siquiera poder ir al baño solas, pero los niños necesitan esta experiencia de cercanía con la madre. Éste es el peor momento para usted si quiere tener un trabajo de tiempo completo que requiera de muchas horas lejos de su hijo. No estoy en contra de las madres que trabajan; yo misma publiqué dos libros por año y seguí dando clases durante los primeros cuatro años de vida de mi hijo, pero estoy en contra de hacerse inaccesible para él a causa de una ocupación de tiempo completo.

Aunque el bebé pueda gatear y alejarse de la madre para explorar, esta separación es su elección. Pero cuando la separación es impuesta por la madre, el bebé se pondrá nervioso. Él todavía la necesita, aunque no de manera continua. Este momento es cuando está construyendo su independencia y utiliza a su madre como una base de seguridad. Parte de su atrevimiento viene de saber que puede confiar en ella para que le ayude cuando la necesita.[4]

[4] Frank Caplan, ed., *The Parenting Advisor*, Doubleday/Anchor Press, Garden City, Nueva York, 1978, p. 408.

2. El ambiente en el hogar

El hogar es el primer ambiente que su hijo va a explorar. Aun antes de que nazca el bebé, seguramente usted comprará los muebles y los adornos para su cuarto que él tendrá oportunidad de observar y que van a moldear su gusto. Puesto que usted es la que decidirá lo que el niño va a mirar, ¿por qué no elegir un cuadro de Picasso en lugar de un ratón Miguelito? Lo que más les gusta mirar a los bebés son caras; de modo que puede colgar reproducciones de retratos con colores vivos, así como un espejo irrompible en la cuna para aquellos momentos en que el bebé no esté mirando la cara de su madre. Las fotografías de obras de arte no sustituyen el mirar una cara verdadera que cambia de expresiones; sin embargo, sí constituyen un buen agregado a la interacción humana que tanto necesitan los bebés. Si se le enseñan retratos estéticamente interesantes desde esta temprana edad, eso despertará su sensibilidad para que después sea capaz de apreciar el arte.

Las sábanas con dibujos pueden servir para que el bebé las vea, pero yo prefiero las sábanas blancas y lisas porque no esconden sombras como hacen los dibujos. Los colores firmes son el mejor fondo para estudiar los efectos de los cambios de luz, y a los bebés les fascinan las sombras. Si tiene una pared blanca lisa, coloque una luz detrás de su mano y sosténgala para crear espectáculos de sombras en movimiento sobre ella. Lo mismo sirve una luz detrás de una sábana blanca. Si hay muchos dibujos en el piso, las paredes o los muebles, éstos pueden interferir las observaciones de los efectos de la luz y la sombra.

Cuelgue cuadros arriba de la mesa en la que viste a su pequeño y cámbielos periódicamente. Cuando el niño se vuelva demasiado activo para quedarse quieto mientras le cambia los pañales, esta galería de arte cam-

Los colores firmes proporcionan el mejor fondo para estudiar los efectos de los cambios de luz.

biante podrá distraerlo y al mismo tiempo le dará la oportunidad de ampliar sus horizontes mientras los padres atienden los aspectos prosaicos de la paternidad.

Elija esos cuadros entre reproducciones del gran arte, fotos de los miembros de la familia, de animales o de otros bebés, así como pinturas y dibujos hechos por niños. A los bebés les encanta el arte que hacen otros niños, así que si su pequeño no tiene hermanos o hermanas, solicite a sus vecinos y amigos que le presten las obras de arte de sus hijos. Si sigue usted las sugerencias de este libro, cuando su pequeño tenga un año de edad ya dispondrá de muchas obras de arte hechas por él entre las cuales elegir, y podrá devolver a los artistas las que le prestaron. Conforme los niños comienzan a expresar interés por algunas cosas, preséntele las mejores ilustraciones que encuentre sobre ellas. Cuando sea posible utilice reproducciones de grandes pinturas o de fotografías artísticas. Los grandes artistas pintaron muchos más cuadros de animales de los que han pintado los ilustradores mediocres de la mayoría de los libros para niños que se pueden

A los bebés les interesa tanto mirar obras de arte como mirar ilustraciones hechas para niños.

comprar. Cuando escribí mi libro *The Anti-Coloring Book of Masterpieces*, que incluía cuadros a color de grandes artistas, mi madre me señaló que muchas de las ilustraciones que escogí para el libro habían estado colgadas en mi cuarto de niña. Aunque yo no recordaba eso, sentía una afinidad tan grande con esas obras de arte que más bien me parecían viejos amigos.

Otra cosa que hice fue llevar transparencias de grandes obras de arte y dejar puesto el proyector para que se cambiaran automáticamente cada diez segundos, y así mi bebé podía admirar el gran arte. Y lo miraba, con mucho interés, desde los dos meses de edad y durante toda su infancia. Creo que exponerlos de esta manera les genera una preferencia por el buen arte; mien-

"Mamá, ya estuvimos en esta parte, ¡me acuerdo de la salida de aire!"

tras que enseñarles sólo los monitos de las historietas o la televisión, o el papel tapiz diseñado para niños les crea una preferencia por ese tipo de diseños. Cuando el pequeño empiece a gatear, corte las reproducciones de libros de arte viejos, cuélguelas en su cuarto, a un nivel donde los pueda mirar él y no usted, y cámbielas cada semana para mantener el interés, porque allá abajo, en donde él gatea, el pobre sólo encuentra salidas de aire, contactos y cables de teléfono.

Nunca he entendido la costumbre de instalar los contactos de electricidad al nivel visual del bebé que gatea, pues con excepción de alguna lámpara de piso, la mayoría de los aparatos eléctricos siempre están sobre las mesas. Tiene más sentido hacer lo contrario, es decir, dejar abajo los apagadores y subir los contactos a que queden lejos de su alcance. Éstos son muy peligrosos para los curiosos niños que gatean, mientras que los apagadores, que siempre les quedan tan lejos, les sirven muy bien para experimentar los fenómenos de causa y efecto. Y a menos que esté usted construyendo actualmente su casa, necesitará muchas tapas para los contactos y distracciones atractivas. Cuando arreglamos el local de Jóvenes en el Arte, instalamos todos los contactos eléctricos a considerable distancia del piso, para seguridad de mis alumnos. Quizá ahora que los padres están más integrados a la educación de los hijos y que las madres tienen más posibilidades de volverse arquitectos, podrían diseñar los hogares del futuro tomando en consideración las necesidades de los niños.

Lo ideal sería que los apagadores de la luz estuvieran al alcance del niño para que éste pudiera estudiar los fenómenos de causa y efecto, y que los contactos quedaran lejos de su alcance, para su seguridad.

Todas las madres saben que sus hijos miran y reaccionan a ciertas cosas de su ambiente desde el principio. Así como los recién nacidos son perfectamente capaces de expresar infelicidad cuando tienen hambre o quieren cariño, las madres pueden reconocer cuando sus hijos les comunican su sensación de placer, de aburrimiento o de interés. Nunca es demasiado pronto para darles estimulación mental o visual. Es ahora cuando su hijo se está introduciendo a un mundo nuevo, y las impresiones e información que en él recibe las va a absorber igual que una esponja absorbe el agua.

> Los expertos consideran que son muy pocos los genios que nacen y que la mayoría se hacen literalmente en el hogar.[1]

Cuando nació mi hijo, en lugar de seguir el estereotipo del recién nacido que grita y llora, apareció con sus ojos muy abiertos, y muy alerta empezó a mirar su alrededor, poniendo atención a lo que le rodeaba. Su expresión, lo mismo que la mía, parecía preguntar: "¿Y quiénes son ustedes?" Muchas madres con las que he hablado dicen que sus hijos también estuvieron inmediatamente interesados en el mundo que les rodeaba. Por lo tanto, es importante prestar atención a lo que queda frente a la visibilidad del pequeño cuando se planea dónde poner su cuna y su silla. Un bebé con la cabeza ligeramente levantada puede ver más que uno que está completamente acostado, de modo que quizá pueda usted poner un cojín debajo del colchón de la cuna durante el tiempo en que el bebé permanece despierto (poner el cojín debajo de la cabeza puede ser peligroso).

> Parece ser bastante cierto que los bebés de menos de seis meses se pueden aburrir y enojar si se les deja acostados con la vista de los lados tapada y sin nada que mirar más que el techo. Algunos investigadores consideran que su desempeño inmediato e incluso el progreso de su desarrollo se aceleran con la posición vertical.[2]

Si su recién nacido pasa muchas horas despierto en la cuna, usted querrá proporcionarle muchas cosas interesantes y estimulantes para que las observe. Las carriolas son camas maravillosas; pueden moverse y estacionarse para ofrecer un nuevo espectáculo. Además de las transparencias, puede

[1] Frank Caplan, ed., *op. cit.*, p. 329.

[2] John y Elizabeth Newson, *Toys & Playthings*, Nueva York, Pantheon Books, 1979, pp. 27-28.

Muchas madres primerizas se sorprenden al descubrir que sus recién nacidos están alertas y se interesan por su entorno.

adquirir una colección de móviles. Cuando los elija, recuerde que el primer móvil fue inventado por el artista Alexander Calder y que Snoopy y el ratón Miguelito no son las únicas opciones. Se pueden colgar y cambiar móviles, no dejar siempre el mismo, para evitar el aburrimiento. Antes de que existiera Calder, la naturaleza ya nos brindaba los mejores móviles que existen. Recuerde que un árbol, con sus hojas meciéndose a la luz del cielo, o las nubes y los pájaros que pasan, encantarán a los recién nacidos. Durante el primer otoño en la vida de mi hijo, le encantaba sentir las hojas y aventarlas al aire para verlas caer cerca de él. Una ocasión en que Jason tenía gripa y no podía salir de casa, le traje muchas hojas de los árboles y lo puse a jugar con ellas en el piso. Este tipo de juego no ayuda a tener una casa impecable, pero la satisfacción viene de otra manera, y quizá no podrá observarla sino hasta mucho tiempo después. Si de veras quiere estimular la creatividad de su hijo y su sensibilidad por el mundo que nos rodea, debe estar dispuesto a realizar algunas tareas adicionales de limpieza. Y como de todos modos va a limpiar, ¡pues deje que se ensucie bien!

Puesto que de todas maneras va a limpiar, ¡deje que su casa se ensucie bien!

A pesar de los tradicionales e insípidos cuartos de bebé rosa o azul que estamos acostumbrados a ver, al suyo le gustaría mucho más uno con colores brillantes. Algunos toques de color rojo, azul o amarillo muy vivos sobre un fondo suave de color blanco resultan mucho más estimulantes que los colores pastel. Los bebés no van a serlo durante mucho tiempo, de modo que prepararles una habitación que sea estéticamente placentera debe ser una alta prioridad, como lo es el arreglo del resto de la casa. En lugar de invertir en caros papeles tapices estampados, use pintura lavable y cambie periódicamente la decoración y los adornos para estimular el interés del niño. Incluso los adultos dejan de mirar un cuadro si pasan frente al mismo cien veces al día. "Hacer el nido" es un síndrome muy común. Alguna vez durante el embarazo toda mujer se sentirá con ganas de adornar el cuarto del bebé y quizá también otras partes de su casa. Y puesto que durante los primeros tres años el bebé constantemente va a querer tocar, desmontar y dibujar, esta redecoración parecerá hecha en un mal momento, pues, queriendo proteger su nuevo ambiente, la mamá pasará bastante tiempo evi-

Un cachorro bondadoso puede enseñar a su hijo el significado de la palabra *piel*.

tando que su hijo explore, cuando la prioridad debería ser dejar al pequeño exponerse a tantas experiencias nuevas y de primera mano como sean posibles. Posponer la redecoración de su hogar hasta que su hijo tenga tres años sería la mejor solución; pero si no puede hacerlo, recuerde que las paredes lavables son una necesidad absoluta en su hogar. Es muy probable que su hijo pinte sobre ellas, y es mejor demostrarle que su obra de arte es más importante para usted que las paredes limpias. También los pisos deben ser fáciles de limpiar y difíciles de destruir. Los anaqueles abiertos, al alcance de los niños, estimulan la independencia y son por tanto un lugar ideal para los juguetes. Compre una cuna que se convierta en cama, y con el dinero que se ahorre al no tener que comprar una cama dentro de dos años podrá comprar:

- Una mesa de plástico con dos sillas para que haga sus primeras obras de arte y sus primeras actividades sociales.

- Un pizarrón para colgar a la altura del niño.
- Un atril firme con dos caras.
- Seis o más marcos de tamaño estándar, no muy caros, para colgar los primeros garabatos que haga el pequeño.
- Un espejo irrompible para colgar un poco arriba del nivel del piso, en el que el niño se pueda ver y que también pueda pintarlo.
- Muchas reproducciones y tarjetas postales de gran arte.

Además de rodear a su hijo de un ambiente que lo aliente a utilizar sus ojos, también querrá usted estimular el uso de todos sus sentidos. Seguramente en su hogar hay muchos y diferentes colores, texturas, olores y perspectivas del mundo. Tómese el tiempo para ayudar a su pequeño a observar todas estas cosas, y ofrézcale descripciones de ellas para mejorar su comprensión de las palabras y la asimilación de información. Si no cuenta con un cachorro cariñoso que le sirva para enseñar a su hijo lo que es la "piel", un oso de peluche o un pedazo de tela de peluche sobre la piel de la cara le harán sentirse bien. Haga la prueba de sensibilizar a su recién nacido sobre cómo se sienten las cosas acercándoselas a la cara, las manos o el estómago y diciéndole al mismo tiempo frases como: "¿Sientes la piel?" "¿Te recuerda la piel del oso de peluche a tu perrito?" "Mira lo que se siente con esta lija".

Además de proporcionar a su hijo un ambiente seguro, su hogar también deberá incluir algunos retos físicos y mentales. Un bebé de ocho meses necesita espacio libre para gatear, aunque para ello usted tenga que almacenar temporalmente algunos muebles, como hice yo. A los nueve meses necesita dar pasos, y para el habitante de un departamento en la ciudad, o de una casa con una escalera muy larga, eso puede significar que su sala deba convertirse en una selva-gimnasio. Si usted diseña su casa con cuidado, podrá disponer zonas para escalar y rincones tranquilos, lugares para esconderse y otros para saltar, y un lugar que pueda ensuciarse. Las ventanas deben tener barrotes de hierro para la seguridad, y nunca deben ser zonas prohibidas. Trate de diversificar las experiencias táctiles utilizando en su decoración materiales de todo tipo, suaves, rugosos, de piel, desiguales, lisos, etc., y deje algunas zonas que no estén ya clasificadas de antemano para que la imaginación del niño pueda decidir qué es ese lugar hoy y qué será mañana. No permita que la tiente esa hermosa cama en forma de tren que venden en la mueblería, porque sólo podrá ser tren; en cambio, una cama simple puede ser un automóvil, un caballo o una isla

desierta, y todo en la misma tarde. Los espejos tienen más sentido que los murales porque reflejan perspectivas cambiantes y estimulan el juego dramático, mientras que los murales muestran siempre las mismas figuras día tras día, y se pueden volver tan aburridos que dejamos por completo de verlos. Puesto que seguramente su hijo querrá estar viendo a su madre no importa en qué juego esté metido, el cuarto en el que pase usted la mayor parte del tiempo será su lugar de juegos. Los anaqueles bajos pueden servir para guardar los juguetes sin obstruir la visibilidad de la madre.

Nada es más perturbador que el desorden. Un pequeño que busque algún juguete aprenderá, si lo encuentra con facilidad, que la vida puede ser algo predecible y segura. Aun antes de que pueda leer, los dibujos le pueden servir como etiquetas para reconocer las cosas, y de paso se convertirán en una actividad de prelectura. Si se guardan todos los muñecos juntos en un anaquel o en una caja con un dibujo de un muñeco encima, o todos los vehículos en la "caja de automóviles", se establece un patrón de organización mental que le servirá al niño después en la escuela. Las cajas de madera vacías, los botes de basura, los moldes de plástico y todo tipo de cajas para guardar se pueden pintar o recubrir de papel y funcionan bien para este objetivo. La clave para mantener el orden consiste en conseguir diez veces más recipientes de los que crea que va a necesitar.

Por último, aunque sé bien que esto es cuestión de gusto personal, no creo que sea posible favorecer la formación del buen gusto de su hijo si elige para su cuarto accesorios o ropas llenas de personajes infantiles. Los niños empiezan desde muy temprano a definir sus preferencias, y un pequeño que nunca vio cosas lindas o gran arte no podrá preferirlos. Antes de que pase mucho tiempo, la televisión, el cine y las campañas publicitarias tratarán de convencer a su hijo de que estos personajes son indispensables para decorar su habitación; pero por ahora, durante este corto tiempo, aún prevalece la influencia de los padres. Esto no quiere decir que usted tiene que ser un conocedor de arte o de música para darle eso a su bebé, pues cualquiera puede ir a la tienda de un museo y comprar reproducciones o poner el radio en la estación de música clásica.

3. Los paseos

En su primer año de vida, demasiados niños pasan el tiempo jugando en sus habitaciones en lugar de que los lleven a todas partes. De los padres depende cuánto sale el niño durante estos meses tan importantes. El interés que muestra un pequeño aunque tenga apenas seis meses de edad cuando ve un loro o cualquier otro pájaro o animal por primera vez, debería ser suficiente para convencer a todos los padres de que llevar al niño al zoológico o a la tienda de animales más cercana es algo que vale la pena. Entre más paseos haga su bebé ahora, más adaptable será después a situaciones nuevas. Llevarlo al zapatero puede ser un entretenimiento interesante. Los pañales desechables, las toallitas limpiadoras para bebé y los broches en la entrepierna de los pantalones le dan la posibilidad de cambiarlo fácilmente en cualquier parte. Si está amamantando, un chal amplio podrá cubrirla apropiadamente, y si el bebé está siendo alimentado con fórmula o con leche, usted puede llevar los biberones limpios y vacíos y un termo o las nuevas botellas que ya traen la fórmula incluida y que sólo necesitan que se les ponga el chupón y no requieren refrigeración antes de abrirse. Una carriola ligera o un portabebé son esenciales, y piense en la posibilidad de adquirir una mochila como la que llevan los niños a la escuela y que se carga a la espalda para que pueda tener las manos libres y llevar al mismo tiempo al bebé y todas sus cosas. Toda madre primeriza le podrá contar que siempre encontrará a otras madres que le abran y detengan las puertas –y no a amables caballeros– y que le ayudarán también a doblar la carriola cuando llega el camión o el tranvía. Pero si nadie le ofrece su ayuda, quítese la timidez y pídala. Recuerde que esas salidas son importantes y van a beneficiar a su hijo, de modo que debe disfrutarlas y no convertirlas en un infierno para usted.

El interés de un bebé por descubrir nuevas criaturas debería ser suficiente para convencer a todos los padres de que los paseos al zoológico o a la tienda de animales más cercana realmente valen la pena.

En esos momentos es importante hablar. Dígale al bebé adónde van y no se olvide de informarle cuándo regresarán. Quizá usted sepa bien que siempre regresa a la casa después de ir al supermercado, pero su bebé no lo sabe todavía. Y no importa si no tiene idea de lo que le está usted diciendo, pues entre más pronto le hable, más pronto él o ella aprenderán a entender. Recuerde siempre que todo es una experiencia de aprendizaje. Presente a su bebé a todos los comerciantes del barrio y explíqueles la razón de su visita.

Nunca entendí por qué los padres compran un coche para bebé con capota y por qué envuelven al recién nacido en montones de cobijas para protegerlo de los elementos. Cada vez que me asomo debajo de esas horrorosas capotas para admirar a un pequeño, los encuentro mirando con los ojos muy abiertos el color del techo de ese horrible artefacto. Es obligación de la madre mostrarle el mundo y sus maravillas y no sólo protegerlo de los peligros. Se puede poner un cojín debajo del colchón del carrito para que el bebé esté lo suficientemente levantado como para mirar alrededor, o se

Su obligación como madre es mostrar al bebé el mundo y sus maravillas y no sólo protegerlo de los peligros.

puede comprar uno de esos nuevos coches que tienen ventanas de plástico transparentes. La verdad es que, a menos que haya un huracán, debe darse la estimulación visual tanto como el aire fresco, y quizá más este último.

En una ocasión encontré a una familia que iba con su bebé a una hermosa playa en Puerto Rico. Llevaban, para su comodidad, un corral en el que metieron al pequeño para evitar que se lastimara, pero también evitaron que jugara con la arena y aprendiera una de las más fascinantes propiedades de la tierra. Sus movimientos estaban restringidos, no podía ver los efectos de los cambios de luz ni encontrar objetos del mar o conchas con las cuales jugar. Hubiera sido igual que se quedara en casa, porque la sobreprotección volvió inútil su paseo.

Los museos

La gente piensa en el arte como algo refinado y sólo para adultos, pero durante los primeros años de su vida los niños están encantados con todo y mirarán con el mismo interés los cuadros bellos y los horribles. Entonces, ¿por qué enseñarles basura? Como estaba haciendo investigación para otro libro al nacer Jason, los museos se convirtieron en su segundo hogar. En algunos no se permite que entren carriolas los fines de semana o nunca, por lo que es importante preguntarlo desde antes. Es divertido enseñarles cosas a los niños, y como seguramente usted mismo estará disfrutando la exposición, háblele de los cuadros que ve. Comentarios como "¡Mira, es un bebé igual a ti!" o "Mira una gran casa. Es más grande que la de tu abuela", provocarán respuestas que podrían sorprenderle. Pero que el hecho de no recibir respuesta no le impida seguir hablando. Cuando yo consultaba al pequeño Jason de ocho meses sobre sus impresiones de un cuadro, mucha gente me miraba con extrañeza. En una ocasión que le pregunté "¿Qué te parecen esas nubes?", el pequeño miró al techo en lugar del cuadro y entonces me di cuenta de que entendía muy bien lo que yo le decía. Me encantó descubrir que esta exposición tenía cuadros de nubes colgados en el techo, de modo que ni mi credibilidad sufrió mella ni la idea de Jason de que las nubes estaban arriba sufrió confusión. Este tipo de experiencias

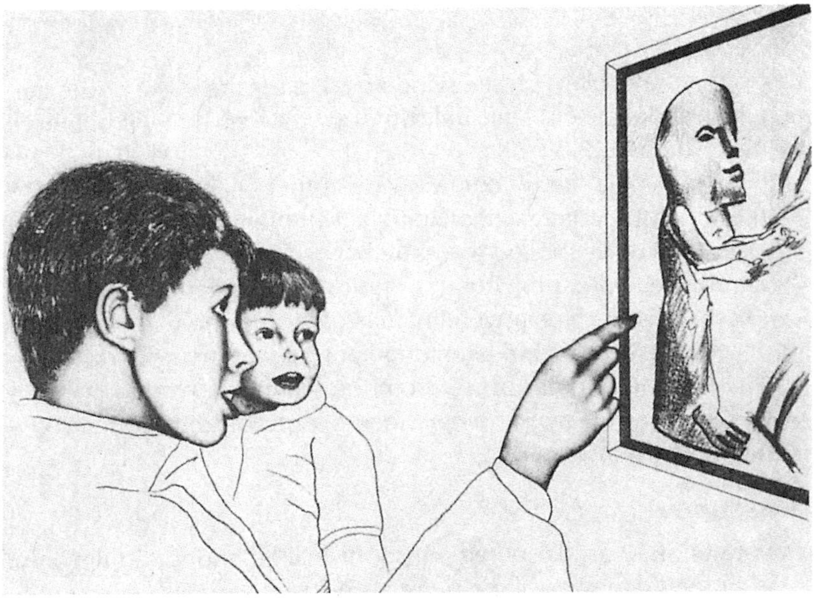

enriquecedoras hará que su hijo sea muy diferente de alguien que pasa largas horas solitario, prisionero en una cuna o un corral. Los comentarios sobre las pinturas en un museo o galería de arte no tienen que estar llenos de conocimientos de historia del arte, ni tienen que ser profundos; basta con señalar algún aspecto del cuadro que le pueda interesar al niño y tratar de convertir esa experiencia en algo personal. Si se trata de un cuadro abstracto, señálele simplemente algunas de sus características, por ejemplo: "Mira todos esos cuadros, unos tan grandes y otros tan chiquitos", o "Ese cuadro tiene mucho color amarillo igual que tu cuarto".

Los restoranes

Mi marido y yo empezamos a llevar a Jason a restoranes desde muy pequeño. Nunca fuimos sin llevar una bolsa de libros y juguetes, y después, cuando sus modales en la mesa resultaron muy poco civilizados, poníamos una hoja de periódico debajo de su silla. Teníamos la costumbre de ir a un restorán que cubría la mesa con un enorme papel blanco en lugar de mantel e invitaba a los comensales a pintarlo con unos crayones que había junto a la sal y la pimienta. Muchas veces jugábamos a las "sillas musicales" cambiándonos de lugar cuando Jason ya había pintado todo el papel en su lugar y necesitaba más espacio para seguir garabateando. Otro restorán que nos gustaba mucho era uno italiano con una decoración muy simpática al que los neoyorkinos elegantes despreciaban por considerarlo una atracción turística. En él había payasos, magos y músicos que entretenían sin costo extra, de modo que nuestro hijo se distraía y nosotros podíamos relajarnos después de cenar durante más tiempo que en otros restoranes. Cuando el bebé se convierte en un pequeño activo que ya no puede permanecer sentado durante toda la comida, ordene sus platillos, y mientras llegan dé un paseo de exploración dentro del mismo restorán o alrededor de la cuadra; cuando los alimentos estén listos, el bebé tendrá paciencia para permanecer sentado durante un buen rato sin molestar a los comensales.

Las vacaciones

Planee sus vacaciones a un lugar muy diferente de aquel en el que vive. Los niños de ciudad necesitan visitar granjas y los niños del campo estarán encantados con las ciudades. No posponga las vacaciones de este año hasta que el niño crezca, pues aunque no va a recordar las particularidades del viaje, eso no quiere decir que éste no tendrá un enorme impacto sobre su desarrollo. Después de todo, ¡pocos de nosotros podemos recordar algo de cuando aprendimos a caminar o a hablar, y aún lo seguimos haciendo!

Nosotros tres fuimos de vacaciones cuando Jason tenía ocho meses. Antes de que él naciera, a mi esposo y a mí nos gustaba vestirnos elegantes y cenar en buenos restoranes, pero cuando fuimos con el pequeño dedicamos los días a explorar la playa, así que cuando volvíamos a nuestro hotel a las seis de la tarde, estábamos sucios o agotados. Una noche en que regresábamos hechos unos guiñapos y yo llevaba al bebé en mis brazos, pasamos junto a una pareja muy elegante y bien vestida que se dirigía al comedor mientras que nosotros íbamos a pedir la cena al cuarto. Cuando nos acercamos a ellos la mujer suspiró y me dijo: "Me ha hecho extrañar a mi bebé. Tiene diez meses y no la trajimos." Luego nos siguieron contando que planeaban quedarse una semana más. Mientras que su pobre bebé se había quedado en casa sintiendo que esos días duraban un año, y desarrollando lo que probablemente sería una inseguridad para toda la vida porque no tenía idea de la razón del abandono de sus padres, Jason tenía nuestra completa atención durante las veinticuatro horas del día y estaba absorbiendo nuevos sonidos, panoramas y experiencias cada minuto. Es cierto que yo disponía de menos tiempo para dormir que la otra señora y que comía pasas secas mientras ella saboreaba su mousse de chocolate, pero después de nuestro encuentro supe que nosotros la estábamos pasando mucho mejor que ellos. Pues aunque usted no lo crea, las madres de hijos mayores me dicen que demasiado pronto llegó el día en que a sus hijos les dio gusto que ellas se fueran. Durante los primeros meses el niño aprende a sentirse seguro o inseguro, y estos sentimientos se quedan ahí, profundamente arraigados, para siempre. Los viajes juntos ayudan a formar el fundamento de una familia feliz y proporcionan estímulos incomparables a un bebé. Además, también los padres descubren nuevos placeres al hacer y disfrutar actividades que nunca harían en vacaciones "de adultos". Demasiada gente se preocupa de que un niño afecte las relaciones entre el marido y la esposa, pero ignora la importancia que tiene la reestructuración de la familia para incluir al niño.

Incluso si no está planeando un viaje, haga una visita al aeropuerto, a la estación de trenes o a la terminal de autobuses. No es necesario ir a ningún lado para hacer un viaje en tren. Se puede uno subir hasta la siguiente parada y luego volver a casa. Cuando a esa actividad le sigue la lectura de un libro sobre trenes y se le obsequia al niño un tren de juguete envuelto muy bonito, se habrá logrado despertar interés en una nueva área. Esto mismo se puede hacer con un camión, taxi, trolebús, lancha y avión. En los muchos paseos que hicimos con Jason durante sus primeros dieciocho meses, un piloto amigo nuestro lo invitó a la cabina del avión, un conductor lo sorprendió regalándole un boleto usado, y muchos choferes de camión esperaron pacientemente a que él pusiera las monedas en la caja de cobros. Ese tipo de experiencias dan a los niños una educación que los juguetes no pueden darles. La estación de bomberos, la oficina de correos, el invernadero, el zoológico, el acuario, el taller mecánico, la tienda de animales, todos estos lugares pueden ser paseos muy excitantes para un bebé. Y lo mismo sucede con los parques, a donde les encantará ir aún antes de que puedan jugar.

Los paseos pueden proporcionar un cúmulo de experiencias que el niño podrá aprovechar para siempre.

Las visitas a los amigos

Si usted lleva a su hijo cuando visita a sus amigos, y si lo lleva a visitar niños de su edad, le estará ofreciendo nuevas áreas de exploración además de importantes oportunidades para incrementar su interacción social. Un acontecimiento familiar, por ejemplo una boda, debe incluir a todos los miembros de la familia, hasta a los más pequeños. Yo siempre consideré a los niños en las invitaciones que hacía para venir a mi casa, y contrataba una cuidadora para que los entretuviera contentos y seguros en el cuarto de Jason. Muchos padres tienen que dejar a sus hijos durante el día de trabajo, así que no quieren dejarlos también en las noches. Los padres que permanecen en su casa durante el día, y que buscan un respiro de tanto niño, pueden no llevar a sus hijos si no lo desean, pero ésa es su elección.

Si espera hasta que los "libros especializados" digan que los bebés están listos para jugar con otros niños, habrá perdido mucho tiempo. Dedique unos momentos cada día para visitar con su bebé una tienda donde el encargado sea amable, un parque de juegos o la casa de algún vecino. Entre más lo haga, desde el principio, más cómodo se sentirá su pequeño después con otros bebés y otros adultos y en toda nueva circunstancia. Si lo deja todos los días en casa, cuando tenga que ir a la guardería sufrirá un trauma que le quitará toda efectividad a sus buenas intenciones.

Las citas para jugar

Estas citas y los grupos de juego son importantes antecedentes para la escuela. Si se empieza temprano, el niño se adaptará mejor a ella. Encuentre uno o dos niños con quienes su hijo se pueda llevar bien, y reúnalos regularmente una vez por semana estableciendo una rutina de juego. Se puede empezar a hacer esto antes de que el niño cumpla un año. Esto es particularmente importante para los hijos únicos, que no tienen la experiencia de jugar con hermanos, pero los niños que sí tienen hermanos y hermanas no por eso deben verse privados de la experiencia de una vida social independiente. No espere que a su hijo le gusten todos los niños por igual ni que juegue con todos de la misma manera, pues desde esta tierna edad ya encuentran sus amigos "especiales". Procure estimular la amistad entre niños y niñas.

Los niños son mucho más naturales para los encuentros sociales que los adultos. Cuando un adulto se reúne con alguien, generalmente es obligato-

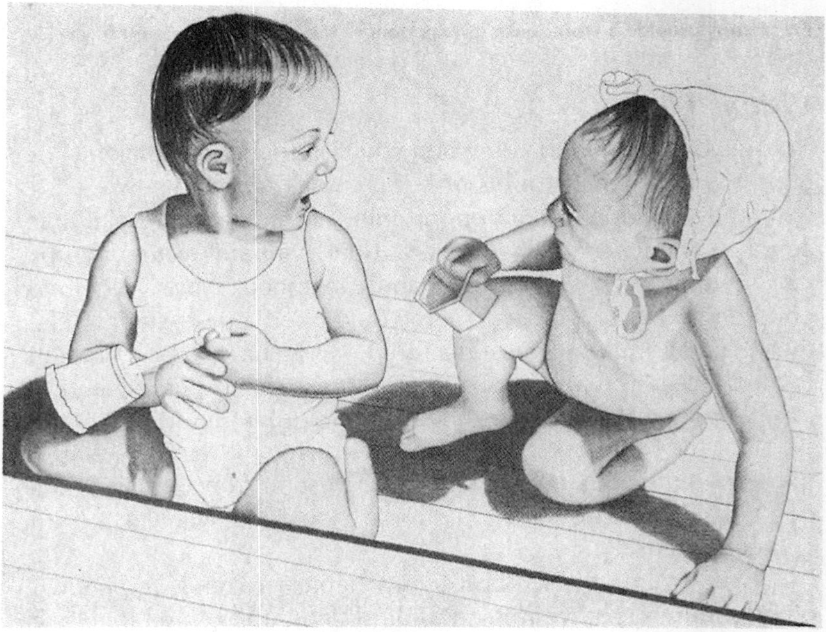

Aunque parezca que los niños se ignoran mutuamente, no se desanime y siga organizando citas de juego.

rio que ambos hablen e interactúen durante el tiempo que están juntos, pero los bebés y los niños pequeños se dan la espalda por largos espacios de tiempo mientras hacen alguna otra cosa que les interese. Esto no debe desanimarle a organizar citas de juego, aunque le parezca que los niños se ignoran mutuamente. En este libro encontrará información sobre cómo organizar esas citas de juego. Pero tenga presente que durante los juegos paralelos, los niños tienen muy clara conciencia de la presencia del otro y están aprendiendo aunque parezca que no se miran siquiera.

4. Juguetes, objetos para jugar y compañeros de juego

> El mejor juguete que puede tener un bebé es su propia madre. Observe cómo la mira a los ojos, cómo juega con sus dedos, cómo se pone alerta cuando escucha su voz, toca su cara o explora su boca.[1]

Durante muchos meses, usted será el único "juguete" en el que su hijo se interesará. Mirar su cara, escuchar su voz, tener un contacto físico muy cercano y conocer el mundo porque usted se lo enseña: eso es todo lo que un bebé necesita y muchos juguetes reflejan esta necesidad; pero tenga siempre presente que es a usted a quien el bebé requiere y no al osito, a la muñeca o a la cuna con un objeto que simula los latidos del corazón. Nuestra sociedad subestima demasiado lo física y emocionalmente agotador que es el trabajo de ser madre de un recién nacido. Incluso si el esposo es un padre diligente, y si se tiene la suerte de contar con la abuela, la cuidadora o la nana, de todos modos habrá días en que toda esa ayuda resulte insuficiente. Cámbiele los móviles sobre la cuna para que varíe lo que mira, déle muchos juguetes que se pueda llevar a la boca, y guarde el presupuesto que había separado para juguetes hasta el próximo año cuando de verdad los va a necesitar. El mejor regalo que le puede dar es tiempo y paciencia. Lleve a su bebé a museos, tiendas, restoranes e incluso a la oficina en lugar de irse sola a todos esos lugares y dejarlo con una encargada. Deténgase a mirar a los albañiles que trabajan en una construcción, a los pájaros construyendo su nido, a una grúa remolcando un auto. Interactúe con el niño y déjele libertad para explorar.

[1] John y Elizabeth Newson, *op. cit.*, p. 42.

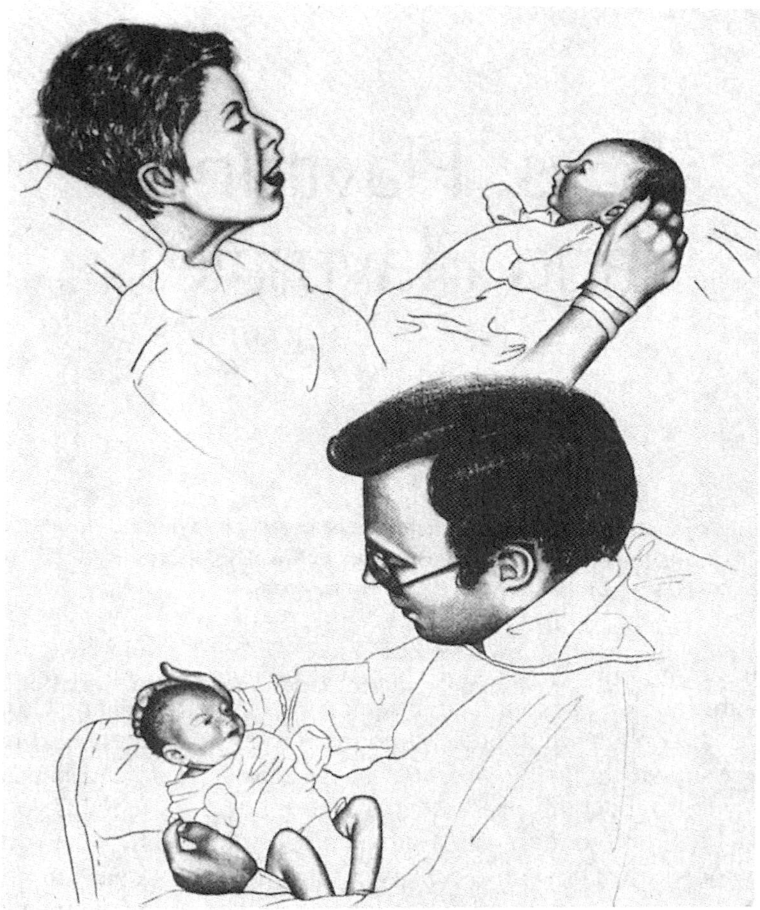

Durante muchos meses, usted será el único "juguete" que le interesará a su hijo.

Durante muchos meses, el examen de nuevos objetos se hará con los ojos, las manos y la boca, aunque no necesariamente en ese orden. Decir "no" cada vez que el bebé se lleva algo a la boca es tan dañino para su curiosidad intelectual como podrían serlo los gérmenes para su bienestar físico. Una esponja sucia puede ser algo poco saludable, pero una nueva se siente muy agradable en las manos y en la boca. Vístase con ropas que tengan amplios bolsillos a fin de que pueda cargar diversos objetos limpios

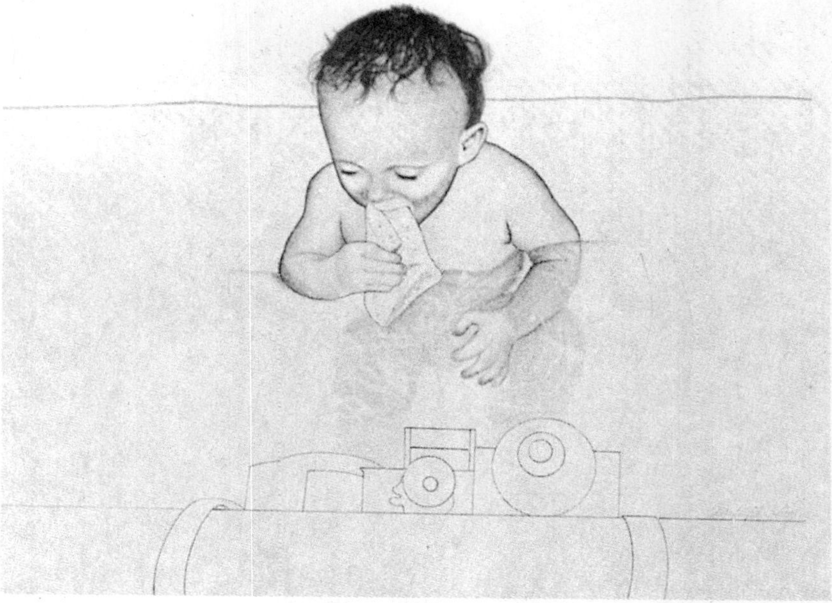

Decir "no" cada vez que el bebé se lleva algo a la boca resulta tan dañino para su curiosidad intelectual como podrían serlo los gérmenes para su bienestar físico.

y ofrecérselos al niño en sustitución de aquellos que recoja y que puedan ser peligrosos o insalubres cuando se los lleve a la boca.

> Durante el primer año, la boca es el principal espejo en que el mundo se refleja al niño. Permítale pues que sea un reflejo placentero.[2]

Los anaqueles, cajones, bolsas y armarios de su casa contienen una cantidad prácticamente infinita de objetos que no son juguetes pero que le encantarán a su bebé. Los objetos reales siempre serán más interesantes que los juguetes. Las ollas, cajas vacías, canastas o toda clase de utensilios domésticos inofensivos, como coladeras, cucharas de madera, espátulas, vasos de plástico, moldes, un cepillo para el pelo, una caja llena con cajas más pequeñas, un molinillo, recipientes con tapadera, bolsas, telas y viejos directorios telefónicos pueden darle un mejor entretenimiento e informa-

[2] Haim G. Ginott, *Between Parent and Child*, Avon Books, Nueva York, 1965, p. 179.

Usted puede creer que un rollo de película es algo que sólo sirve para meter en una cámara y tomar fotos, pero si se deja al niño que lo explore con libertad, eso le dará una información tan amplia que bien vale la pena lo que cuesta.

ción que los juguetes comerciales. Puesto que a esta edad los niños pasan más tiempo jugando con las cajas y las envolturas que con los juguetes que hay dentro de ellas, piense en darle a su hijo una caja envuelta llena de otras cajas envueltas para el entretenimiento de toda una tarde. Usted puede creer que un rollo de película es algo que sólo sirve para meter en una cámara y tomar fotos, pero si se deja a un niño que lo explore con libertad eso le dará una información tan amplia que bien vale la pena lo que cuesta.

La libre exploración de materiales ofrece al niño tipos más variados de aprendizaje que mucho juguetes, y usted se dará cuenta de que su hijo está más contento y mejor cuando recibe permiso para trastocar los objetos comunes que cuando recibe un juguete muy caro.

La libre exploración de materiales ofrece tipos más variados de aprendizaje que muchos juguetes, y usted se dará cuenta de que su hijo está más contento y mejor cuando recibe permiso para trastocar los objetos comunes que cuando recibe un juguete muy caro.

A los niños les encanta el agua, la arena y el sol que entra por una ventana. Y es tan enternecedor ver a un pequeño tratando de atrapar un rayo de sol. Si se le da un objeto con el cual tapar el sol y otro que sea transparente, se tendrá un "juguete" que sirve para aprovechar su interés en ese momen-

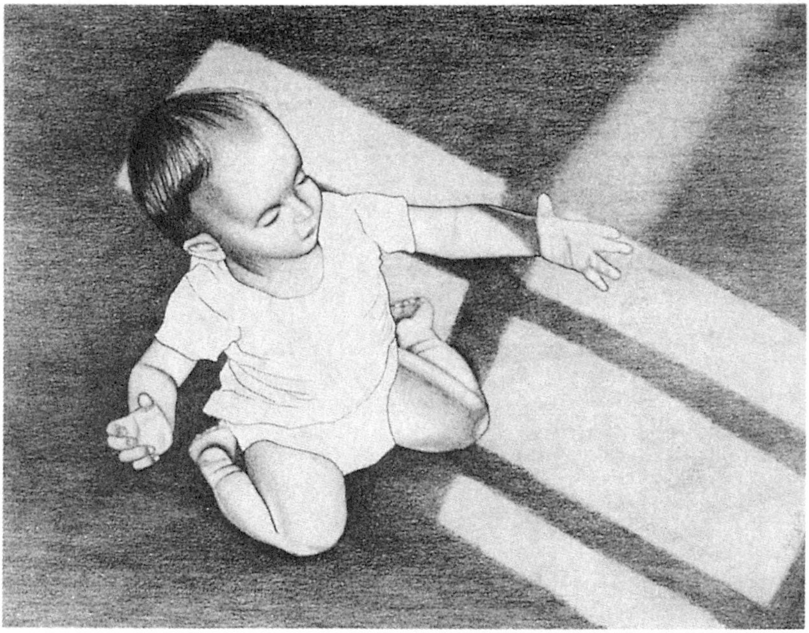

A los niños les parece mucho más interesante atrapar el sol, la luna y el agua que jugar con la mayoría de los juguetes.

to y convertirlo en una experiencia educativa importante. Esa "cosa transparente" puede ser su mejor camisón de dormir en lugar de un juguete, pero en ese momento se convertirá en el mejor objeto de juego para el niño. A los niños les parece mucho más interesante atrapar el Sol, la Luna o el agua que jugar con la mayoría de los juguetes.

> Nadie tiene que enseñarle a un niño a explorar su ambiente. En cuanto empieza a gatear o a bambolearse lo suficiente como para mover su cuerpo en el espacio, adquiere el fuerte deseo de tocar, probar e investigar los objetos físicos y sus mecanismos de acción. En el camino al supermercado, los bebés en edad de gatear son los observadores más bien portados de autos, camiones, camiones de carga, trenes y edificios en construcción, y en casa pueden pasar muchísimo tiempo observando a los pájaros que se acercan a recoger su comida o a los perros que ladran en el patio.[3]

[3] Frank y Theresa Caplan, *The Second Twelve Months of Life*, Grosset y Dunlap, Nueva York, 1977, p. 88.

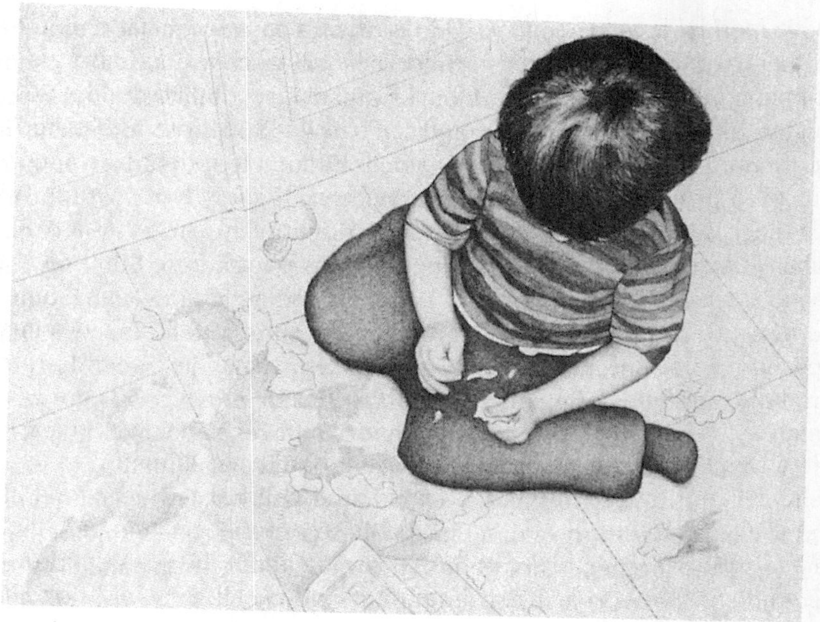

Puesto que ni el enojo ni el castigo pueden volver a pegar un objeto que ya se rompió, es mejor que un padre flexible considere esta situación como una lección no planeada de exploración de texturas. Espere a que la exploración termine para enriquecerla con la verbalización.

Cuando su hijo desenrolle todo el papel del baño, aprovéchelo como una oportunidad para enseñarle lo que significa "enrollar" y "desenrollar", "romper", "arrugar", "suave", "largo", etc., en lugar de hablarle de lo correcto y lo incorrecto. El precio de ese rollo de papel es menor que el de un juguete, pero la experiencia es mucho más valiosa para él.

He aquí a un niño que se mete en una situación bastante frecuente cuando es pequeño. Y puesto que ni el enojo ni el castigo pueden pegar un objeto que ya se rompió, un padre flexible puede considerar la situación como una lección no planeada de exploración de texturas, esperar hasta que la exploración termine, y luego enriquecerla con la verbalización. Éste puede ser un tiempo para el aprendizaje, para que le enseñe a su hijo a limpiar el desorden, a freír unos huevos o a manipular un objeto rompible, o bien puede ser un tiempo para castigos y lágrimas. Limpiar los pisos será algo inevitable, independientemente de cuál sea su respuesta a esa conducta, de modo que es mejor responder de manera positiva que negativa. En el primer caso se hallará placer y descubrimiento, mientras que en el segundo se encontrarán culpas, se aplastará la curiosidad y se inhibirán futuras conductas. Estoy completamente convencida de que su hijo no seguirá haciendo estas cosas cuando sea adulto, así que deje de preocuparse y permítale que goce su niñez y aprenda todo lo que pueda. Es imposible para los adultos saber lo que los niños están listos para aprender, pero ellos siempre lo saben. Usted y su familia podrán reírse mucho y tener un hijo muy satisfecho si aceptan que los primeros dieciocho meses sean de este modo. Su papel como padre no consiste en enseñarle al niño a no tocar ni romper ni apachurrar nada de lo que vea. Con o sin esas palabras "sabias", su hijo pronto dejará atrás esta etapa. Por ejemplo, cuando yo tomé mal la foto anterior traté de repetir la escena del huevo para tener otra foto que saliera bien. Después de mucho hacerse del rogar, Jason apenas si tocó la yema y salió del cuarto. Esa situación la recordé dos años después cuando mi hijo me ayudaba a preparar el desayuno y se detuvo en seco al embarrarse de huevo y no quiso seguir hasta que tuviera las manos limpias. Porque la necesidad de sentir ese material se dio en un momento preciso de su vida y, no importa cuál sea la respuesta, esa necesidad no dura mucho. Los padres necesitan sobre todo considerar esas experiencias en perspectiva. Es un momento que sirve para el aprendizaje de las propiedades físicas del mundo, y por ello es muy importante no acusar al pequeño de "maldad" cuando lo que está haciendo precisamente es muy bueno. Lo triste es que los niños aprenden mucho más sentados en el piso de la cocina apachurrando huevos durante quince minutos cuando tienen diez meses de edad que lo que aprenden sentados muy ordenadamente en el salón de clases durante los años siguientes.

> Cuando limpian por enésima vez el puré del piso y buscan en la manga más pedazos húmedos de pan es cuando se puede perdonar a los padres si no tienen presentes palabras como "descubrimiento" y "creatividad". Y sin embargo, de eso precisamente se trata. A partir de los seis meses, los niños se lanzan al ataque más decidido sobre su ambiente, y el juego lleno de curiosidad de este periodo es al mismo tiempo un estímulo y una evidencia de que se desarrolla su entendimiento. Ahora el bebé quiere saber qué sucede cuando se apachurran, exprimen, golpean o muerden los objetos; que algunas cosas se rasgan o rompen y otras se estiran y doblan o hacen mucho ruido o rebotan. A través de la experimentación incesante, los niños empiezan a descubrir la naturaleza y las propiedades de los diferentes materiales

que encuentran en el mundo... algunas veces un bebé parecerá destructor a esta edad, y claro, si se encuentra un libro o revista muy gruesos es muy probable que los levante tomándolos de una sola página... y cuando la página se quede en su mano es posible que la arruge, la muerda, la aviente y vuelva a probar otra vez lo que se siente arrancar otra.[4]

Cuando nació mi hijo yo me propuse cumplir un objetivo: que no le diría la palabra "no" hasta que cumpliera dos años. Eso no quería decir que lo dejaría hacer todo lo que él quisiera, sino que iba a distraer su atención hacia algo más interesante cuando tocara algo indebido o bien que le explicaría lo que podría suceder si lo hacía. La única ocasión en que no cumplí mi promesa fue cuando Jason empezaba a caminar y estaba a punto de bajar de la acera en una calle donde pasan muchos automóviles. En esa ocasión grité "¡No!" y el niño se detuvo. Sin duda, la palabra resultó muy efectiva porque no la usaba demasiado. En cuanto me tranquilicé, le mostré los automóviles que venían y le expliqué todo sobre las luces rojas y verdes de los semáforos; después, era él quien no me dejaba cruzar si no había luz verde.

No quiero que parezca que es el niño quien debe poner las reglas en la casa. Si usted ve que él se acerca a una estufa caliente, entonces, sin consejo de nadie, lo quitará de allí y gritará "¡está caliente!", y como ésa, habrá muchas otras ocasiones en que tendrá que poner reglas muy firmes para la seguridad de su hijo y también para conveniencia de los demás miembros de la familia. Pero al mismo tiempo es importante que la mayoría de las veces, usted deje de hacer lo que está haciendo y le diga: "sí, vamos a ver esto juntos". Si decide criar a su hijo de esta manera, no le dirá que "no" sólo por evitarse más trabajo, sino cuando tenga conductas inaceptables o desconsideradas, porque no se puede ser permisivo en todo. Sin embargo, trate de no apagar la curiosidad de su hijo. La clave para esto consiste en poner el menor número posible de reglas y estar segura de que las que puso son definitivas. La libertad sólo puede ser efectiva dentro de fronteras seguras, pues de otra manera se convierte en caos.

> Sin embargo, necesariamente habrá momentos en que usted tendrá que regañar a su hijo, pero entonces, en lugar de simplemente increparlo por su mala conducta, es mejor mostrarle alguna alternativa o razonar con él. Por

[4] John y Elizabeth Newson, *op. cit.*, p. 49.

ejemplo, si el niño empieza a romper un periódico que usted no ha terminado de leer, en lugar de darle un manazo y quitárselo, le podría dar otro periódico con el cual jugar.[5]

Cuando el niño saca todo de su bolsa, mete las llaves del auto en el plato del gato, o enreda el estambre que usted estaba a punto de usar, eso no es una travesura, sino la curiosidad normal, que es la motivación más efectiva para aprender y que nunca se debe desalentar. En la mayoría de los casos, esos actos no se repetirán, puesto que su curiosidad habrá quedado satisfecha.

Los niños están aprendiendo algo a cada momento mientras están despiertos. La palabra "juguete educativo" no tiene ningún sentido, ya que ellos aprenden de todas las experiencias de juego. La cuestión de qué es lo que aprenden tiene que ver con las experiencias y juguetes que usted les proporcione. Si el juguete sólo permite un tipo de juego, entonces el niño no aumentará su capacidad para acercarse a cosas nuevas; si el juguete hace todo solo, el pequeño pronto empezará a esperar que todo funcione sin intervención humana, o si el juguete requiere el control del adulto, el niño aprenderá a tener respuestas dependientes.

Los primeros años de la vida son una época peligrosa, pues la naturaleza le proporciona al pequeño una curiosidad enorme a pesar de los riesgos tan obvios, y para ello tiene buenas razones. Los buenos padres deben conservar esa curiosidad al tiempo que protegen del daño. Hacer eso toma mucho más tiempo, energía y trabajo que lo que se requiere para apagar la curiosidad, pero es una inversión que se hace hoy y que pagará buenos dividendos mañana. Esos dividendos serán un individuo contento, sano y curioso con una sólida base de experiencias de primera mano.

Cerca del primer cumpleaños verá usted que él o ella quedan fascinados con el excusado, y ese encanto durará varias semanas sea que usted lo permita o no. Sí, sé muy bien que los excusados son "repugnantes", y estoy segura de que contienen todo tipo de gérmenes. Además, también sé que a su pediatra seguramente no le gustará mi ejemplo, pero en mi caso simplemente lo limpiaba con un detergente fuerte y un cepillo, lo descargaba varias veces después de cada uso, de modo que mi hijo podía jugar en él hasta quedar satisfecho y después de dos semanas lo abandonó por otras cosas

[5] Masaru Ibuka, *Kindergarten is Too Late!*, Simon and Schuster, Nueva York, 1977, p. 98.

Estoy segura de que a su pediatra no le gustará mi consejo.

más "interesantes". Y su salud nunca se vio afectada. Si yo le hubiera dicho: "No, está sucio", eso no hubiera curado su fascinación, sino que sólo hubiera ampliado el tiempo de interés y hubiera creado una dependencia innecesaria del niño respecto a la aprobación de los adultos para la siguiente vez que algún objeto le interesara. Pero es cierto que los niños se pueden caer al excusado y ahogarse, de modo que el único ingrediente en la supervisión de los padres no debe ser la palabra "no", sino permanecer cerca en aras de su seguridad. Yo leí en un periódico la historia de un bebé que se ahogó en un excusado en el piso de arriba de su casa mientras sus padres conversaban con amigos en el piso de abajo. Creo que es mejor dejar a un bebé que juegue, bajo la supervisión paterna o materna, en un excusado bien limpio que arriesgarse a que vaya a meterse en él en cuanto usted le dé la espalda.

Por supuesto, no pretendo decirle que debe dejar a su hijo jugar en el excusado; sólo estoy diciendo que, como padre, es usted quien constantemente impondrá los límites a su hijo, y sólo usted puede decidir cuántos riesgos está dispuesto a correr y cuántos sacrificios puede hacer a fin de estimular la independencia y el sentimiento de aventura que significa el conocimiento. Resulta muy tentador ser sobreprotector, y muchas de nuestras reglas no son en realidad demasiado útiles para el crecimiento a largo plazo del niño, aunque parezcan simplificar el momento inmediato. Demasiadas reglas sirven a nuestra conveniencia más que a las necesidades del pequeño, de modo que seguramente usted podrá convencer al suyo de que no toque nada de lo que vea, pero si lo hace, estará apagando su curiosidad y bloqueando su aprendizaje, y esto se reflejará para siempre en su desempeño escolar y en su vida.

Incluso el famoso doctor Spock, cuyos consejos en el área de psicología tienden por lo general, en mi opinión, a un autoritarismo pasado de moda, habla de las ventajas que tiene distraer a un niño:

> Son muy fáciles de distraer, y eso es de gran ayuda. Los bebés de un año están tan ansiosos por conocer el mundo que no les importa mucho por dónde empiezan y en dónde terminan. Así que aun si están absortos con un llavero lleno de llaves, se puede hacer que lo olviden si se les presta un molinillo. Su facilidad para distraerse es uno de los mecanismos por medio de los cuales los padres inteligentes los guían.[6]

En algún momento deberá haber una decisión consciente de su parte para criar un hijo independiente y curioso y no alguien que siempre espere su guía y aprobación. Es necesario que usted se entrene para dejar de decir "no" y para señalar mejor algún objeto interesante al niño que está a punto de tocar algo que usted no quiere que toque. Permítale satisfacer su curiosidad cuando sea posible y distraiga su atención cuando no lo sea.

[6] Benjamín Spock, *Baby and Child Care*, Pocket Books, Nueva York, 1976, p. 306.

Tomarse tiempo para dejar que un niño vea, toque y pruebe las cosas, seguramente hará de éste un niño más tranquilo que aquel que siempre estuvo oyendo "no" y "no toques". En una ocasión vi a una madre que acercó la carriola de su hija junto a un árbol en la sala de espera del médico, y cuando la bebita trató de tocar una hoja le dijo "no". Sentí tristeza por esa personita de cuatro meses de edad que quizá nunca sabrá lo que se siente tocar una planta o una flor. Para cuando tenga la suficiente edad para tocarlas de manera responsable, seguramente ya no sentirá ningún interés por hacerlo. Estoy segura de que esa madre tenía buenas intenciones y estaba tratando de enseñar a su niña a respetar la propiedad ajena, y tampoco tengo dudas de que esa bebita crecerá con muy buenos modales, pero creo que los niños a quienes se ayuda a apreciar las cosas bonitas también aprenden a respetar la propiedad de los otros. Y esa madre hubiera podido mirar y tocar la planta con su hija y haber conversado sobre ella.

Cada "no" o "no toques" que le decimos a un niño debe ser cuidadosamente sopesado. Dígalo solamente si de verdad es importante, aunque creo que es mejor, si se tiene la paciencia, ofrecerle algo que lo distraiga. Cada

Un niño que trata de alcanzar la hoja de un árbol no está siendo destructor.

"no" limita al niño y le comunica una actitud que él o ella trasladarán a su siguiente experiencia. Un pequeño que trata de alcanzar la hoja de un árbol no está siendo destructor, pues a esa edad está aprendiendo cómo se ven, cómo se sienten, cómo huelen y qué hacen las hojas, la arena, la piel, el pelo y una multitud de otros materiales. Yo conocí a un niño que la primera palabra que dijo fue "no", y desgraciadamente no era un caso excepcional. Como madre de un bebé y de un niño pequeño creo que se tiene la obligación de decir "sí" al niño con mucha más frecuencia que "no". "Sí, tócalo", "sí, vamos más despacio en nuestro camino a la tienda para que puedas subirte y bajarte quinientas veces de esa escalera". "Sí, dejaré de cocinar la cena y te voy a cargar porque eso es lo que en este momento necesitas."

Antes de que se haya acostumbrado a la idea de que es madre de familia, su niño ya habrá crecido. Entonces tendrá décadas para correr a la tienda, cocinar comidas muy complicadas y atender sus propias necesidades, mientras que únicamente tendrá usted estos breves dos o tres años para satisfacer las

Su hogar está lleno de juguetes muy divertidos que su hijo podrá explorar.

Incluso los objetos más peligrosos se pueden mirar, tocar, explorar y hablar sobre ellos bajo una supervisión extremadamente cuidadosa.

necesidades de su bebé. De modo que tómese el tiempo ahora y su niño será un individuo curioso y se sentirá seguro y amado.

Durante sus primeros meses, Jason siempre jugaba con mis anteojos. Yo lo dejaba quitarme los míos cuando quería, pero mi marido, que no puede ver sin ellos y no tiene un par extra, siempre le decía que "¡no!" El resultado fue que a los doce meses él ya nunca quería los míos y en cambio se la pasaba molestando a su padre por los suyos. El papá se dio cuenta de que en eso podía aprender una lección, y lo hizo con rapidez. Así, cuando Jason descubrió su valiosa videocasetera pusimos a prueba la teoría. Esas pequeñas manos en realidad no podían hacerle ningún daño a la compleja máquina, y después de suficiente exploración, el niño la abandonó por cosas mejores y el papá suspiró con alivio.

Por mi parte, fui puesta a prueba cuando Jason me encontró trabajando con mis enormes y muy filosas tijeras y las quiso tocar. Incluso un objeto tan peligroso como éste debe poderse ver, tocar, explorar y hablar sobre él bajo una supervisión muy cuidadosa. En cuanto tomó las tijeras, yo lo cargué. Lo senté sobre mis piernas, lo rodeé con los brazos, sosteniendo sus manos, y le enseñé cómo abrirlas y cerrarlas. Jugamos el juego de abrir y cerrar y le enseñé lo filosa que era la punta. Mientras cantaba una canción "ábrelas-ciérralas", hacía yo esos movimientos con las tijeras. Pronto se sintió seguro con ellas y a los dos años ya las usaba para cortar papel, deteniéndolas con las dos manos mientras yo sostenía el papel. En mis clases de "Arte para pequeños" les doy tijeras a los de un año de edad y juntos cantamos "ábrelas-ciérralas", de modo que aprenden algo sobre ese utensilio aun antes de saber cortar. Muchos niños empiezan la escuela a los cinco o seis años sin tener idea de cómo funcionan las tijeras y de su posible peligro. Con esto no quiero decir que le dé a su hijo un enorme par de tijeras para jugar, sino que si él se interesa en un objeto que es potencialmente peligroso, ése es el momento ideal para que aprenda sobre él. Decirle que "no" sólo serviría para dos cosas: para posponer la exploración en

Un niño creativo descubre que un tocadiscos puede servir para automóviles además de para discos.

un momento en que usted no esté presente para supervisarlo y para darle una sensación de inseguridad. En cambio, mientras usted lo esté cargando, él o ella pueden aprender mucho, siempre y cuando usted no se sienta demasiado inquieta con la idea. De lo que se trata es de dar más tiempo del que muchos padres están dispuestos a conceder.

He aquí a Jason cuando descubre que los autos pueden dar vueltas y vueltas en un tocadiscos y su amiga Pat lo estimula en este nuevo y creativo uso de ese aparato en lugar de decirle "no, no toques". Por supuesto, se trata de un aparato eléctrico, por lo cual también es un juguete que sólo se usará bajo supervisión.

A esta edad lo más seguro es hacer que todo el tiempo de juegos sea supervisado. Puede ser muy tentador enseñar a los niños la manera "correcta" de utilizar los juguetes y las herramientas, pero en general sus propios descubrimientos les sirven mejor y además están llenos de un pensamiento innovador. De lo que se trata es de desarrollar una actitud nueva, que haga hincapié en la curiosidad del niño y la refuerce, en lugar de enseñarle, demasiado pronto, hábitos de seguridad o de miedo y buenos modales. Esto significa que hay que estimularlo para que examine todo lo que le interesa,

y por su parte, usted podrá evitar los verdaderos riesgos a su seguridad pensando de manera rápida a fin de ofrecerle un objeto más interesante cuando sea posible.

Jugar con agua les fascina a los bebés y no tienen límite para ello. Todas las actividades con este elemento deben ser cuidadosamente supervisadas, pero se pueden tomar algunas medidas para dar a su hijo una sensación de independencia, aunque sea una ilusión. Así, una de esas sillas inflables de plástico servirá al bebé para permanecer sentado en la tina cuando apenas empieza a hacerlo. Y como de esa forma usted no tendrá que estar agachada con la espalda doblada para detenerlo, seguramente le permitirá que pase más tiempo jugando con el agua y él se sentirá independiente aun cuando usted ande por ahí rondando para su seguridad.

Hay tantas cosas que se pueden aprender del agua: lo vacío, lo lleno, lo que se hunde, lo que flota, lo caliente, lo frío, y ésas son sólo algunas. El juego con agua desde muy temprano es el mejor maestro de muchos conceptos. Aspersores, chapoteadores, mangueras y todo tipo de recipientes, aunados a un hermoso día de verano, pueden aportar valiosas experiencias a su hijo. Pero si está nevando, eso no quiere decir que su bebé no pueda experimentar las propiedades del agua; abra el grifo y déjelo jugar dentro

Jugar con agua les fascina a los bebés y no tienen límite para ello.

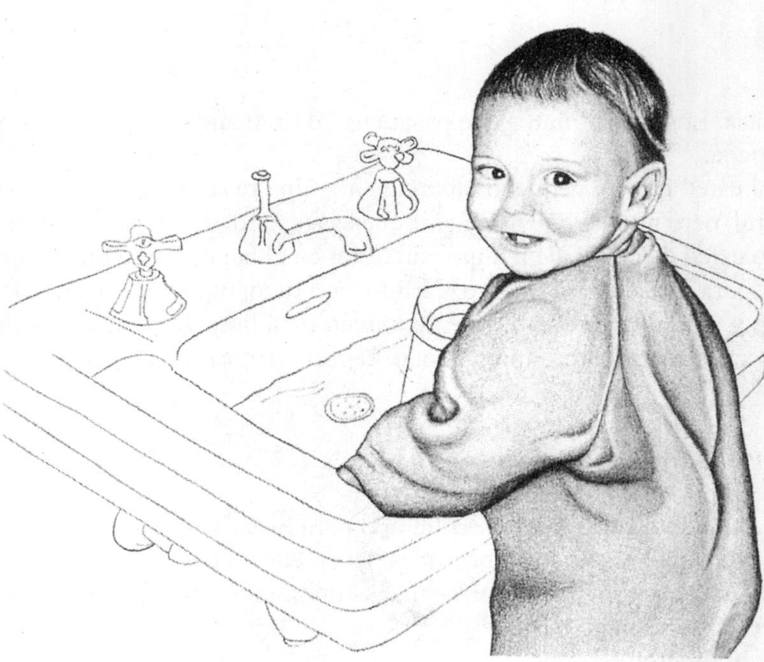

de la casa. Los diez minutos que pasará usted limpiando después, bien valen la pena.

Verá usted que un pequeño taburete en la tina resulta más efectivo que un corral, pero no está de más repetir que esa actividad sólo se puede hacer cuando usted disponga de tiempo para estar en el baño. Usted puede aprovechar para darse un baño largo, de lujo, con tiempo para lavar y secar su cabello y maquillarse cómodamente, o bien para limpiar el baño mientras el niño permanece cerca, aprendiendo, seguro, ocupado y contento.

Juguetes para hacer en casa

Sé bien que los padres no tienen tiempo para hacer siempre los juguetes, pero desgraciadamente los fabricantes hacen unos que están diseñados no para ser educativos sino para atraer a los compradores adultos. Usted puede hacer algunos juguetes interesantes para su hijo sin invertir demasiado tiempo ni dinero. El juguete que aquí dibujamos se hizo con todo el mate-

Este juguete se hizo con material abandonado.

rial abandonado que el portero pudo encontrar arrumbado en el sótano de nuestro edificio.

Otro juguete lo hicimos con todas las cerraduras que pudimos encontrar: cada una abría una puerta y detrás de cada puerta se encontraba la reproducción de una pintura. Los dos juguetes aprovechan la curiosidad natural del niño respecto a su ambiente. Un alfabeto de tela le proporcionará infinitas posibilidades de jugar separando y juntando las letras, y de paso le ayudará a reconocerlas convirtiendo el aprendizaje de la lectura en un juego y no en un pesado trabajo. Las llaves de plástico de muchos colores, que se venden en todas las jugueterías, son bonitas pero no sustituyen a las verdaderas. El cerrajero ni siquiera me cobró por las tres llaves que le pedí cuando le expliqué para qué las necesitaba. Las puse en un llavero seguro, las lave y herví y nunca más me preocupé de que Jason jugara con las mías, que estaban tan sucias y me eran tan necesarias.

Cómo probar los juguetes

Antes de darle a un niño cualquier juguete, ya sea que lo haya comprado en la tienda, lo haya hecho en casa o sea un objeto doméstico, debe someterlo a estudio en dos aspectos:

1. *¿Es seguro?* Un pariente mío, artista bien conocido y muy talentoso, le regaló una muñeca a Jason para su primer cumpleaños. Era sin duda una obra de arte, pero sus manos estaban hechas con pedazos de globo, que es una de las causas más frecuentes de muerte por asfixia en los niños, y estaba decorada con botones, lentejuelas y otros objetos que son muy peligrosos para un bebé de esa edad. Así que lo dejamos admirar la muñeca bajo nuestra supervisión y después la escondimos, lejos de su vista y de la de una cuidadora o visitante que pudiera no saber de estos peligros. Sin embargo, el hecho de que un objeto de juego sea potencialmente peligroso no significa que su hijo no pueda jugar con él. Yo vi a un hombre arrancarle una envoltura de plástico a un niño que estaba sentado en el centro de un círculo de cariñosos parientes abriendo sus regalos. Aunque las envolturas de plástico pueden ser muy peligrosas pues los bebés se pueden asfixiar con ellas, no hubiera sido posible que le sucediera eso a un niño rodeado de tantos adultos que lo vigilaban con cuidado. Y aprender lo que es el plástico durante una situación bien supervisada puede desalentar la posterior exploración de ese material en un momento en que nadie lo vea.

2. *¿Le permiten a su hijo libertad para varios tipos de interpretaciones?* Los juguetes que se pueden utilizar de formas muy diversas en distintos momentos resultan la mejor inversión, porque estimulan el pensamiento imaginativo y la creatividad en el juego.

La televisión

Entre la gente consciente hay una relación algo exagerada respecto a la mala calidad de los programas para niños, por lo cual no les permiten ver televisión. Pero también hay malos libros y no por eso les prohibiríamos que leyeran. No me puedo imaginar a un padre con el tiempo, la energía o los efectos técnicos necesarios para ofrecer a su hijo el aprendizaje que les da el programa *Plaza Sésamo*. La primera vez que planté a Jason cinco minutos frente al televisor a los tres meses de edad, sentado en una silla para bebé, me puse junto a él para mirar el programa y señalarle cosas, de modo que pronto aumentó su atención y yo lo estimulé a mirar ese programa como parte de su rutina diaria. El resultado fue que a los dieciocho meses podía repetir todas las letras del alfabeto, reconocer y nombrar en voz alta varias letras y números, así como los nombres de muchos personajes que aparecían en él, además de que disfrutaba verdaderamente cada vez que lo veía.

Al mismo tiempo, estaba yo indignada por la violencia y crueldad que por lo general forma parte integral de otros programas, y molesta porque me di cuenta de que el adulterio era lo que estaba detrás del "humor" en una caricatura muy popular. Los niños siempre están aprendiendo, incluso cuando ven televisión. De *Plaza Sésamo* aprenden letras, números y valores morales sólidos. De Tom y Jerry y otros personajes de las caricaturas, incluyendo algunos de Walt Disney y de Jim Henson que son más comerciales, aprenden que puede ser muy divertido y aceptable torturar y mutilar a los animales por medio del fuego o de explosiones, aplastarlos, emplumarlos o tirarlos desde enormes alturas. Los padres conscientes podrían boicotear a los patrocinadores y a las cadenas televisivas que pasan estos programas. Gracias a que hoy ya hay suficiente televisión buena, educativa y entretenida y dada la accesibilidad de las videocaseteras, es cada vez más fácil evitar los malos programas. Los niños pequeños encuentran que *Plaza Sésamo* es tan entretenida como las caricaturas, y la tendencia reciente a publicar libros con los personajes de la televisión nos indica que ya es hora de reconsiderar el problema.

Ver televisión se compara muchas veces de manera poco favorable con leer. Para los padres muy ocupados, resulta tentador usar la televisión como cuidadora mecánica, mientras que para leer es necesario sentarse al niño sobre las piernas. Y sin embargo, si una buena parte del tiempo que pasa el pequeño frente a la televisión lo pasara con usted, disfrutando juntos los programas y comentando sus aspectos positivos y negativos, entonces el valor de ese tiempo se incrementaría considerablemente. Ambos aumentarán el interés mutuo si ven juntos los programas. De hecho, conozco mucha gente de treinta años que son fanáticos de Miss Piggy o de otras caricaturas. Y respecto a los programas malísimos, seguro no permitirá que su hijo o hija los vea después de haberlos visto usted. Cuando el niño aprende desde muy pronto que hay tiempos destinados cada día para ver televisión, entonces no tendrá usted problemas para ponerle límites. A pesar del énfasis que se hacía en nuestra casa respecto a la independencia, la televisión estaba en un mueble bastante alto que me dejaba a mí el control total sobre la cantidad de tiempo y la calidad de los programas que veía mi hijo.

Una videocasetera le permite grabar un programa y verlo cuando así le acomode. Sin duda es un "juguete" caro, pero si se lo puede permitir, piense que es una inversión que realmente vale la pena. Le da la posibilidad de controlar el tiempo que su hijo ve televisión y de paso le permite también, cuando tiene la cámara respectiva, filmar los momentos más preciosos en la vida de su pequeño. En ocasiones los conciertos que pasan por la televisión, las películas de familia o los programas especiales pueden valer mucho la pena, pero a menudo pasan después de la hora de dormir de su hijo. Entonces es cuando apreciará realmente la videocasetera.

Los libros

> Los libros pueden usarse algunas veces para hacer un túnel, otras como papel para dibujar o como una cosa para arrancar. Insistirle a un niño que use los libros para leer es una idea unilateral de los adultos cuyos efectos pueden ser peores que los de no darle de plano ninguno. El niño pequeño encontrará gradualmente y por sí mismo que los libros son de lo más interesante cuando se leen, pero eso sucederá cuando tome interés en la lectura.[7]

[7] Masaru Ibuka, *op. cit.,* p. 146.

Los libros lavables y sencillos se venden en todas partes y los niños disfrutan mucho al contemplarlos desde edades tan tempranas como los tres meses de edad, sobre todo si están sentados sobre las piernas de sus padres. A esta edad un niño no puede pedir que le lean, como lo hará en los años que siguen, de modo que son los padres quienes deben iniciarlo en los libros y repetir con frecuencia esta actividad deteniéndose en cuanto observan que el pequeño pierde interés. Mirar las ilustraciones del libro es una actividad precursora de la lectura. Cuando se las contempla juntos y se identifican en ellas los objetos, su niño aprende rápidamente que los símbolos abstractos representan cosas reales, con lo cual está listo para, en unos cuantos años, emprender la transición para entender esos símbolos abstractos que son las letras. En lugar de leerle el texto, señálele todas las cosas que ve en la página: "¿Ves este niño con un sombrero? Tú también tienes un sombrero, ¿verdad? Te sirve para no tener frío en la cabeza. ¿Para qué más puede servir?" Puede actuar esas ideas y preguntar: "¿Te ves distinto con el sombrero? ¿Te puedes esconder detrás de él? ¿Puedes guardar esta llave adentro? ¿Podríamos echarle agua?, y así. "¿Ves este perro? ¿Te gustaría besarlo? (Y usted besa al niño.) ¿Podrías gatear atrás de él? (Y usted persigue al niño)." Este tipo de juegos se puede continuar cuando el pequeño aprenda a hablar y pueda responder a las preguntas, con lo cual se le ayuda a construir la idea de que no hay una sola respuesta para una pregunta y también que las respuestas equivocadas, y hasta ridículas, pueden ser un juego divertido y que tendrá su gratificación. Demasiados niños aprenden que hay sólo una respuesta para una pregunta y que eso satisface a los adultos, así que prefieren guardarse sus ideas que atreverse a una equivocación.

Puesto que su hijo de todos modos estará contemplando las ilustraciones, ¿por qué no elegir las mejores? Muchos grandes maestros han pintado cuadros con los temas que más les pueden interesar a los pequeños, y es mucho mejor mostrarles éstos y no las ilustraciones muchas veces tan mediocres de los libros infantiles. Los niños empiezan muy pronto a formar sus preferencias, de modo que aquellos que sólo conocen a los personajes de las caricaturas y a otros de este tipo será eso lo que preferirán, y sólo los niños que han visto el gran arte podrán disfrutarlo. Cuando a Jason le empezaron a gustar los grandes camiones de carga, yo "le escribí un libro sólo para él", y lo mismo hizo una amiga mía cuya hija estaba fascinada con los bebés. Nuestros libros consistían en una serie de cuadros de camiones de carga y de bebés, hechos con tarjetas postales que compramos en la tienda de un museo y que pegamos sobre cartulinas blancas a las que les hicimos unos agujeros del lado izquierdo para poder engargolarlas. Se puede después cubrirlas con papel plástico transparente. Así pues, la próxima vez que vaya a un museo compre muchas tarjetas postales para "escribir" sus propios libros de arte, y guárdelas separadas por categorías lógicas tales como bebés, animales, hombres, mujeres, casas, flores, etc. Estos libros resultan mucho más elegantes que otros especiales para niños, y son doblemente efectivos ya que les enseñan a pensar en palabras y conceptos además de que les proporcionan un acercamiento temprano al gran arte. Algunos de los libros que yo hice para mi hijo acabaron publicándose.

Hicimos también nuestros propios libros de texturas a fin de estimularles a los niños el interés en ellas. Para que conocieran las texturas de la piel fui a comprar retazos de pieles para que mi bebé jugara con ellos. El talabartero le regaló a Jason un sobre con una gran variedad de tipos de piel y no me cobró nada por él. Por mi parte, dibujé animales en cartulinas (se pueden también recortar las fotos de algunas revistas) y le pegué a cada uno de ellos uno de los retazos de piel, de modo que mientras mirábamos los libros, Jason podía tocar al animal y sentir de verdad su piel. De esa idea nació la exposición "Toca y siente", que se expuso en Jóvenes en el Arte y que pronto va a publicarse como libro.

Los niños muy pequeños pueden aprender algunos conceptos artísticos por medio de los libros. He criticado algunos libros que aparecieron como preparados para esta edad, pero que en realidad ofrecían demasiada información como para que la pudiera asimilar un niño tan pequeño. La mayoría de los libros para niños pequeños acerca del color tratan de enseñar todos los colores al mismo tiempo, lo cual confunde demasiado. Confunden también porque muestran ilustraciones de objetos como "camisa azul" o "automóvil verde", que siguen siendo "camisas" o "automóviles" aunque sean de otros colores. Usted puede hacer sus propios libros sobre los colores recortando fotografías de las revistas para ilustrar un solo color cada vez, y pegándolos a aquellos objetos que siempre tienen el mismo color, por ejemplo en el caso del verde: el pasto, la lechuga, el siga del semáforo, etc. También se pueden encontrar ejemplos de buenas pinturas para ilustrar un color y que al mismo tiempo sean de buen arte. En Jóvenes en el Arte escribimos un libro para enseñar cada uno de los conceptos, incluyendo cada uno de los colores y formas.

Cuando compre sus libros, tenga siempre presente que los libros malos pueden ser tan necios, dañinos y desensibilizadores como los malos programas de televisión.

La influencia de otros adultos

Los seres humanos son los "objetos para jugar" más importantes para cualquier niño. Es de la gente y no de los juguetes, los libros o la televisión de donde los pequeños aprenden más. Sin duda, los padres son la principal influencia en la vida de sus hijos, pero también otros adultos influyen sobre ellos. Si el abuelo siempre entretiene al niño haciéndole dibujos, o si la abuela tiene su casa llena de objetos rompibles, entonces todo el arduo trabajo que usted haya hecho se desperdiciará. Si una cuidadora bien intencionada dice "no" a todas las actividades que usted se ha pasado estimulando en el niño, los efectos de su trabajo disminuirán considerablemente. Si los hermanos mayores que han aprendido apenas a hacer alguna tarea difícil le enseñan al bebé la "única forma correcta" de hacerlo, frustrarán sus esfuerzos de explorar por su cuenta. Y de usted depende que otros adultos que ejercen influencia sobre su bebé porque tienen relación cercana con él puedan entender y respetar lo que usted está tratando de lograr.

Por otra parte, los amigos y parientes pueden muchas veces ayudar al niño en cosas que usted no puede. Algunos pueden leerle un cuento al bebé una y otra vez, mucho tiempo después de que su paciencia materna o paterna se haya agotado. Otros le pueden enseñar habilidades o promover zonas de interés que están fuera de los conocimientos de sus padres. Puede incluso existir un adulto en la vida de su hijo que pueda cantar como pájaro, en comparación con los conciertos desafinados de los padres, o hablarle al niño en otro idioma o compartir con él alguna habilidad que usted no tenga. En nuestro caso, cuando pasábamos frente a la pastelería sin entrar a comprar nada, el empleado salía corriendo para regalarle a Jason una galleta. Gente como ésta y muchas otras fueron muy significativas para nuestro hijo y lo hicieron sentirse alguien especial.

La vida de su hijo se enriquecerá mucho, sin que la influencia ni el amor de sus padres se vean disminuidos, si le enseña a amar a otras personas. Hay quienes les insisten a los niños que "nunca deben hablar con extraños", pero esta advertencia no tiene sentido puesto que todos los días tenemos que hablar con el vendedor, el señor de la tienda y muchas otras personas a las que no conocemos o conocemos muy poco. El dentista de Jason siempre lo recibía con un abrazo y un beso y tenían entre ellos una hermosa relación que en mi opinión era un factor importante en la higiene dental de mi hijo. Sin embargo, debe evitar que su hijo reciba abrazos de gente maliciosa, y para eso no dejar que salga a jugar solo. El portero le hacía algunos

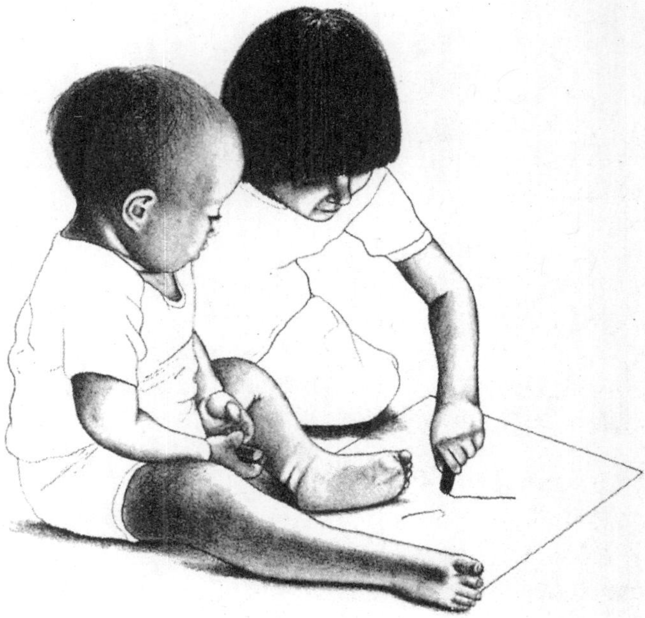

Los hermanos mayores, que acaban de aprender a dominar alguna tarea difícil, pueden sentirse orgullosos de enseñarle al bebé "la única manera correcta de hacer algo", con lo cual frustrarán los esfuerzos del pequeño por explorar por su cuenta.

regalos ocasionales a mi hijo, y siempre estaba yo presente para dar mi aprobación. Le enseñé a ser cálido y amistoso con toda esa gente, pero nunca lo dejé hacer nada fuera de mi vista. Aun en las zonas rurales, los niños salen a jugar sin supervisión y los lastiman, secuestran o matan. No se puede confiar en que los pequeños entiendan y obedezcan las instrucciones relacionadas con protegerse a sí mismos. De ahí que la clave sea la supervisión continua.

5. Las experiencias artísticas

Los expertos están de acuerdo en que el tipo y la calidad de experiencias artísticas que se le den al niño en edad preescolar tendrán un efecto profundo y duradero sobre sus habilidades, percepciones y personalidad. Ellas influyen sobre su capacidad de observación, su salud emocional, su confianza y su capacidad para expresarse.[1]

La pintura de dedos con alimentos

Alrededor de los seis meses, un niño hará su primera "pintura de dedos" con el puré de manzana y no con pintura especial, y lo hará sobre la charola de su silla alta. Con un mantel de plástico debajo de dicha silla, usted no tendrá que ser mártir para permitirle este tipo de juego con los alimentos. "Con la comida no se juega" es una frase que no tiene sentido para un niño de esta edad. Más adelante sí puede ser un objetivo, pero por ahora el niño debe tocar y aplastar la comida cuanto lo desee. Esto forma parte de la exploración de sus alrededores, y los movimientos que hace al pintar con los dedos son útiles para que coordine bien después. A su vez, la coordinación lo prepara para hacer garabatos, lo cual sienta las bases para leer y escribir. Así pues, todo lo que usted necesita es una cucharada de puré de manzana sobre la charola bien limpia de la silla alta.

Es posible que ya haya permitido este tipo de experimentación, pero conviene que tenga clara conciencia de que este juego constituye una acti-

[1] Frank Caplan, ed, *op. cit.*, p. 535.

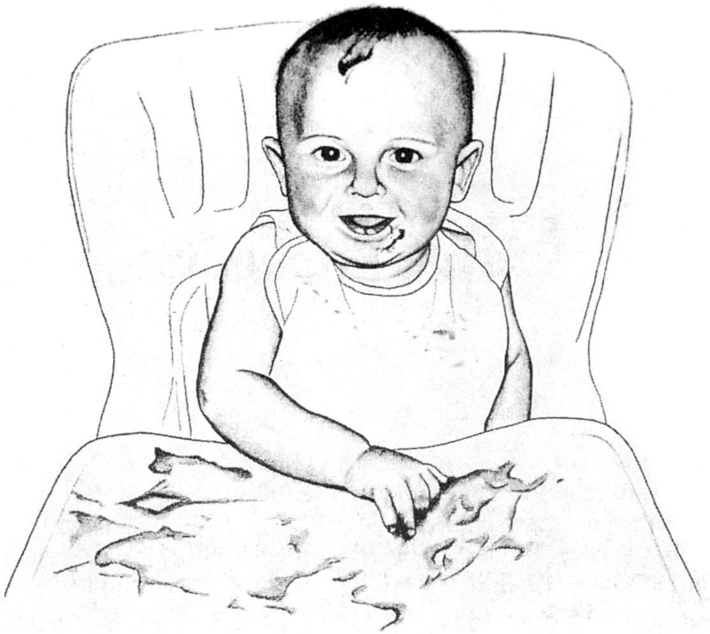

Jugar con la comida es una actividad preartística que proporciona acción kinestésica y exploración científica.

vidad preartística y una exploración científica del mundo físico. La actividad kinestésica temprana y la satisfacción de la curiosidad actúan juntas como catalizadoras para desarrollar el intelecto del pequeño. Usted puede colaborar dejando libre un rincón de su casa que no tenga que estar siempre limpio y que se pueda cubrir con plástico o vinil; además, no vistiendo nunca a su hijo con ropa que deba mantenerse limpia durante toda la comida, y estimulando esta actividad cuando ocurre de manera espontánea. Es casi imposible planear cuándo sucederá esto, pues el niño o la niña lo hará cuando esté listo para hacerlo. Pero invariablemente será el día en que usted decida saltarse un baño o reciba visitas importantes. Y sin embargo, no se puede posponer el aprendizaje. Ser buen padre y buena madre, como ser buen maestro, requiere sensibilidad y sentido del humor. En mi caso, a pesar de mucho tallar, nunca pude quitar el pudín de chocolate de la pared de la sala adonde había llevado la silla alta de mi hijo para poder observarlo cuando hacía pintura de dedos mientras yo hablaba por teléfono. Después nos cambiamos de casa, cuando Jason tenía dos años y medio —¡una estrategia que recomiendo definitivamente!— y hasta la fecha me pregunto qué pensarían las personas que tomaron nuestro departamento sobre esa mancha café indeleble que escurría en la pared de la sala. Puede ser útil si usted habla de lo que está haciendo el niño, de cómo se mueve su mano o su brazo (de atrás para adelante, de arriba abajo, o dando vueltas en redondo, etc.) y sobre cómo se siente la comida (suave, fría, dura, etc.). El puré de manzana, el pudín de chocolate, la crema batida y otros alimentos para bebé le proporcionan una gran variedad de experiencias de texturas. También puede usted misma preparar su "pintura de dedos" comestible con:

- Una yema de huevo
- Dos cucharaditas de agua
- Una o dos gotas de colorante comestible

Los niños aprenden mucho de manera kinestésica. Pero esta actividad sólo resultará benéfica para su hijo si usted no impide que continúe cuando él o ella traten de alcanzar algo que usted preferiría que no tocaran, por ejemplo: un espejo que apenas limpió. No quiero que parezca que perdono una casa sucia. No, pues un hogar limpio y ordenado proporciona seguridad y una sensación de continuidad al chico. Pero eso no es más importante que la necesidad de explorar de su hijo en los primeros meses. En esta edad los niños están aprendiendo cómo se ven y se sienten los alimentos, la madera, el vidrio, la arena, el lodo, el plástico, las telas más diversas, el pelo, la piel, las hojas sucias de los árboles y un millón de cosas más. Toda madre le podrá decir que la infancia se pasa en un abrir y cerrar de ojos, y tener esto presente le ayudará a tomar con más tranquilidad las huellas que dejará su hijo por doquier durante su exploración del hogar, y a aceptar esto como el principio de un sentimiento de aventura respecto al resto del mundo.

Una amiga me platicó de su experiencia con su hija de dos años que se levantó temprano, se quitó el pañal y pintó la pared junto a su cuna con sus propios excrementos. Mi reacción fue preguntarle si había hecho pintura de dedos con la niña, y su respuesta fue: "Ya sé que debía hacerlo, pero es una porquería". No hace falta decir que ahora el cuarto de la niña estaba mucho más sucio que si se hubiera ensuciado con una experiencia de pintura de dedos bien supervisada. He leído algunos estudios muy serios que afirman que los niños deben jugar con sus propios excrementos. Yo no creo que un niño al que se le dan otros materiales suficientes para aplastar y pintar con ellos tenía esa necesidad. Creo sí, que esa necesidad se manifestará más probablemente en un niño que siempre escucha el "no toques" y al que nunca se le permite jugar con alimentos, pintura para dedos, lodo o cualquiera otra de las cosas que se consideran "sucias" o "porquerías". Creo que la única necesidad realmente fuerte que tienen los niños es la de tocar todo lo que puedan y explorar cada uno de los aspectos de este mundo con todos sus sentidos. Para un bebé, los excrementos no significan nada más que un conjunto de texturas interesantes para explorar.

La plastilina

Puesto que un niño que aún no tiene un año de edad explora las cosas con la boca, es muy importante que se le dé plastilina no tóxica o alguna masa comestible que se puede hacer con la siguiente receta:

- 1 frasco de 8 onzas de mantequilla de cacahuate
- 6 cucharaditas de miel
- 3 tazas de leche en polvo

Con esta receta obtendrá el mejor material para modelar adecuado para hacer proyectos de escultura para principiantes. Además, la masa comestible se puede doblar, enrollar y romper.

La pintura con los dedos

La pintura para dedos que compré decía: "De tres años en adelante", pero yo creo que si uno espera hasta los tres años, buena parte de la curiosidad y la alegría de pintar con los dedos hace mucho tiempo que habrán desaparecido.

Después de que su hijo haya tenido cierta experiencia con la manipulación de alimentos y parezca estar utilizando menos la boca para explorarlo todo, se le puede ofrecer verdadera pintura para dedos en lugar de puré de manzana. Si le proponemos esta actividad después de la hora de la comida, es probable que disminuya la cantidad de pintura que el pequeño ingiera. Un niño que está metido en una silla alta y con un plástico atrás hará muy poco daño a su hogar.

Los niños menores de tres años obtienen gran satisfacción de la pintura con los dedos.

Otra forma de restringir la pintura de dedos a fin de simplificar el trabajo doméstico consiste en pegar un pedazo de papel en la tina vacía, planeando esta actividad para antes de la hora del baño. Desnude al bebé y déjelo que se divierta. Demuéstrele cómo manipular el material y luego quite el papel que usted utilizó para que él no lo vea y estimúlelo a que lo intente. Nunca pinte o dibuje cuadros realistas cuando esté demostrándole algo a un niño en esta etapa de desarrollo porque puede confundirlo y reprimir su exploración normal de un material nuevo. La pintura con los dedos es una actividad muy valiosa que deberá ofrecérsele a un niño de manera regular durante los siguientes años. Y después de unas cuantas experiencias introductorias que seguramente serán muy sucias, su niño (y usted) aprenderán cómo utilizar limpiamente el material y se podrán concentrar en los aspectos más importantes de esta actividad.

Después de unas cuantas experiencias introductorias que seguramente serán muy sucias, su niño y usted aprenderán cómo utilizar limpiamente el material y se podrán concentrar en los aspectos más importantes de las pinturas con los dedos.

La manipulación del material es lo más importante en esta etapa, de modo que el niño sólo necesita un color. Usted podrá ahorrar dinero si compra frascos de un cuarto de litro de pintura para dedos, puesto que su niño usará grandes cantidades en los siguientes años. Tenga cuidado de comprar únicamente pintura no tóxica para que no tenga de qué preocuparse si el niño la prueba, lo que necesariamente sucederá, pues probar la pintura es parte de su introducción a esa actividad. No se preocupe, que de todos modos sabe tan feo que el pequeño pronto se dará cuenta de que sirve para cosas mejores.

Pintarse el cuerpo es parte fundamental de la introducción a la pintura y todos los niños lo hacen como parte de su proceso de aprendizaje que quedará atrás alrededor de los dos años y medio. Freud llamó a esta etapa la anal-erótica, ¡y no está hecha para irritarla a usted! Puesto que el bebé ya está metido en la tina, déjelo que se relaje y divierta. Cuando el interés en esta actividad decaiga, simplemente abra el grifo ¡y es hora del baño!

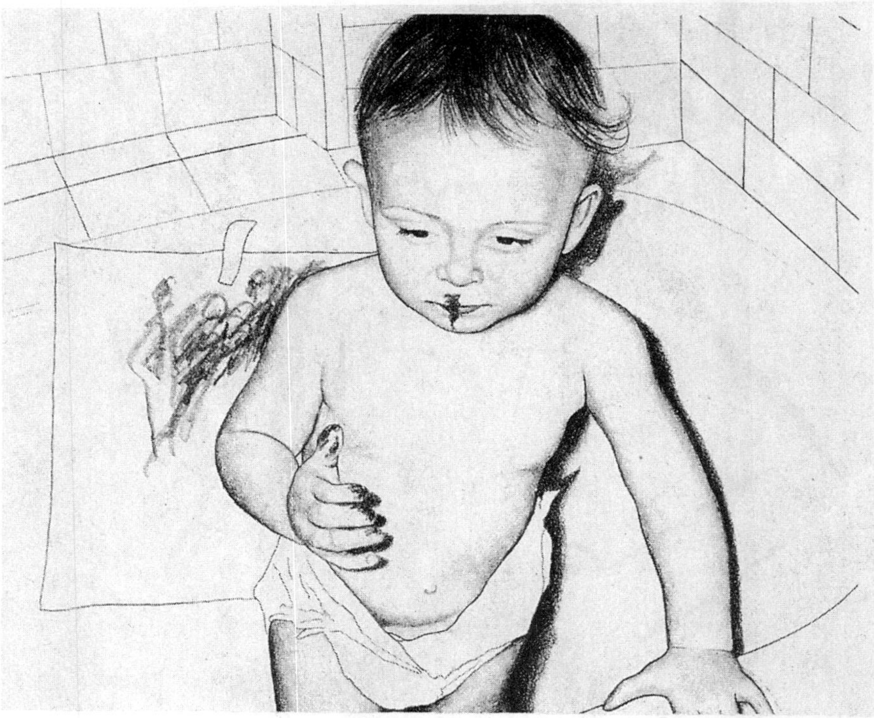

Puesto que tendrá usted sumo cuidado en comprar pintura para dedos no tóxica, no habrá razón para preocuparse si el niño la prueba, lo que necesariamente sucederá.

La pintura para dedos especial para usarse en la tina tiene una base de jabón y resulta ideal para los padres que no pueden soportar la idea de la verdadera pintura para dedos manchando su linda casa, pero es mejor darla como una experiencia de juego en el agua y complementaria del arte que como sustituto de la auténtica. Ya se vende preparada o usted puede hacer la suya. Vea más adelante en este libro la receta.

Los garabatos

Recomiendo que alrededor de los diez meses se le dé al niño un crayón no tóxico ni envuelto en papel y que sea fácil de sostener, para que se le

Pintarse el cuerpo es un aspecto fundamental en la introducción a la exploración temprana de la pintura.

enseñe cómo utilizarlo para hacer garabatos, no dibujos ni retratos. Lo primero que él hará será llevárselo a la boca, lo que no será peligroso, y quizá no esté listo aún durante varios meses para dibujar con él. Pero de todas maneras ofrézcaselo y felicite mucho al pequeño cuando lo use por primera vez para dibujar.

Algunos niños pueden empezar a hacer garabatos desde los ocho meses y otros quizá no empiecen hasta después de su primer cumpleaños.

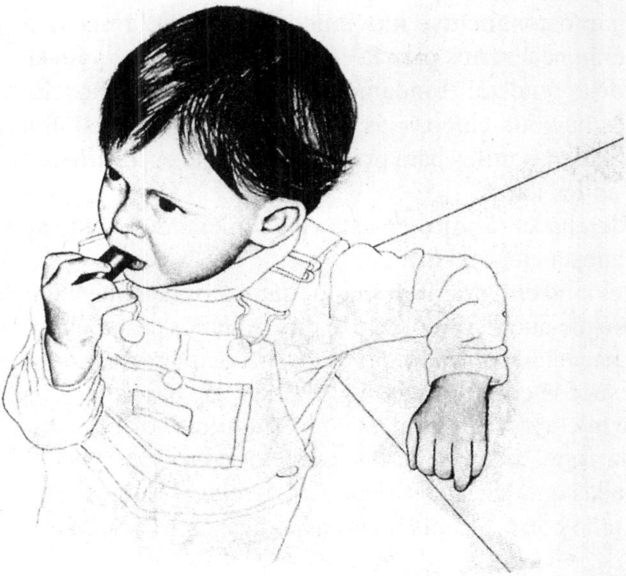

Con la boca es la primera forma en que un niño explora un crayón.

Los primeros dibujos se pueden hacer de manera totalmente accidental.

Hacer garabatos incluye movimientos de toda la mano y el brazo que después serán necesarios para la escritura y el dibujo; y de ahí que sea una actividad de aprendizaje fundamental para todos los niños. Entre más garabatos libres haga un chico, más fácil le será después escribir. Es más, los garabatos son más útiles para prepararlo para la escritura que la formación temprana en las letras.

Se pueden hacer dibujos en esta etapa inicial de la vida aunque la atención esté puesta en otra cosa.

Pronto el niño empezará a hacer los garabatos con intención, aprendiendo despacio lo que pueden producir los movimientos de su mano. Usted le puede ayudar haciendo comentarios como: "Mira, tu brazo da vueltas y vueltas y lo mismo sucede con las líneas en el papel" o "parece que cuando aprietas más fuerte tu crayón las líneas salen más oscuras" o "mira, hiciste una línea larga y una corta" o "mira, tu línea sube primero y después baja". Señálele las líneas a las que se está refiriendo o tóquelas y repita el movimiento de la mano del niño con su propia mano para recalcar lo que dice.

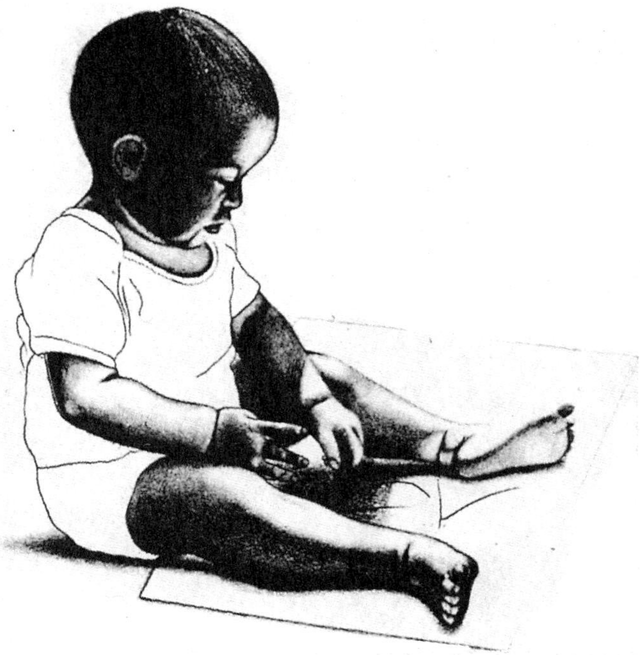

Pronto el niño empezará a hacer los garabatos con intención.

Esta actividad es seguida por otra en la que los garabatos de líneas son controlados. Hay veinte de ellos que han sido identificados y aislados como parte del proceso de garabatear.

El primer intento de su hijo por hacer garabatos debe recibir como respuesta los aplausos y un gran abrazo que signifique con toda claridad que "¡A mamá y papá les encanta que dibujes!" Las frases como "me encanta" o "¡está lindísimo!" no servirán de nada si no puede usted decir por qué. Decirlo "Me encanta esta línea curva" resulta mucho más útil que decir "está lindo". Los elogios no son tan útiles o significativos como la expresión de interés que le da a esa experiencia un sentido de importancia. "Lindo" es un juicio de valor que le enseña al niño un concepto prematuro del arte como decoración. Elimine de su vocabulario expresiones como "¿Qué es eso?" Los pequeños aprenden de sus padres el valor de los garabatos, de modo que de usted depende comunicarle lo valiosos que son estos dibujos tan simples. Ningún niño que piensa que sus garabatos son malos o infantiles podrá crecer sintiendo confianza en su habilidad para el arte.

Hacer garabatos es lo mismo que balbucear: no suena importante, pero los niños lo necesitan antes de poder expresarse bien. Los garabatos no se parecen a los dibujos o a la escritura tal como los conocemos, pero son la actividad más importante que su hijo tendrá como preparación para llegar a ellos. Y así como usted le repite a su bebé los sonidos y responde con cariño a sus esfuerzos por balbucear, deberá ser una ayuda para sus intentos de hacer garabatos. Éstos contienen todos los secretos para el desciframiento posterior, y si los observa con cuidado encontrará en ellos los fundamentos para las palabras y dibujos que hará después. Su estímulo libera al pequeño para que explore más el mundo de las líneas y las formas, mientras que aquel que siente desinterés o desagrado puede desviarse para colorear muy bonito o hacer dibujos realistas prematuros en un esfuerzo por complacer a sus padres. Estas actividades requieren movimientos más restringidos de la mano y el brazo que inhiben el desarrollo normal y pueden ser responsables, en parte, de los muchos problemas para leer y escribir que tienen últimamente los niños.

> Los niños se desenvuelven mejor en el arte cuando los adultos tienen una reacción aprobatoria consistente frente a todo el trabajo que ellos hacen y sin hacer demasiado hincapié en lo que les gusta más.[2]

[2] Rhoda Kellogg, *Analyzing Children's Art*, Mayfield Publishing Co., Palo Alto, California, 1910, p. 69.

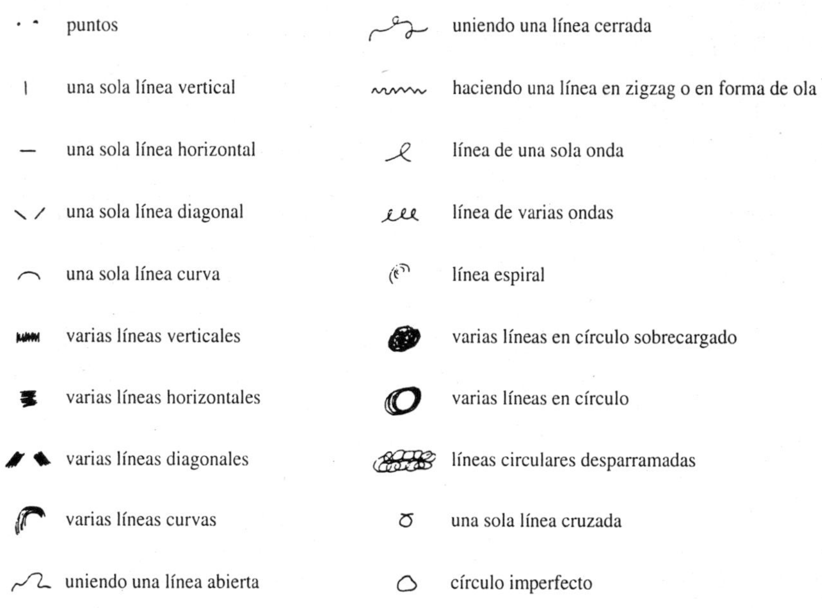

* Las ilustraciones han sido adaptadas del libro *Analysing Children's Art* de Rhoda Kellogg.

Todos los niños progresan a través de su "alfabeto" de garabatos (como el que se muestra arriba) antes de pasar a la siguiente etapa. Usted podrá reconocer con facilidad que las veinte formas expuestas en el cuadro se pueden unir para formar los alfabetos de todos los idiomas del mundo. Después ésa será exactamente la manera en que su niño podrá leer y escribir.

Una aclaración respecto a los materiales: los niños muy pequeños dibujan haciendo grandes movimientos que parten desde el hombro, y no con control de sus manos. Por ello, será necesario que usted adquiera papel tan grande como el brazo del chico, ya que uno más pequeño dará por resultado que los dibujos se salgan hasta el piso, la pared o el mantel. La envoltura de papel en los crayones para niños no cumple ninguna función útil y en cambio sí desalienta el uso de su lado ancho. La única explicación que he encontrado para que les pongan ese papel es que sirve para mantener las manos limpias, lo cual no constituye un objetivo para el pequeño que practica actividades artísticas. En cambio, los crayones grandes, gruesos y sin envolver son fáciles de sostener y no se rompen fácilmente con la presión. Las puntas afiladas son para los lápices, no para los crayones, y a esta edad es muy pronto para ofrecer lápices. Muchos niños usan poco sus crayones con tal de conservar las puntas afiladas, y he visto a quienes los tiran porque éstas se rompen o porque el crayón se partió a la mitad. En Jóvenes en el Arte siempre empezábamos el semestre con crayones nuevos, y lo primero que hacíamos antes de iniciar cualquier proyecto era partirlos a la mitad. Y es que los crayones son herramientas de trabajo y no premios, y pintar con los lados es tan útil como hacerlo con la punta.

Ofrézcale al niño un solo crayón a la vez, porque elegir colores y cambiar crayones a mitad de un dibujo lo distrae del valor principal que tiene el garabateo para los pequeños.

> ¿Acaso es fundamental y necesario que le demos al niño tantos crayones de colores distintos? No, no es para nada necesario para hacer garabatos. El niño de todos modos se queda con un solo color cuando hace los garabatos. Los experimentos que hicimos dándoles crayones de diferentes colores mostraron que la mayoría de ellos se quedó con un solo color. Escogen el amarillo o el azul o el rojo y se quedan con él todo el tiempo mientras pintan sus garabatos. Sólo aquellos niños a los que les falta confianza cambian de color. A ellos les gusta elegir uno y después otro, y continuamente interrumpen su garabateo que tanta falta les hace precisamente por su falta de confianza. De modo que al principio yo diría que un crayón negro sería lo mejor para garabatear.[3]

Es posible que los niños sigan haciendo garabatos después de que empezaron a ir a la escuela, y lo peor que un adulto puede hacer es "enseñarle" cómo dibujar o darle dibujos hechos por adultos para que él los coloree. En los niños, el arte es una forma de autoexpresión que antecede a la escritura, al contar historias y muchas veces incluso al habla misma. La reacción de los padres frente al trabajo temprano del chico le ayuda a éste a establecer su propia autoimagen y, si se la maneja de manera correcta, significa mucho para su autoestima. Los garabatos son la primera introducción al dibujo, y es muy útil cuando aprenden a hacerlos solos, a través de la expe-

[3] John A. Michael y Viktor Lowenfeld, *The Lowenfeld Lectures*, Pennsylvania State University Press, University Park, Pa., 1982, p. 145.

rimentación. Darle a un niño un libro para colorear o enseñarle a dibujar desalienta la solución de problemas y destruye la necesidad del pensamiento original. Es lo mismo que si en matemáticas le diéramos la respuesta en lugar del problema, o un breve resumen en lugar del libro. Los libros para colorear le dicen al niño que un dibujo que valga la pena debe estar hecho realistamente por un adulto. Los movimientos de la mano que se requieren para colorear bien son pequeños, apretados y de atrás hacia adelante, completamente distintos de los que se requieren para hacer un garabato. Colorear puede detener el desarrollo hasta el punto de saltarse las primeras etapas del garabateo, porque estimula un movimiento repetitivo de la mano de atrás hacia adelante que hace caso omiso de la necesidad que tiene el niño de experimentar con los movimientos del brazo y del ojo y que se utilizarán después para dibujar y escribir. Los libros para colorear, o los que traen dibujos con líneas punteadas, o los cuadros para pintar por números o con pintura de agua, los moldes y toda clase de aparatos para el "arte" son ejercicios para la mediocridad creativa y no tienen absolutamente ninguna cualidad. Las máquinas que producen dibujos moviendo un disco también perjudican el desarrollo de su hijo, y las computadoras programadas para hacer dibujos son completamente inadecuadas para los niños de cualquier edad. Así lo dije en mi libro *The Anti-Coloring Book:*

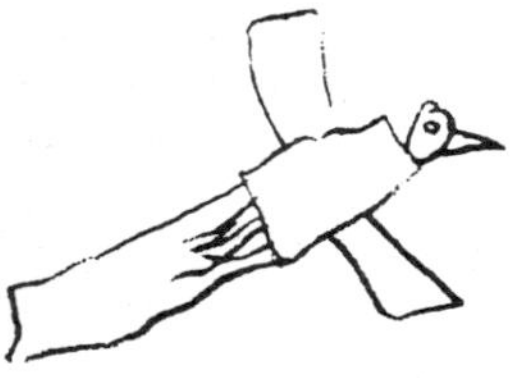

(a)

(b)

(c)

> Les damos libros para colorear que consisten en dibujos hechos por artistas profesionales muy capaces. Les pedimos entonces que abandonen su propio e incitante camino hacia la creatividad y que no se salgan de las líneas. Para el momento en que hayan coloreado las primeras páginas de su libro, lo único que habrán aprendido es que los adultos dibujan mejor que ellos, según los criterios de los adultos. Y en este punto muchos niños menosprecian sus propios dibujos tan expresivos y frescos. El ejemplo clásico de la doctora Irene Russell —típica prueba de las investigaciones recientes— ha demostrado que los procedimientos de imitación que hay en los libros para colorear arrebatan a los pequeños sus capacidades de pensamiento independiente y de expresión de sentimientos a través del arte. El primer dibujo (a) muestra la representación de un pájaro hecho por un niño antes de ser expuesto a los libros de colorear. Pero cuando se le pide que copie la ilustración del libro (b), el niño pierde su originalidad en los siguientes dibujos de pájaros (c).[4]

Afortunadamente los niños saben esto de manera instintiva y es muy posible que ignoren las líneas y que hagan garabatos encima de los dibujos del libro de colorear.

Además de darles líneas previamente dibujadas para que las rellenen con colores, tenemos una tendencia a tratar de enseñarles a escribir demasiado temprano. Mostrarle a un niño cómo dibujar o escribir lo hará abandonar los garabatos en un esfuerzo por cumplir las expectativas de los padres. El pequeño a quien "se le enseña" cómo dibujar un círculo no tiene la misma experiencia valiosa que aquel a quien se le deja desarrollarse normalmente y que "descubre" el círculo, como le sucede a todos los niños más o menos a mitad de la etapa de los garabatos. El pequeño que tuvo experiencias libres, positivas y alegres al garabatear progresará de manera natural y sin sufrimiento hacia la escritura. Todos los niños nacen con el impulso de hacer garabatos y su desarrollo en esta área sigue un patrón predecible:

> Cualquier observador atento del desarrollo de los bebés y de los niños pequeños puede darse cuenta del hecho de que el desarrollo posterior depende de los logros tempranos. El niño no puede hablar con oraciones hasta que domina las palabras. No puede caminar sino después de que gateó. No puede enojarse porque su madre se va hasta que se ha relacionado fuertemente con ella.[5]

[4] Susan Striker y Edward Kimmel, *The Anti-Coloring Book*, Holt, Rinehart y Winston, Nueva York, 1978, p. 11.

[5] Frank Caplan, ed., *op. cit.*, p. 311.

Nuestra falta de comprensión y apoyo durante esta etapa tan importante del garabateo ha dado lugar a que generación tras generación la gente esté convencida de que "no sabe dibujar" y que debe confiar en los patrones, en la pintura por números, en los moldes y en otras cosas por el estilo. Si aprendiéramos a dejar a nuestros pequeños garabateadores a que se las arreglaran solos y estuviéramos más dispuestos a elogiar sus esfuerzos de lo que lo estamos para castigarlos por pintar en lugares inadecuados, podríamos dar lugar a una nueva generación de personas que no estuvieran tan impedidas en esta zona intelectual. Incluso los hermanos mayores, orgullosos de sus logros, pueden desalentar la exploración cuando tratan de "enseñar" a dibujar al bebé. En una ocasión observé a un pequeño que feliz hacía sus garabatos hasta que un niño de cuatro años se sentó junto a él y dibujó una figura humana. ¡La madre me dijo que el bebé no volvió a dibujar nada durante tres días! De modo, pues, que los padres necesitan la cooperación de sus hijos mayores en esta cuestión. Las clases de arte en preescolares, guarderías o cualquier otro lugar deberían tomar en consideración el nivel de desarrollo del niño más que su edad cronológica.

La lectura, la escritura y la aritmética se consideran por lo general como las tres habilidades básicas. Pero quizá es aún más básica la habilidad elemental que conduce a adquirir la capacidad para hacer estas tres, y que es el garabateo. Una experiencia artística creativa y automotivada incluye la solución de problemas (como los de las matemáticas), pensar y utilizar símbolos (como los de la lectura y la escritura).

> Los problemas que tienen las escuelas públicas con los niños que no aprenden podrían reducirse en gran medida si se hicieran reformas en la educación artística.[6]

El garabateo trasciende los estilos históricos y las fronteras geográficas. Lo hacen los niños en Estados Unidos, Francia, Alaska, Rusia, China y el resto del mundo. Miguel Ángel, Rembrandt, Van Gogh y Picasso empezaron haciendo garabatos. La causa por la cual algunos de nosotros abandonamos el arte mientras que otros se convierten en artistas talentosos tiene que ver en buena medida con el medio. Con los materiales adecuados y el estímulo de los adultos importantes, el esfuerzo artístico puede florecer.

[6] Rhoda Kellogg, *op. cit.*, p. 142.

6. El movimiento

Un dicho japonés que afirma:
"Una mente superior habita en un cuerpo activo."[1]

Un recién nacido no tiene control sobre los movimientos de su cuerpo, pero para fines de su primer año casi siempre podrá caminar sin la ayuda de nadie. Y mucho de lo que el bebé siente con su cuerpo y de lo que pueda o no hacer con él le durará para siempre en la vida. Usted puede ayudar al suyo a que se sienta confiado y bien con su cuerpo dándole apoyo, estímulo, espacio y tiempo. Muéstrele interés hasta en los movimientos más simples tales como estar acostado de espaldas y patear, lo que parece pura diversión pero en realidad está preparándolo y dándole la coordinación necesaria para que después pueda gatear. El apoyo de tipo emocional —como sería aplaudirle a un niño que se atrevió a bajar por la resbaladilla o darle la mano al que quiere atreverse a caminar pero no quiere hacerlo solo— es lo que hace la diferencia.

Dé a su hijo la oportunidad de sentir realmente lo que su cuerpo es capaz de hacer sin la intromisión de artefactos tales como las "andaderas" que más bien parecen sillas de ruedas para niños sanos. Me opongo a este tipo de interferencia antinatural en el desarrollo de un chico. Sin embargo, hay algunos juguetes y artefactos que sí ayudan al desarrollo físico normal de un niño, por ejemplo: los juguetes con ruedas para empujar, los camiones bien sólidos que él pueda controlar en lugar de quedar aprisionado por

[1] Masaru Ibuka, *Kindergarten is Too Late!*, Nueva York, Simon and Schuster, 1977, p. 150.

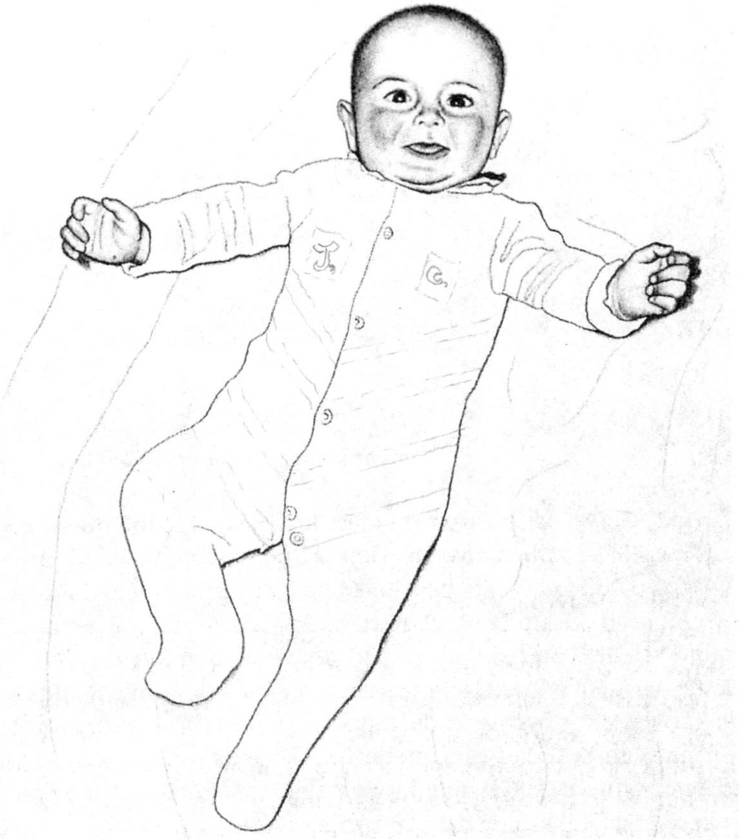

Estar acostado de espaldas y patear, lo preparan y le proporcionan la coordinación para después poder gatear.

ellos. Este tipo de objetos cumplirán muy bien el mismo propósito para el caminante en potencia, pues le ofrecerán incentivos para aprender y practicar, y el sentimiento de independencia que le permitirán adquirir será de lo más benéfico.

Los niños necesitan muchas oportunidades para caerse y rasparse las rodillas sin que el indebido temor o preocupación de los padres interfiera con la experiencia de aprendizaje. Saque de su vocabulario las expresiones como "ten cuidado", que casi nunca evitan los accidentes pero en cambio sí provocan miedo. Lo que en esta etapa se necesita es espacio para ponerse de pie y moverse sin chocar con las cosas, y tiempo para intentarlo una y otra y otra vez.

Sea generoso con sus elogios no sólo para los logros y proezas, sino también para el hecho mismo de intentar. Cuando vea que su hijo se ha planteado objetivos, use su tono de voz, palabras de estímulo y juguetes como incentivo para ayudarlo a lograrlos. Un niño que empieza a caminar será capaz de dar un paso extra con tal de conseguir una muñeca, y uno que empieza a escalar será capaz de subir más alto con tal de tocar un timbre.

Cada vez surgen más clases de gimnasia para bebés. En una que sea buena, el maestro le ayudará a hacer actividades con su bebé que además de estimular el uso de todo el cuerpo promuevan la interacción social. Muchas de esas actividades recuerdan los juegos que siempre han jugado las madres con sus hijos, ¡aunque lo hacían sin saber lo saludable que eran! En los dibujos que aparecen a continuación, la maestra Peg Nickerson, especialista en acondicionamiento físico para pequeños, muestra algunos juegos que usted y su bebé pueden practicar, y que sirven para fortalecer el cuerpo del niño y aumentar su conciencia del espacio:

En las actividades de movimiento, el objetivo debe ser ayudar al niño a ponerse en armonía con su cuerpo. Cárguelo en sus brazos y baile con música, algunas veces frente a un espejo; verá cómo en cuanto adquiera movilidad, ¡el niño bailará solo! Invente los bailes sobre la marcha, y entre más tontos mejor. Uno de nuestros favoritos era el baile del "pi-pi", que Jason había inventado poco después de que aprendió a usar la bacinica. Era un día en que le urgía ir al baño pero no quería ir solo, así que se puso a brincar en un pie primero y en otro después deteniendo su pene y gritando "pi-pi" para llamar nuestra atención. Por eso le pusimos ese nombre al baile. A los niños les encanta quitarse toda la ropa para bailar bajo la lluvia. Las marchas, con una música adecuada, harán que él vaya muy correctamente a cualquier lugar que usted desee. Una canción de "tic-tac" lo hará consciente del ritmo en los objetos cotidianos. Los aplausos lentos y rápidos, suaves y fuertes sirven también, y si se hacen verbalizando la actividad ayudan a aumentar su entendimiento y su vocabulario.

Si tiene cerca un parque de juegos bien equipado, vaya todos los días a partir de que el bebé pueda sentarse en el arenero y mirar a los demás niños jugar. Vístalo de manera adecuada y cómoda para eso, con pantalones largos. Las niñas no necesitan vestidos en esta etapa de su vida. Unas rodilleras le dan al bebé que gatea la libertad de ir a donde quiera. Usted puede

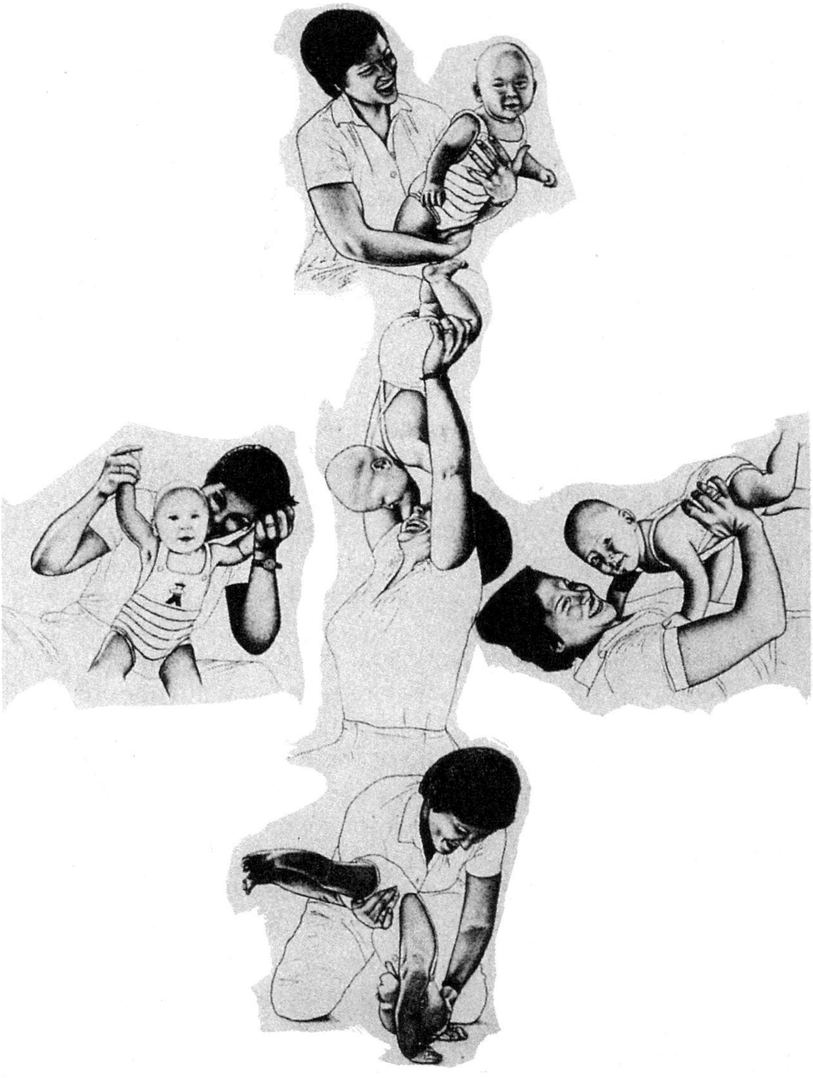

1. Inclínelo hacia adelante y hacia atrás (ayuda a desarrollar las caderas, la espalda y el estómago).
2. ¿Qué tan grande es el bebé? ¡Es muy grande! (estira los músculos).
3. Pa'rriba (para la espalda y el cuello).
4. Pa'bajo (fortalece los brazos, pectorales y espalda).
5. Allá vamos (conciencia del espacio).

Los juegos que las madres siempre han jugado con sus bebés fortalecen sus cuerpos y aumentan su conciencia del espacio.

Si a su bebé no le gusta el agua, no piense que "debe" llevarlo a nadar. Pero si le gusta, ¡déjelo que nade!

tejerlas con agujas o gancho, o bien puede coser unas almohadillas en los pantalones largos, añadir unas bolsas a las rodillas y rellenarlas de toallas sanitarias u otro relleno, o comprar unas ya hechas en las tiendas de artículos deportivos.

Cuando vaya al parque lleve siempre una bolsa grande con pañales, chupones extra, toallitas húmedas, pañuelos desechables, una muda completa de ropa, unos zapatos o zapatillas ligeras, algún tentempié y unos cuantos juguetes pequeños. La muda de ropa evitará que le diga "no te mojes" cuando su bebé esté feliz jugando con agua, o "no te ensucies" cuando esté haciendo importantes experimentos sobre las propiedades y características de lodo. Yo siempre cargaba en la bolsa unas botitas de hule por si a Jason se le ocurría brincar en un charco para que nuestro paseo no terminara en pies helados. El tentempié puede ser lo que el niño necesita para continuar su juego y es también útil para convencerlo de regresar a su carriola y emprender el camino a casa. Los juguetes le servirán no sólo para jugar, sino también para intercambiarlos con los de otros niños que tengan algunos con los que el suyo quiera jugar. Puesto que no hay forma de que usted sepa por adelantado qué es exactamente lo que necesitará su bebé, la bolsa deberá estar siempre lista. Esto puede no parecer una contribución importante a su desarrollo, pero sin embargo el hecho de saber que siempre se puede confiar en que mamá tiene listos para darnos el biberón, el chupón o cualquier otra cosa, significa mucho para el sentimiento de seguridad del infante.

Si a su bebé le gusta el agua, ¡déjelo nadar! Los movimientos de natación que hizo en el útero continúan por un buen tiempo. Hoy existen muchas clases de natación para bebés que le darán la experiencia y la oportunidad de nadar a usted con el pequeño. Se necesitan dos adultos para hacerlo, uno que lo detenga y otro hacia el cual él se dirigirá nadando. Este último deberá ser el principal encargado de cuidar al niño y no un amigo ni un profesor de natación. Los bebés no pueden mantener la cabeza por encima del agua, pero pueden nadar perfectamente bajo el agua. Nunca empuje a su bebé hacia adelante cuando va por debajo porque le entrará agua por la nariz y eso puede ser muy doloroso. Si a su bebé no le gusta el agua, no piense que nadar es algo que "debe" hacerse. Es mejor esperar hasta estar seguros de que le gusta. Cuando llevé a Jason de tres meses de edad a nadar no tenía la seguridad de que se sintiera cómodo, de modo que lo saqué y volví a los cinco meses y entonces se puso a gritar, chapotear y reír dejando muy claro que estaba preparado para esta actividad. Sólo el niño, y no usted, es quien debe juzgar si ya está listo o no.

7. La música

Si bien es cierto que estamos rodeados de música, hasta en los elevadores, la escucha atenta ha disminuido. Usted puede ayudar a su pequeño a desarrollar esta habilidad dedicando un tiempo de cada día a sentarse con él y escuchar música. O si lo prefiere, puede convertir la hora de la comida en tiempo de música. Golpee con una cuchara en la taza, cante aunque crea que no puede hacerlo, y aplauda. Quizá su bebé sea la única persona en este mundo a la que le guste ese espectáculo, ¡pues para él o ella usted es la estrella! Pero cuando su bebé empiece a hacer música que no suena mucho a eso, deberá devolverle la gentileza y considerarlo una estrella para que se sienta estimulado a continuar con la experimentación. Ayude a su hijo a desarrollar el hábito de escuchar deteniéndose a oír el canto de los pájaros, una trompeta que suena por allá lejos, las campanas de la iglesia o una sirena. Describa y nombre los sonidos que escucha, trate de imitarlos y estimúlelo a que también lo haga. Asegúrese de que su hijo tenga periódicamente la oportunidad de escuchar música verdaderamente musical y no sólo esos horribles discos con "las canciones favoritas de los niños". En su libro *Kindergarten is Too Late!*, Masaru Ibuka da cuenta de su investigación sobre esto:

> La música que más les gustó a los niños resultó ser ¡la *Quinta Sinfonía* de Beethoven! Las canciones populares que se oyen en la televisión desde la mañana hasta la noche fueron las segundas en popularidad, y las canciones escritas especialmente para niños fueron las menos populares.[1]

[1] Masaru Ibuka, *op. cit.*, p. 34.

Tener un hijo es una experiencia excelsa. Usted desea lo mejor para él, y al dárselo enriquece su propia vida. Yo sabía que mi hijo siempre iba a estar expuesto al arte porque eso era parte de mi vida, pero respecto a mis conocimientos musicales no tenía tanta seguridad y estaba preocupada por cómo hacerlo bien. Mis alumnos de primaria siempre se enojaban y protestaban cuando oían ópera o música clásica porque les era algo muy ajeno. En la escuela solamente cantaban las "canciones para niños" mientras que en sus casas sus padres sólo escuchaban música popular. Yo no sabía nada de música clásica, pero a pesar de mi ignorancia me prometí escuchar sólo este tipo de música mientras le daba de comer a mi bebé, con la esperanza de que asociara el placer de alimentarse con los sonidos de la buena música. Y resultó que antes de darme cuenta, ¡yo misma estaba disfrutando de la música clásica y escuchándola aunque Jason estuviera jugando en el parque con su cuidadora! Como padre, usted le enseña a su hijo sobre arte, música, comida, actividades físicas, danza, juguetes y amor por la primera vez, ¡así que hágalo lo mejor posible!

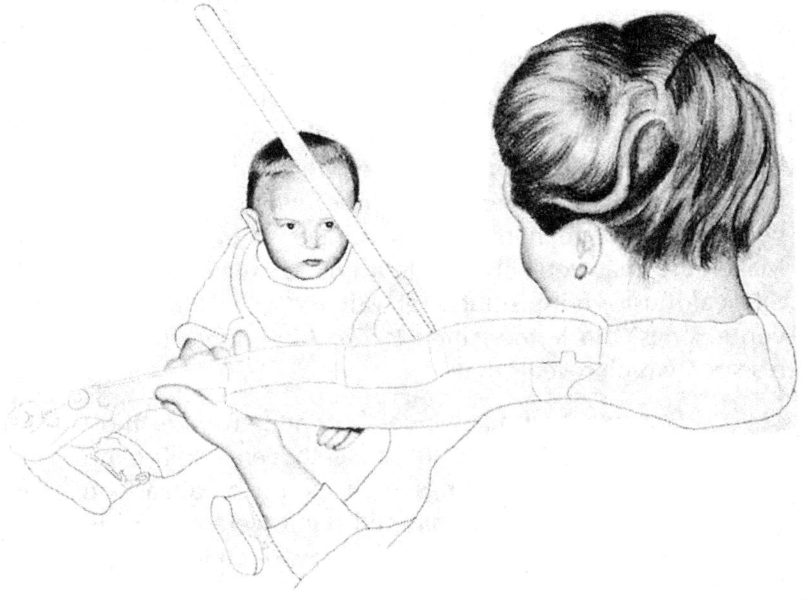

Así como debe enseñarle a su hijo el gran arte, también debe darle la oportunidad de escuchar los sonidos que los buenos músicos hacen con instrumentos de calidad.

Creo que es importante no "enseñarle" música, sino más bien proporcionarle experiencias musicales que pueda aprovechar después cuando sea capaz de conceptualizar. Lleve a su hijo a escuchar un violín, un piano, una trompeta o una flauta bien tocadas por un buen músico, pues así como debe enseñarle el gran arte, también debe darle la oportunidad de escuchar los buenos sonidos que los buenos músicos hacen con instrumentos de calidad. Los ensayos, los conciertos al aire libre, los desfiles o los amigos generosos pueden proporcionar a su bebé experiencias invaluables. En Jóvenes en el Arte organizamos conciertos para pequeños con un trío de cuerdas. Los músicos cambiaron su repertorio para nosotros y entendieron de manera realista el nivel de interés y el lapso de atención que podían tener los niños. En la ciudad siempre deténgase a escuchar a los músicos callejeros que tocan por unas monedas. Fue un verdadero esfuerzo de disciplina el que hice para no interferir cuando vi a un pequeño voltear todo su cuerpo para observar un concierto en la calle mientras su madre pasaba de largo sin echar ni una mirada ni hacer ningún comentario. Qué triste será cuando el bebé llegue a la edad que ahora tiene su madre y entonces también haya dejado de percibir la música. Ver a la gente hacer música es fundamental para entenderla y apreciarla.

Aunque los bebés necesitan escuchar a músicos profesionales tocar en instrumentos de verdad, no estarán contentos con sólo sentarse y escuchar. "Por favor toca" deberá ser el tema de su canción en este caso, como en todos. Jalar las cuerdas de un violín o de una guitarra le enseñan más sobre estos instrumentos de lo que podrían enseñarle las palabras, y subirse a un piano para ver cómo produce la música le enseñará más de lo que podrán hacerlo después muchos meses de clases. Esta exploración activa es tan diferente de la forma en que esperamos que se traten los instrumentos musicales que por lo general nos produce incomodidad.

Los niños necesitan desde el principio escuchar los sonidos que ellos mismos pueden producir en instrumentos musicales buenos. Un verdadero tambor o un piano sonarán mejor que las imitaciones baratas de juguete.

Es muy probable que las matracas y las maracas sean el primer instrumento musical del niño. También disfrutarán las campanas y los instrumentos de percusión como los tambores, los címbalos y otros que les enseñan a entender el ritmo. El "instrumento" musical menos efectivo es la caja de música, porque la mayoría repite una y otra vez una parte de una canción fuera del contexto del resto de la misma. Y como los bebés de menos de ocho meses de todos modos no pueden dar cuerda a esas cajas, los padres

La exploración activa le enseña al bebé más sobre música que lo que puedan enseñarle después muchos meses de clases.

terminarán sintiéndose esclavos de estos juguetes. Para cuando su hijo haga funcionar la caja de música preferirá aprovechar sus habilidades manipulativas para mejores causas, por ejemplo: en un instrumento musical en el que pueda participar.

Es necesario que los niños sientan positivamente y disfruten la música, y usted les pueda ayudar jugando con ellos juegos musicales. Vea si usted y su bebé pueden hacer sonidos suaves, luego fuertes, rápidos y después lentos, con la mano, el pie o la nariz. Lo más importante es que su bebé se dé cuenta desde el principio de que la música se crea y no sólo se aprende de memoria, pues además de músicos el mundo necesita compositores, que es la gente verdaderamente creativa que le da la música al mundo.

La voz humana es el instrumento musical más grande de todos. Está disponible dondequiera que nos encontremos, ya sea haciendo cola en un supermercado o atascados en el tránsito. Las madres siempre les han cantado a sus bebés porque saben que no hay ningún sonido que éste prefiera oír que la voz de su madre. Cántele a su bebé. No importa si tiene una voz "horrible" (y apuesto a que no la tiene, y nadie más la va a oír). Aun si no es entonada (y apuesto a que no es así, porque esto sólo sucede muy esporádicamente), cante, ya sea canciones inventadas o muy conocidas, canciones infantiles o arias de ópera. Meta frases de la vida diaria en la música, a su bebé le encantará. Usted puede ayudar a su bebé a darse cuenta de que las voces no siempre tienen que sonar bien o bonito.

La voz y la boca se pueden usar para hacer otro tipo de sonidos como chasquidos, zumbidos, tarareos, etc., y esos sonidos se pueden hacer solos o agregarlos a la música para realzarla. Antes de que las habilidades musicales tradicionales estén a su alcance, los niños pueden hacer este tipo de sonidos con su lengua y sus labios, y con sus manos y pies, ¡y disfrutarán mucho de acompañarla a usted en este juego!

Segunda parte

El niño entre uno y dos años

8. El segundo año

Este dibujo resume bastante bien el estilo de aprendizaje del niño de un año. Puede resultar enloquecedor cuando uno trata de llevar una casa más o menos civilizada, pero él no puede aprender lo que quiere decir vaciar o llenar, verter o derramar si no experimenta de primera mano esas cosas. Los pequeños aprenden por vía de la interacción física activa con el medio y no escuchando o mirando. Si la necesidad de saber se presenta durante un periodo de juego en el agua organizado por los padres, la vida se desarrollará apaciblemente. Sin embargo, no es culpa de nadie si la curiosidad aparece cuando usted acaba de dar a su hijo las últimas onzas de leche en diez kilómetros a la redonda en una noche de tormenta. Observe esa vieja toalla que pusieron debajo de este niño mucho antes de que él mostrara siquiera interés en derramar.

Claro que es difícil recordar que el chico no hace estas cosas para molestarla a usted, sino que está impelido a hacerlas por una fuerza mayor que él mismo. Los niños aprenden más con este estilo automotivado para conocer el mundo, y la interferencia de los adultos casi siempre les hace más daño que bien. Para vivir contenta con su hijo durante los próximos dieciocho meses, deberá estar preparada, y si tiene sentido del humor eso le ayudará.

En cuanto su bebé adquiera movilidad y pueda gatear o caminar se meterá en todo. Se trepará a la mesa del comedor y al refrigerador abierto, y no es necesario que le diga "no" para todo. La mejor manera de ayudarlo a pasar sin riesgo la etapa de la curiosidad aguda es estar presente. Revise con él o ella los alimentos, los cajones y las repisas y explíquele las cosas que van viendo. Es más seguro que vea lo que hay dentro del refrigerador

Este dibujo resume bastante bien el estilo de aprendizaje del niño de un año.

en presencia de su madre a que lo haga cuando usted salga de la habitación. La perseverancia es, en esta edad, una cualidad muy común, y si la intervención materna ignora la necesidad del niño de conocer, sólo se estará posponiendo la exploración. El chico de un año ya sabe que la gente no se mete en los refrigeradores, como también sabe que uno se sienta en las sillas y no en las mesas, pero él o ella necesitan explorarlo y, como el Everest, ambos estaban allí. Usted ha estado yendo al refrigerador durante toda la vida del niño y de ahí ha regresado con cosas nuevas y maravillosas, de modo que él tiene que ver de qué se trata. Y una vez que lo haya explorado completamente, el pequeño lo abandonará para irse al gabinete de las ollas o a la alacena y a todo lo demás que vea. Las cosas no sólo se exploran, sino que se exploran con pasión. Y siempre habrá algo que se derrame o que se desordene, pero ése es el precio que hay que pagar por estimular la curiosidad. Si pudiéramos conservar esa pasión por el conocimiento en toda la gente durante su vida adulta, el mundo sería un lugar muy diferente. Cómo conservar y alimentar esa curiosidad es de lo que trata este libro. Acomodar los cajones es un precio muy bajo por estimular la búsqueda del conocimiento.

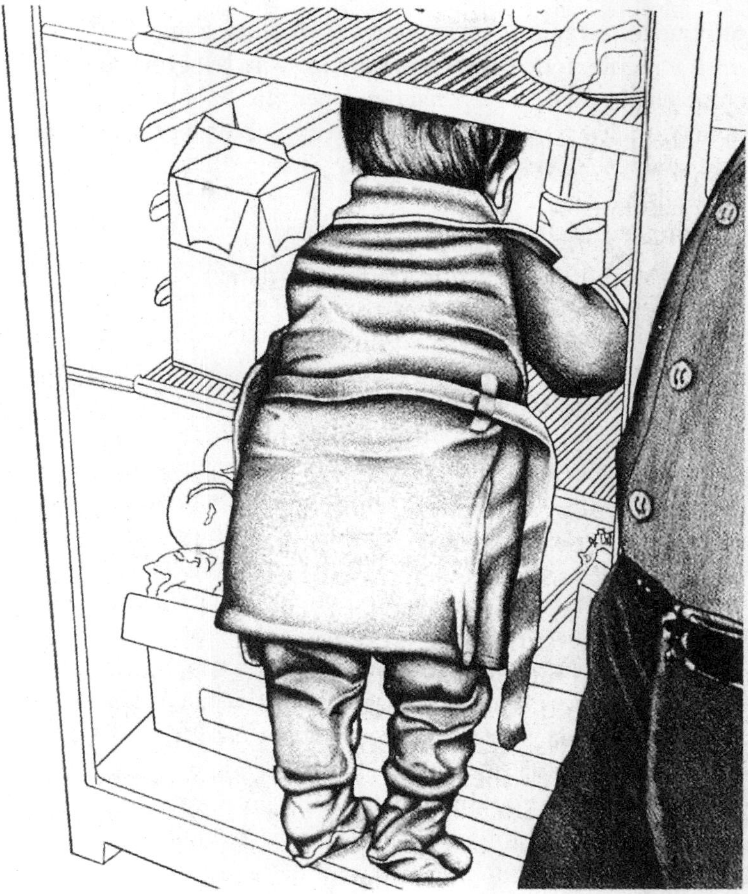

La mejor manera de ayudar a su hijo a pasar sin riesgo por esta etapa de aguda curiosidad es la de estar presente.

En esta etapa, necesitará usted la paciencia de un santo. Todas las madres están seguras de que sus bebés no sobrevivirán el año completo. Aquellos pequeños cuyos padres les dicen "no" todo el día están en el mayor peligro, puesto que intentarán hacer las cosas cuando ellos les den la espalda. Y si bien es cierto que después de suficientes recriminaciones abandonarán su búsqueda, eso sólo sucederá unos cuantos meses antes de que la abandonen aquellos niños cuyos padres los estimulan. Pero ese abandono será permanente, de modo tal que la recriminación pasará de "¡no toques!"

a "¿por qué te va tan mal en la escuela?" Así que aguante, porque para los dos años y medio, todo esto habrá pasado ¡y no se sorprenda de extrañarlo tanto que hasta empezará a pensar en tener otro bebé! Y es que para entonces la mayor parte de su casa habrá sido explorada a profundidad de forma tal que usted y su hijo se podrán relajar y hablar de las cosas sin necesariamente desarmarlas.

La naturaleza le dio al niño una curiosidad incesante y lo hizo por buenas razones. Hay ocasiones en que se antoja decir demasiados "no" para tratar de controlarlo. Muchas veces sentimos que todo el tiempo debemos "enseñar, enseñar y enseñar". Entre más tratamos de convencer a un pequeño de que los padres saben más y entre más les insistimos que el peligro acecha en cada rincón, más cerca estamos del punto en el cual su respuesta natural frente a cada nuevo reto sea "no puedo hacerlo". Y ése es el principio del fin. La curiosidad y perseverancia que resultan tan enloquecedoras y efectivamente peligrosas para un niño son las mismas cualidades que encontramos en los adultos que tienen más éxito y reciben más admiración. Las cosas que los niños hacen de manera natural son las mejores para ellos, de modo que de vez en cuando felicite a su pequeño por ser tan perseverante. Brincar sobre las camas es divertido y fortalece los músculos de las piernas, pero la mayoría de los padres lo prohíbe. Es cierto que hay peligro de caer, pero eso no sucederá si usted tiene la paciencia de quedarse ahí y la previsión de poner cojines en lugares estratégicos. No diga que la mesa de la cocina está "demasiado alta" cuando el niño está tratando de brincar desde allí; mejor ofrézcale la mano o ponga un cojín abajo para suavizar la caída. No diga: "No te subas a los muebles" cuando podría decir: "Te ayudo a quitarte los zapatos antes de que te subas al sillón".

En esta etapa, el niño es muy cambiante en su relación con usted. Un momento se comporta como un bebé indefenso y al siguiente es un niño independiente que no quiere ayuda. No tenga miedo de adaptar su conducta a los cambios de humor del pequeño. No se gana nada con empujarlo a la madurez, que vendrá por sí sola bastante pronto, y quizá hasta se desarrolle mejor cuando se va dando con la seguridad de su aprobación.

Los niños aprenden haciendo más que observando. Sin embargo, el hecho de verla a usted haciendo cosas contribuye a despertar su interés e influye en su actitud hacia todo. No cometa el error de dejar a su niño con la cuidadora cuando vaya a cortarse el pelo o al médico. En una ocasión en que tuve un problema de salud llevé conmigo a Jason cada vez que iba al doctor y él le permitía apretar la bombilla con la que me tomaba la presión y lo ponía junto a mí para que le diera un beso a mi brazo después de que me inyectaban. Poco después que esas visitas terminaron, llevé a Jason al médico, y después de inyectarlo él me ofreció su brazo para que lo besara. El doctor estaba sorprendido por la tranquilidad con que el niño aceptó todo el procedimiento y por su cooperación. Y lo mismo sucede con el primer corte de pelo, que puede ser una experiencia terrible pero no para un chico que ha visto que ésta puede ser una experiencia agradable.

Éste es también el momento para ir dejando poco a poco que su hijo entre en juegos de grupo, siempre en presencia suya. En lugar de sentarse en una banca del parque y leer un libro, esté preparada para intervenir en situaciones sociales difíciles. Sólo con el ejemplo se enseña a los niños a relacionarse con los demás. Si otro chico quiere apoderarse del juguete del suyo, usted puede intervenir y tratar de distraer la atención de aquel pequeño con otro juguete. Y pronto el suyo entenderá la idea y será capaz de manejar este tipo de situaciones sin necesidad de ayuda. Entonces usted podrá regresar a esa deliciosa banca y dedicar su atención al libro, porque sabrá que su hijo se las puede arreglar con los demás. Y en el camino de regreso a casa después del parque, hable con él sobre lo bien que se las arregló en ciertas situaciones. Verbalizando las tácticas utilizadas y elogiando aquellas en las que le interesa hacer hincapié, le ayuda a aprender cómo llevarse mejor con los demás. Éstas son valiosas lecciones de interacción social que le serán útiles a su hijo y le evitarán después lo que para muchos es el terror de la guardería.

9. El ambiente en el hogar

Cuando el niño cumpla su primer año de vida, ya será una personita muy móvil que gatea o quizá hasta camina. Entonces toda la casa, el patio y la cochera deberán ser lugares a prueba de niños. Ya he perdido la cuenta de todas las casas que conozco en las que los padres se aferran con necedad a la misteriosa tradición de guardar los jabones y detergentes debajo del fregadero de la cocina. Una madre me dijo que su hija "nunca tocaba" esos productos, pero unas cuantas semanas después de esa conversación la pequeña de dieciocho meses se tomó una botella de loción para bebé, que bien hubiera podido ser destapacaños, en los cinco minutos que le tomó a su madre —quien por cierto tenía un doctorado en desarrollo infantil— ir al baño. En cualquier libro sobre el cuidado de los niños, usted encontrará siempre estas recomendaciones de seguridad, a pesar de lo cual muchos padres piensan que sus "bien portados retoños" son diferentes. El ambiente ideal para los niños no deberá tener a su alcance *nada* que éstos no puedan tocar o llevarse a la boca.

Si un niño vive con usted o incluso si le visita, todo su hogar constituye su ambiente. No es realista (además de ser injusto) esperar que un niño viva y juegue sólo en su habitación. Durante los primeros tres años en la vida de su bebé, quite todos aquellos objetos valiosos, frágiles o peligrosos que haya en su casa. Esto es importante no sólo para su seguridad y bienestar, sino también para permitirle explorar a fondo todo su hogar con la libertad y la comodidad que sirven de estímulo a las exploraciones futuras. Si coloca juguetes, revistas y libros viejos, ollas, cepillos y sombreros en todos los estantes y armarios que él pueda alcanzar, hará que se sienta seguro y libre para explorar por todas partes. Yo tenía en cada uno de los cuartos de mi casa una caja grande de plástico llena de juguetes, con lo cual la limpieza se convertía en un simple recoger del piso y echar en la caja. Los juguetes para cocinar se guardaban en la cocina, los juguetes de agua en el baño, los materiales para arte en mi estudio, etc. Esto le daba organización a la colección de juguetes, además de que los colocaba en los lugares en que era más probable que el niño los deseara. Y también es una forma para mantener contento y seguro al bebé con usted en cualquier cuarto en el que se encuentre.

Una vez que el niño se pueda mover por todas partes, se resistirá a que lo dejen encerrado. Los corrales no son adecuados para los seres humanos; sólo son buenos para proteger los árboles de Navidad recién decorados o los pasteles recién horneados. Es fundamental en este punto no reprimir la curiosidad, excepto si existe verdadero peligro. El niño abrirá las puertas prohibidas más rápido que usted. Es necesario que ponga barrotes en todas las ventanas, y cerraduras que no estén a su alcance. Ni la comodidad familiar ni el hecho de que esté muy ocupada son razones para contener a un pequeño, cuando su verdadera necesidad física y psicológica es la de caminar, tocar y explorar.

Todos tenemos muy claras las desventajas de ser pobre. Muchos niños sufren intelectualmente porque sus padres no pueden permitirse comprarles juguetes, libros y materiales artísticos que los estimulen. Sin embargo, yo he observado otro tipo de privación en los hijos de padres ricos, de familias cuyas casas están decoradas de modo tan bonito y elegante que a los niños que viven y juegan en ellas no se les permite hacer nada que las pudiera ensuciar. Muchos chicos de tres y cuatro años entran al jardín de niños sin jamás haber pintado, ¡y mucho menos con los dedos! Esos niños quizá son ricos, pero sin duda no son privilegiados. Se les ha privado, en el sentido más real de la palabra, de las actividades esenciales para el aprendizaje y de las oportunidades de desarrollo porque ellas podrían interferir con la conservación del ambiente doméstico. Ninguna casa, aunque sea un palacio, debería ser más valiosa que el desarrollo de la mente del niño.

Los pequeños aprenden a través de la interacción física activa con el medio. Los adultos tal vez pueden aprender mirando y escuchando, pero los niños no. Ellos deben tocar, probar y manipular cada nueva cosa con la que entran en contacto, antes de poder entenderla. Los niños a quienes se les impide tener una participación activa y manipular los objetos se vuelven primero seres frustrados y después indiferentes. Demasiados de nosotros vivimos en hogares que hacen imposible para nuestros bebés la suficiente libertad en su búsqueda del conocimiento. Antes de aprender a escribir los niños garabatean y tienen una fuerte necesidad de hacerlo, y muchas veces ese impulso les llega cuando lo que tienen más a la mano es la pared o el mantel. Las pinturas y las telas lavables en los muebles le permitirán aplaudir y felicitar a su artista mientras él o ella pintan sobre ellos, y después esperar hasta que lo olviden para limpiarlo. Lo que debe ser la prioridad es el desarrollo de su hijo y no sus posesiones. Eso no quiere decir que deberá vivir desaliñado durante los próximos tres años, o que su hogar y sus muebles podrán ser destruidos por el nuevo y desconsiderado miembro de la familia mientras usted pretende no darse cuenta de ello. Lo que quiero decir es que usted tendrá que aceptar el estilo algo desordenado que tiene su pequeño de aprender, verlo como algo normal y necesario, y tenerlo en cuenta cuando planee su hogar. El plástico, el vidrio y el barniz se lavan con facilidad, mientras que la madera cruda y el papel tapiz no. Un terminado de poliuretano sobre las superficies de madera puede hacer más para propiciar la creatividad que todos los materiales para arte que pueda comprar. Tiene mucho más sentido adaptar el medio a las necesidades de su niño que pretender ignorarlas en aras de su gusto. Si las ignora, usted, su hijo y el ambiente sufrirán las consecuencias. Es mucho más fácil ser comprensivo cuando el daño es de reparación sencilla. Mi propio hogar fue planeado cuidadosamente para no requerir mantenimiento. Todas sus superficies pintadas son de un barniz de alta calidad y lavable, los muebles son de plástico laminado y los cojines tienen cierres para lavarlos con facilidad. Las superficies fáciles de limpiar, la tapicería lavable y un lugar fijo para cada juguete simplifican la vida y le proporcionan al niño un estilo de aprendizaje participativo, al tiempo que le permiten a usted satisfacer su propia necesidad de vivir en una casa limpia. Una pasada rápida con una esponja resolverá casi todos los problemas, de modo que no será necesario dedicar demasiado tiempo a cuidar sus propiedades cuando mejor puede dedicarlo a cuidar a un ser humano.

Hay opciones de materiales de fácil cuidado. Alguien me platicó de una casa en la que el primer hijo —de un total de seis— pintaba la pared de la cocina y, en lugar de limpiarla, la madre inició una tradición familiar que ya ha durado por dos generaciones. Conforme venían más niños, se les estimulaba a seguir esta costumbre. Lo último que supe es que esa pared de obras maestras sentimentales no había sido repintada en veintiséis años y que el hijo del creador de la idea recién había contribuido con su primer garabato. Cuando le pregunté a la orgullosa abuela si sus hijos pintaban en las paredes de toda la casa me aseguró que eso nunca fue problema. La pintura para pizarrón que se consigue en las ferreterías o tiendas de pintura

La prioridad absoluta debe ser el desarrollo de su hijo y no sus propiedades.

también podría transformar una pared en una versión temporal y lavable de la galería de arte de esta familia.

Los espacios modernos de plataforma son muy populares entre los niños, que necesitan mucho tiempo y lugar para practicar la subida y bajada de escaleras seguras. Los pequeños siempre han gateado debajo de los muebles para encontrar un refugio seguro y secreto, pero tal vez a usted le gustaría considerar la posibilidad de incluir un nicho así al diseñar su casa a prueba de niños. Por supuesto, si lo que tiene es una casa llena de antigüedades muy frágiles, o no le interesa el diseño contemporáneo, muchas de mis sugerencias le serán inútiles, porque son para gente de mente abierta que toma en consideración cómo influye el ambiente en la vida de los niños.

10. Los paseos

La educación no empieza el primer día de escuela; ése es sólo el momento en que los maestros se hacen cargo de ella. Su niño aprenderá más de usted que de ningún maestro, pues de usted tomará su actitud frente a la vida. Si el mundo entero cabe dentro de su casa o es un lugar más amplio, eso ya depende de usted y de cuánto se aventuren juntos hacia afuera. Durante estos preciosos años antes de que ingrese a la escuela, el niño alcanza el momento más alto de su curiosidad. "¿Qué ed edo?" y "¿Cómo fundiona edo?" son preguntas que empezará a escuchar en cuanto el bebé comience a hablar. Las respuestas que le dé pueden no parecer profundas, pero es entonces cuando se va formando la actitud del niño hacia el aprendizaje. Además de convertir su hogar en un ambiente enriquecedor, también deberá planear frecuentes paseos. Dé más valor a estas salidas hablando sobre ellas con el niño antes y después de que ocurran, leyéndole algún libro sobre un lugar parecido y ofreciéndole juguetes que estimulen juegos relacionados con ellas. A continuación presento algunas ideas de paseos; pero seguramente usted podrá encontrar otras en guías turísticas o culturales de su localidad.

l. Llévelo a dar una vuelta en autobús, taxi, tren, tranvía y de ser posible en avión. Un paseo hasta la siguiente parada del vehículo le dará al niño la emoción de su vida.

2. Visite un aeropuerto, terminal de autobuses o estación de trenes. No es necesario salir de viaje para ir a esos lugares.

3. Visite museos de arte; aunque le parezca un pasatiempo para adultos, en realidad es una actividad muy adecuada para los pequeños. A los niños les encanta mirar los cuadros (¿por qué no aprovechar para que vean las mejores pinturas del mundo?). Ensenárselas es la manera más certera de

asegurarles para toda la vida el amor y la comprensión del arte. Señálele objetos que crea que le pueden interesar y hágale comentarios sobre ellos que estén a su nivel. Descríbale las cosas de una manera personal, no como podría hacerlo un historiador del arte, y haga comentarios simples que ayuden a mantener su interés, como: "Mira ese cachorrito, ¡es del mismo color que Fido!" o "¿ves esas flores rojas? ¡Son como las que recogimos hoy en la mañana!". En una visita al museo, Jason pasó una tarde muy entretenida corriendo en medio de una escultura de Alexander Calder; así obtuvo un invaluable contacto con el mundo del arte y también una muy efectiva lección sobre el espacio. Los aburridos museos llenos de letreros que dicen "no tocar" inhiben mucho, pero hay cada vez más exhibiciones que estimulan la participación de los espectadores.

Correr en medio de una buena escultura puede dar la mejor lección de apreciación del arte.

Llevar a los niños a museos durante esta etapa es difícil, dado que la duración de su atención es corta y su necesidad de moverse constantemente y tocar todo lo que ven es grande. El arte moderno tiene un sentido de diversión y aventura frente al que los pequeños reaccionan de manera instintiva. Sus comentarios sobre el arte tienen muchas veces una perspectiva sorprendente. Esta época de la vida es de muchísimo crecimiento y, en mi opinión, los niños absorben todo lo que ven; realmente vale la pena tomarse el trabajo de pasar tiempo en los museos de arte. El chico no tiene que ver toda la colección del museo para que el viaje se aproveche; basta con que vea y dedique su atención a algunos cuadros para que el paseo se considere un éxito. Y recuerde que además de los museos de arte existen muchos otros especializados en distintos temas y que también pueden ser de gran interés: de ciencia, naturaleza, juguetes, historia.

4. Los museos para niños son lugares maravillosos donde pasar una tarde. Algunos están específicamente organizados para chicos en edad preescolar y otros para mayores, aunque éstos también pueden tener muchas cosas interesantes para un bebé o un niño pequeño. Durante los primeros años de la vida de Jason hicimos frecuentes viajes desde Nueva York al museo de Filadelfia que se llama "Por favor toca", porque era el que nos quedaba más cerca de casa entre aquellos con actividades específicamente planeadas para niños muy pequeños. También pasó mucho tiempo, sobre todo en los días fríos o lluviosos, jugando en las amplias salas del Museo de Historia Natural de Nueva York, que si bien no es un museo especial para niños, tiene exposiciones que les fascinan. La mayoría de la gente cree que un niño de un año es demasiado pequeño para ir a un museo, pero las madres conocedoras de la ciudad de Nueva York hablan de la exhibición de piedras preciosas del Museo de Historia Natural, con sus muchos niveles y vitrinas bajas, como si fuera su club particular diseñado especialmente para ellas y sus gateadores, trepadores o nuevos caminantes. Lo único que usted y su bebé necesitan para hacer visitas a museos son sus ojos y una mente abierta. Yo no recomendaría visitar exposiciones que la obliguen a decir a su hijo " no toques" cada dos minutos, pero un buen museo para niños o una exposición participativa hacen exactamente lo contrario. El siguiente dibujo muestra a un chico que rueda su automóvil sobre un mapa de Estados Unidos en el Museo para Niños del Capitolio en Washington.

En los museos que visiten con cierta frecuencia, su hijo encontrará sus rincones favoritos. Conforme crece y se desarrolla, se acercará a las exposiciones con una mirada fresca, con nuevos intereses y con mayores habili-

Un niño rueda su automóvil sobre un mapa de Estados Unidos en el Museo para Niños del Capitolio en Washington.

dades. Después de que llevamos por primera vez a nuestro hijo a visitar el museo "Por favor toca" en Filadelfia, por lo menos durante catorce meses cada vez que íbamos hacia allá se preguntaba en voz alta si algunas cosas que recordaba de sus visitas anteriores todavía estarían allí, y sus recuerdos eran muy exactos hasta en los detalles más nimios.

5. Deténgase en la estación local de bomberos, y quizá hasta tenga la suerte de encontrarse con algunos de ellos que tengan tiempo e interés para mostrarle ese lugar a su bebé, quien seguro tendrá los ojos muy abiertos. Pero si nadie le hace caso, busque otra estación. A nosotros nos ignoraron en varias de ellas y nos trataron como reyes en otras. En una incluso invitaron a mi hijo a sentarse en uno de esos grandes carros rojos y tocar la campana, y además le regalaron un casco tamaño infantil que guardó como un tesoro durante mucho tiempo.

6. Aproveche su visita a la central local de policía como pretexto para tomar las huellas digitales de su hijo, y guárdelas en casa como recuerdo y también como medida de seguridad en caso de que alguna vez su bebé llegara a perderse.

El contacto con animales es la mejor lección de zoología.

7. Ningún niño es demasiado pequeño para ir al zoológico. La mayoría de los zoológicos modernos entienden la importancia del contacto con los animales y lo permiten en sus exhibiciones. En uno que visitamos los chicos podían esconderse bajo un caparazón de tortuga y sentirse como una de ellas, lejos de aquellos tiempos cuando estos lugares tenían a los animales prisioneros en jaulas reducidas.

8. Las tiendas donde venden mascotas les encantan a quienes aman a los animales y además quedan más cerca de casa que los zoológicos.

9. Visitar a un artesano, carpintero, zapatero o pintor amistoso y observarlo mientras trabaja puede despertar en su hijo un interés de por vida que incluso podría convertirse en vocación. ¡Sabemos de muchos niños que después de ser internados en un hospital deciden convertirse en médicos o enfermeras! Y es que el contacto con trabajadores reales y activos en ese momento en que él es tan impresionable puede tener un efecto muy profundo sobre su vida, aun si olvida esa visita particular.

10. Los desfiles, con sus trajes, marchas y música, han deleitado a los niños por siglos.

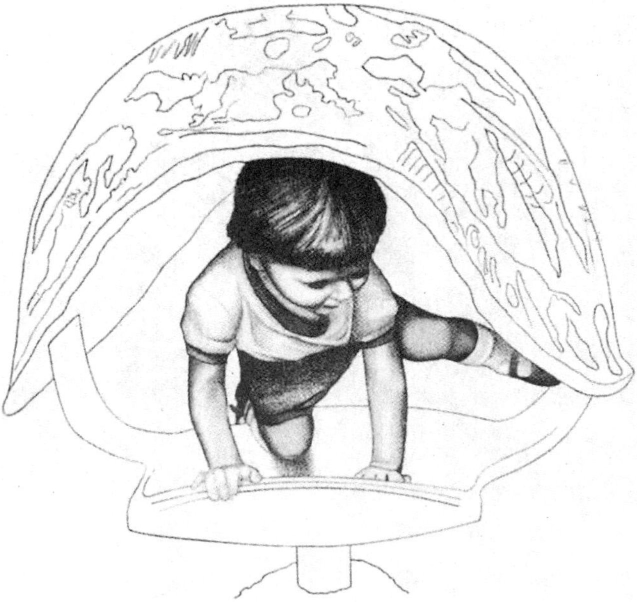

El niño está aprendiendo lo que se siente ser tortuga.

11. Los ensayos de la banda de música de la secundaria local o de algún coro le permitirán escuchar música viva sin el gasto que significan los boletos para un concierto.

12. Visite parques de diversiones y ferias que tengan juegos adecuados para el niño de esta edad. Desde los dieciocho meses, ellos adoran estos lugares que les abren maravillosas oportunidades para la fantasía. Espere siempre cerca de los juegos que dan vueltas, por ejemplo un carrusel, y explíquele a su niño de qué se trata antes de subirlo. Acompáñelo las primeras veces y nunca deje que un chico atemorizado continúe girando. Seguramente los encargados estarán dispuestos a detener el aparato si se les solicita a fin de bajar a un niño que tiene miedo. Trate de visitar únicamente aquellos lugares que tienen juegos diseñados específicamente para niños de esta edad y aléjese de los juegos muy rápidos o que les producen miedo. Últimamente las ferias y parques de diversiones han empezado a incluir juegos de participación activa, tales como túneles para gatear a través de ellos, redes para trepar y otros.

Los parques de diversiones y ferias alientan la fantasía.

13. Vaya al circo. No espere a que el niño tenga "la suficiente edad" para entender el espectáculo. Vaya cada año y verá cómo en cada ocasión él apreciará la experiencia en un nivel diferente. En esta edad, usted tendrá que salirse bastante antes de que termine la función, pero la rica estimulación visual que le habrán dado esos treinta o cuarenta minutos bien vale el precio del boleto. Para economizar traiga sus propias golosinas y cámara con flash a fin de no comprar nada adentro.

14. Recoger calabazas, fresas o manzanas en una granja le enseñará al niño cómo son el campo y la agricultura de una forma en que ningún libro podrá jamás hacerlo.

15. Visite una oficina en donde le permitan escribir en máquina, apretar el botón de la copiadora o engrapar hojas (aunque quede mal hecho).

16. Vaya regularmente a un parque cercano en donde su pequeño pueda encontrarse siempre con los mismos niños; además de ejercitar sus músculos, aprovechará para socializarse. Aunque usted no lo crea, la guardería está a la vuelta de la esquina y prepararlo para ella facilitará el cambio de la casa a la escuela.

11. Juguetes, objetos para jugar y compañeros de juego

Mucha gente condena la alienación de la juventud y se pregunta por qué se ha roto toda comunicación entre los hijos y sus padres. Es posible que parte de este problema se inicie durante la infancia cuando los bebés que lloran reciben ositos de peluche con latidos simulados en lugar de la cercanía física con su madre, o se les sienta frente al televisor cuando lo que ansían es compañía. La mayoría de los niños pasan mucho más tiempo del día jugando con artefactos de pilas que con sus padres. Los juguetes más populares son, según los anunciantes, los que promueven el juego solitario, y si bien esto es una parte importante del juego, debe complementarse con el juego con otros niños y con el juego con un adulto. La madre involucrada es quien convierte el tiempo de juego del niño en algo aún más valioso.

En esta etapa, los pequeños se orientan más a los objetos que el año pasado, y la madre ya no es la principal fuente de entretenimiento, pero aun así el niño necesita su colaboración e interés en el momento del juego. Cada día, una parte del tiempo de juego debe dedicarse a jugar con usted. Siéntese en el piso y observe a su hijo. En lugar de "enseñarle" cómo hacer cosas nuevas, háblele sobre lo que está haciendo: "Veo que pusiste los cubos más grandes en la base de tu edificio. Eso hará que la construcción sea más fuerte". Observe de verdad su dibujo y descríbaselo para ayudarle a entender sus nuevas habilidades. Una frase como "la línea roja cruza sobre la línea azul" puede parecerle muy obvia, pero es una información útil para un niño de uno a dos años, y le ayudará más que "enseñarle" a dibujar.

Los libros y los cuentos

Aparte un tiempo cada día para leer libros juntos. Entre los más populares de hoy encontramos "cuentos de un minuto para la cama". No se puede pretender inculcar el amor a la literatura a un niño que fue criado con cuentos de un minuto. Usted tendrá que leerle algunas historias una y otra y otra vez, hasta que tanto usted como él o ella se los sepan de memoria, porque los niños aprenden con la repetición. Es un hecho que es en la casa y no en la escuela donde un niño aprende a amar los libros. Uno de mis amigos, que es escritor y adora las palabras, se enojó mucho cuando un profesor de secundaria le pidió a su hijo que leyera una historieta de las clásicas en lugar de uno de los libros obligatorios. "¿Cómo puede ser que un niño aprenda a amar las palabras si todo lo que lee son estas versiones resumidas?" Y sin embargo, no importa lo que sus maestros no pudieron enseñarle, este chico aprendió sobre el regazo de su padre a deleitarse con la palabra escrita.

Ahora es el momento para empezar a leer con él poemas y cuentos y ya no sólo mirar los dibujos. Pero como dice el doctor Fitzhugh Dodson:

> El ambiente de los pequeños de hoy es por supuesto muy diferente del de aquellos días. En los versos de *Mamá Ganso*, la gente sólo camina o monta a caballo, mientras que en el ambiente de hoy encontramos autos y camiones, tractores, trenes, aeroplanos y cápsulas espaciales.[1]

En efecto, los versos de *Mamá Ganso* deben revisarse y pensarse cuidadosamente por parte de los padres escrupulosos antes de leerse a los niños. No los lea sólo porque a usted se los leyeron, pues además de estar pasados de moda algunos producen mucho miedo y están llenos de violencia.

> El rey de los corazones
> a sus pajes llamó
> y al jefe de los bribones
> un golpe le dio.[2]

Cuando leo poemas o cuentos a los niños, siempre elimino esas referencias a la violencia y esas conductas antisociales. Un rápido tachón con el lápiz

[1] Fitzhugh Dodson, *I wish I had o computer that makes waffles*, Oak Tree Publishers, San Diego, 1978, p. 10.

[2] Estos versos y los que siguen se han adaptado para que rimen en español. (N. del T.)

y un cambio de palabras aseguran que no se mate ni se golpee a nadie. Por ejemplo:

> La muchacha estaba en el jardín
> colgando un tapiz
> cuando se le acercó un periquín
> y le jalo la nariz.

En nuestra versión de *Mamá Ganso*, cuando el pájaro bajó a visitar a la muchacha que colgaba el tapiz, "le besó la nariz". En los libros de Babar, su mamá quedaba herida, no moría. En los del pequeño Tim, éste se tragaba una burbuja, no se ahogaba. Y es que los niños ya tienen bastante de qué preocuparse con estos cambios, sin necesidad de que pasen cosas terribles. La posibilidad de que un extraño venga y mate a la mamá o la de un hermano que se ahoga me parecen horribles para un pequeño, incluso para aquel que ya ha tenido ganas de ahogar a su hermano.

Los estereotipos sexuales hace mucho tiempo que debieron relegarse al olvido, como en los versos que dicen:

> ¿De qué están hechos los niños chiquitos?
> ¿De qué están hechos los niños chiquitos?
> De ranas y caracoles y colas de cachorritos,
> de eso están hechos los niños chiquitos,
> de eso están hechos los niños chiquitos.
> ¿De qué están hechas las niñas chiquitas?
> ¿De qué están hechas las niñas chiquitas?
> De azúcar y especias y cosas bonitas,
> de eso están hechas las niñas chiquitas.

Muchos editores están publicando versiones modernas de buena literatura infantil para reemplazar a estos viejos libros a los que estamos acostumbrados.

Los libros que al abrirse despliegan dibujos en tercera dimensión son más juguetes que libros; es más, son como los juguetes de pilas, es decir, son divertidos para jugar, pero ya son tan inteligentes en sí mismos que no le dejan nada al niño para desarrollar su inteligencia. Los chicos activos de esta edad quieren involucrarse en todo y les divierte jalar las palancas, abrir las puertas y moverles los brazos a los muñecos en el libro, pero eso no se debe confundir con la lectura, pues eso no es literatura. A mi hijo le gustaba mucho el poema de Clement C. Moore, "La noche antes de Navidad", así que cuando encontré uno de esos libros en tercera dimensión con el poema se lo compré. Y aunque disfrutaba la lectura de esos versos, se entretenía tanto jugando con las palancas del libro que no me dejaba leérselo, de modo que la edición barata y sencilla fue más valiosa para él que la edición cara. Nunca adquiera uno de estos libros en lugar de uno común y corriente.

Además de disfrutar con su hijo de los libros, también deberá usted inventar historias y animarlo para que él lo haga. Se puede empezar pidiéndole que le invente un final nuevo al mismo libro tan conocido, y en cuanto lo haya hecho, escríbalo y léaselo con tanto respeto como si leyera el mejor de sus libros. Después de todo, la gente no sólo lee libros, ¡también los escribe! La manera más lógica de enseñar a su hijo a escribir es haciendo que invente historias desde ahora, antes de que aprenda a escribir. Se sorprenderá usted de qué poco común es esta idea en la mayoría de las escuelas.

Los mejores juguetes

Algunos juguetes son muy activos y otros no, exactamente igual que los niños. La diferencia es que parece que los chicos más aburridos son los que siempre reciben los juguetes más activos, esos que hablan, caminan, se orinan, comen, disparan y se las arreglan con sus pilas sin necesidad de ninguna contribución física ni mental de parte del pequeño. Los niños están aprendiendo cada minuto durante el tiempo en que están despiertos, y los juguetes que les damos determinan muchas veces aquello que aprenden.

¿Qué es un juguete educativo? Los adultos tienen la imagen de un juguete aburrido que enseña a los niños las capitales de todos los estados, las fechas de todas las guerras y los nombres de todos los héroes de la historia patria, pero una simple pelota de hule es un ejemplo del mejor tipo de juguete educativo que su hijo puede tener. Y es que con ella y con un adulto interesado, el pequeño puede aprender lo que es lejos y cerca, arriba y abajo, despacio y rápido, adentro y afuera, alto y bajo y muchas cosas más, como los efectos de la gravedad, la densidad y el peso. Las pelotas se pueden aventar, rodar, pasar de persona a persona, detener entre los pies mientras se está acostado de espaldas y usar de muchas maneras que estimulan el movimiento activo del cuerpo.

¡Y por supuesto que usted también se puede divertir mucho con ellas!, pues aunque un niño puede jugar solo con una pelota de hule, sin duda le gustará que su madre vaya describiendo lo que sucede.

Siéntase satisfecha y no desalentada por el hecho de que su hijo se aburra tan rápido de algunos juguetes. Los buenos juguetes son herramientas de aprendizaje que crecen y cambian conforme el niño crece y cambia; los juguetes aburridos son aquellos tan inteligentes que ni siquiera necesitan de un niño que los controle, pues hacen todo por sí solos. Cualquiera que sea el precio, el criterio para juzgar un juguete, después de certificar que sea seguro, debe ser si es él o el niño quien hace el juego. Entre más "activo" sea el juguete, más flojo y aburrido se volverá su hijo. En las tiendas de

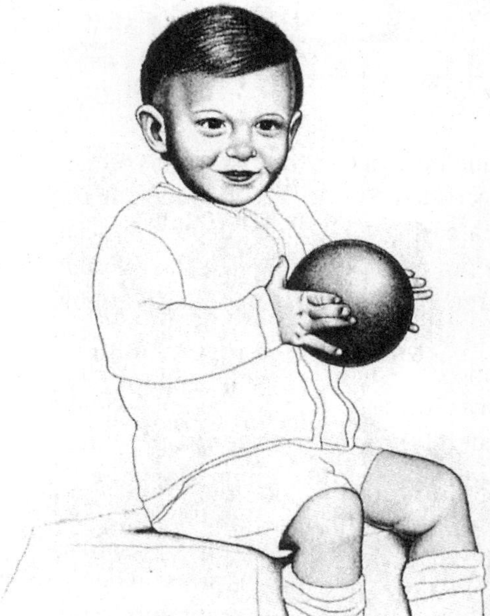

juguetes encontrará un gran surtido de automóviles de pilas y de control remoto, pero cuando vea a un niño empujar su cochecito por todas partes se convencerá de que las pilas significan que las fábricas de juguetes son las que ejercen el control sobre el auto y no el pequeño. Y ese ejercer el control por sí mismo le significará a su hijo hacer ejercicio, resolver problemas y adquirir coordinación, mientras que los autos de pilas seguirán funcionando aunque el niño se quede dormido.

Los juguetes que invitan a participar y a involucrarse son en última instancia los más divertidos. Si la pila es lo único que trabaja, su niño es el que pierde. En nuestra casa establecimos una regla definitiva en relación con los juguetes: que no habría ninguno de pilas. Y cuando amigos que no lo sabían le daban alguno a Jason, o bien se los devolvíamos o se los dábamos sin la pila.

Durante este año es cuando su niño necesitará más juguetes que nunca. Si su presupuesto es limitado, no se desaliente y ayúdelo a descubrir que la imaginación puede obrar milagros. Tenga presente que, por ejemplo, un paseo al metro puede convertirse en un viaje a la Luna. Y podrá también ahorrar dinero si intercambia algunos juguetes viejos con otros chicos. Cuando después de un mes le devuelvan los suyos, los juguetes "viejos" parecerán nuevos otra vez y el niño en proceso de maduración los utilizará de maneras novedosas. Nosotros le compramos a un vecinito de diez años todo un paquete de libros de pasta dura por veinticinco centavos de dólar cada uno. Ese jovencito había puesto sus juguetes viejos en la banqueta para venderlos y juntar dinero para comprar nuevos. Entre más estrecho

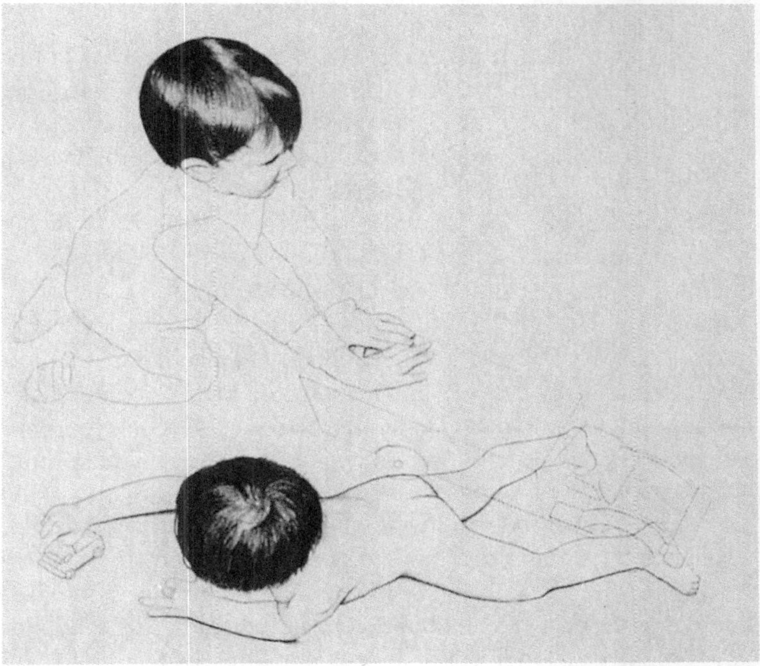

Los juguetes que el niño o niña pueden controlar y mover por sí solos les permiten hacer ejercicio, resolver problemas y adquirir coordinación, mientras que los de pilas no les dan nada de esto y siguen trabajando aunque el pequeño se haya quedado dormido.

sea su presupuesto, deberá comprar juguetes más caros y menos "definidos", pues si compra un camión de bomberos barato con pintura corriente pronto tendrá que comprar un coche de policía también barato, un camión de carga, una ambulancia, un carro para la granja, etc., mientras que uno de color firme y de madera fuerte puede cambiar de papeles y servir por todos los mencionados y muchos más.

Año tras año aparecen en el mercado nuevos juguetes que inmediatamente desaparecen y son reemplazados por otros después de una o dos temporadas. En cambio, los juguetes clásicos gustan generación tras generación. Crecen y cambian con el niño, y sus cualidades visuales, conceptuales, táctiles y emocionales hacen que los niños vuelvan a jugar una y otra vez con ellos. Los favoritos tradicionales, como los cubos, libros, tambores, casas de muñecas, vehículos que el niño empuja, crayones, muñecas de papel que no hablan ni caminan y mucho menos se orinan, pelotas de hule, aros y camiones de color rojo, les dan a los pequeños la libertad de fantasear y crear. Y con excepción de los crayones y el papel, duran prácticamente para siempre y trascienden el tiempo en el que vive el pequeño. Los niños dedican la mayor parte de su tiempo de juego a estos juguetes básicos, se ligan mucho a ellos y los recuerdan por mucho tiempo. Algunos hasta los guardan para las generaciones futuras. Utilice lo más que pueda de su presupuesto para juguetes adquiriendo este tipo de objetos básicos, y compre los de mayor calidad que pueda conseguir.

Algunas veces los mejores juguetes ni siquiera son juguetes sino objetos que se utilizan en el hogar. Y es que todo es tan nuevo para un niño de esta edad. La primera vez que vea una mazorca de maíz se emocionará más de lo que cualquier adulto pueda imaginar. "No juegues con la comida" o "no, eso es para la cena" son el tipo de respuesta que no ayudará mucho a su pequeño a desarrollar y conservar su curiosidad natural.

Los niños empiezan a fingir y fantasear la primera vez que acarician a una muñeca o "le dan de comer", o cuando se esconden para jugar a las escondidillas. Hacer de un libro un camión es algo que la mayoría ya entiende desde su primer cumpleaños. Entre más abiertos a distintos fines sean los juguetes es mejor. Los juguetes de que disponen y el tipo de retroalimentación que reciben de sus padres les ayudarán a estimular o a reprimir la dimensión creativa. Ofrézcale un ramo de flores para usar como sombrero o un plátano de mentiras para comer. En una ocasión hicimos un viaje en el que mi hijo vio botes y lanchas. Después nos detuvimos en un restorán y aunque yo llevaba mi bolso de juguetes y libros para que se entretuviera mientras comíamos, no había incluido ningún barquito de juguete. Jason empezó a llorar y a pedir un barco, amenazando con arruinar nuestra cena, de modo que fui a la charola de pasteles y saqué un rollo que le di diciéndole: "aquí tienes un barquito". Se rió y jugó buen rato con su juguete, y luego me dijo: "Ahora a comerse el barco," y se lo comió. El ejemplo de los padres es siempre de la mayor importancia. Si usted valora el juego creativo y lo practica, también su hijo lo hará.

Su niño aprende no sólo jugando con usted, sino también observándola cuando "juega". Si usted jamás lee un libro ni dibuja, tampoco su pequeño lo hará. Si maneja un auto, eso será lo que él querrá hacer. Póngase a coser y su hijo pronto querrá imitarla. Usted se dará cuenta de que un teléfono de juguete no puede sustituir al teléfono real. Y lo mismo es verdad para las cámaras, las máquinas de escribir, las calculadoras, etc. Los niños quieren y necesitan aprender sobre el mundo real, y lo hacen de modo más efectivo

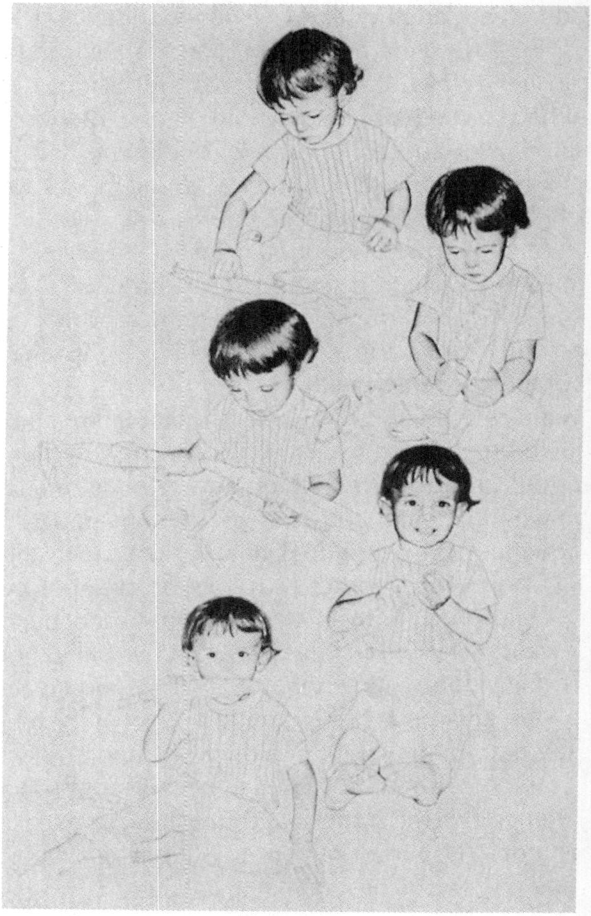

Algunas veces los mejores juguetes ni siquiera son juguetes.

con los "juguetes" de los adultos que con las imitaciones. El chico se interesará más en los objetos que usted utilice que en los juguetes comprados. Si usted escribe mucho a máquina, será la máquina de escribir lo que llamará la atención y la versión de plástico rojo no le va a atraer. Lo que los niños necesitan en esta etapa son máquinas de escribir, teléfonos, aspiradoras, martillos, volantes, etc., objetos de verdad y no imitaciones o la idea que de ellos tiene el fabricante.

Ponerse una olla como sombrero es un ejemplo del juego con la fantasía.

> Los objetos de verdad permiten el trabajo de verdad, mientras que los de juguete por lo general lo inhiben.[3]

Déle una versión de juguete sólo cuando sea imposible darle un objeto de verdad. Y no espere que un niño de catorce meses haga lo mismo con una máquina de escribir de juguete que uno de seis años para quien fue ideada. Póngala fuera de su vista al primer signo de frustración.

> Cuando se compra un juguete, es importante no olvidar que un niño puede obtener mucho placer con él aunque no lo use "correctamente", ya sea porque lo juega en un nivel inferior o porque convence a los adultos de que lo ayuden con las partes difíciles. Por ejemplo, un bebé que apenas empieza a moverse sentado y se encuentra aún en la etapa de empujar y golpear podría disfrutar mucho con un juguete musical de ruedas diseñado para niños ma-

[3] Shilcock, Susan D. y Peter A. Bergson, *Open Connections: The Other Basics*, Bryn Mawr, Pa., Open Connections, 1980 p. 80.

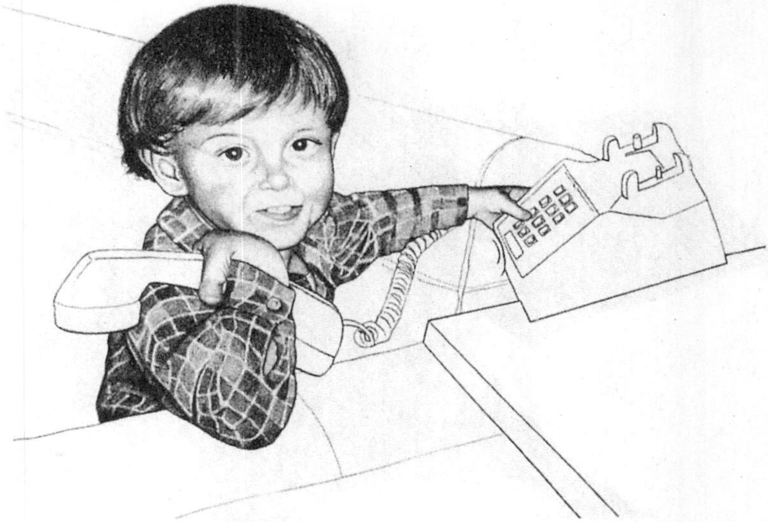

Las imitaciones de juguete no pueden sustituir a las cosas de verdad.

> yores, aunque sólo pueda empujarlo para atrás y adelante desde una misma posición sentado. O un niño que no tiene idea de cómo se construyen pilas de cubos se sentirá feliz de que un adulto se las levante para él o ella poder derribarlas.[4]

Por supuesto, usted tendrá que examinar todo lo que le interese a su hijo o hija y podrá quitar aquellas cosas que sean verdaderamente peligrosas, pensando con rapidez y colocando un objeto más interesante cuando sea posible.

Cuando su niño la vea usando su "juguete" de gente grande, pronto tratará de imitarla y es posible que no se sienta satisfecho con una imitación de juguete. Yo usaba una cámara muy fina para tomar las fotos que ilustrarían este libro. Casi siempre la traía conmigo, y mi hijo se interesó en ella. En aras de mi filosofía, aunque sin muchas ganas, lo dejé tomar fotos cuando me lo pidió. Primero se la di sin película y le enseñé a usarla, y él se fue muy orgulloso a "tomar fotos" por todas partes. Algunas veces me la pedía cuando ya tenía puesta la película ¡y resultó que tomó fotos bastante bue-

[4] John y Elizabeth Newson, *op. cit.*, p. 52.

Si se le da la oportunidad, un niño de dieciocho meses puede incluso tomar fotografías.

nas! Claro que también tomó algunas de pies y de techos, ¡pero yo misma lo hacía! Poco después encontré una oferta de una cámara de 35 mm que se parecía mucho a la mía y cuyo precio equivalía al de un juguete caro, y se la compré.

Los juegos imaginativos empiezan muy temprano en la vida y es importante estimularlos constantemente. Una de las maneras de hacerlo es dejar que el niño experimente con el juguete en lugar de "enseñarle" a usarlo. Por eso los rompecabezas, los juegos de formas y todos los juguetes que sólo tienen una "respuesta correcta" y una manera de jugarse deberán ocupar muy poco lugar en la vida de su hijo en esta etapa. No los elimine por completo, puesto que le enseñan algunas habilidades, pero limite el tiempo que su pequeño dedique a este tipo de actividades si sus objetivos para él son desarrollar su confianza y creatividad. Éstos pueden ser juguetes muy frustrantes para el chico que se esfuerza en dominarlos y muy aburridos para el que ya lo logró. Hay formas más aceptables de enseñar. Por ejemplo, un rompecabezas de madera que siempre estará correcto sin importar cómo se arme resulta algo diferente y que seguramente estimulará más el pensamiento creativo que los tradicionales de dibujos. Sin embargo, los propios fabricantes destruyen esta cualidad en sus juguetes porque insisten en empacarlos con un manual de instrucciones. Tírelo en cuanto desenvuelva el juguete.

Los rompecabezas

Usted puede crear una diversidad de rompecabezas si corta cartulinas de diferentes colores o madera en forma de cuadros o de diamantes. El artista Paul Cezanne dio sus pinturas a su hijo pequeño para que las recortara y usara como rompecabezas. Pero, a menos que usted sea uno de los grandes pintores del mundo, podría considerar la posibilidad de usar de esta manera fotografías de pinturas famosas, lo cual sería una maravillosa forma de enseñar el arte a su hijo. Si lo que le interesa es mejorar la autoimagen del chico más que enseñarle arte, entonces monte sobre la cartulina una fotografía grande del niño y recórtela en formas sencillas para formar un rompecabezas, de modo tal que él se reconstruya a sí mismo otra vez. Hay varias fábricas que hacen rompecabezas de cartulina blanca en diversos tamaños. Deje que su hijo dibuje o pinte sobre uno de ellos para darle una experiencia significativa con estos juguetes. Todas las opciones mencionadas son alternativas al simplista arte comercial de la mayoría de los rompecabezas para niños.

Los juguetes deben elegirse para estimular el pensamiento flexible y porque son adecuados para el nivel de desarrollo e interés del niño. Los pequeños necesitan un carro u otro juguete para empujar desde el momento en que empiezan a mostrar interés en caminar. Un juguete de este tipo le da al nuevo caminante una sensación de independencia y libertad porque le permite levantarse y caminar sin ayuda de un adulto antes de que realmente pueda hacerlo solo. Después se le usará para llevarlo de paseo, añadiendo valor a la inversión. Los juguetes que al jalarse hacen ruido le aseguran al pequeño que siguen estando atrás de él. A los dieciocho meses, el niño ha adquirido el suficiente desarrollo físico como para tener un triciclo, pero que no sea ni demasiado alto ni demasiado bajo o de los que pueden provocar accidentes serios; debe buscarse el más seguro y cómodo. Éste es un juguete que ayuda a desarrollar los músculos de las piernas y la coordinación, que son muy importantes para niños y niñas.

Algunas veces los niños sólo quieren jugar con un único tipo de juguete, como autos o muñecas, y para los padres es muy tentador ofrecerles estos

Los pequeños necesitan juguetes para empujar cuando empiezan a mostrar interés en caminar.

juguetes, que son los que quieren. Responder al interés de un niño proporcionándole el juguete adecuado en el momento preciso es una manera de ayudarlo a desarrollarse. Sin embargo, este tipo de juguete debe dársele junto con otros que le ayuden a aumentar sus intereses y a crecer. No compre únicamente juguetes para "varones" si tiene un niño o para "mujeres" si tiene una niña, pues las personitas que adoran a las muñecas tienen mucho que aprender si juegan con autos y al contrario, aquellos que están obsesionados con los autos también necesitan muñecas para mimar. Cuando mi hijo se olvidó de que existían sus animales y muñecos de peluche y se dedicó a jugar exclusivamente con los automóviles, le hice uno de peluche para mimar.

Responder al interés de su hijo proporcionándole el juguete adecuado en el momento preciso es una manera de ayudarlo a desarrollarse.

El juego con cubos

Crear y mimar son instintos muy fuertes en los niños. Los cubos les ayudan a fomentar y estimular el instinto creativo, y si son de materiales suaves que se puedan abrazar y morder, se tendrá una buena manera de iniciarse en estos juegos. Si su hijo tiene entre un año y dieciocho meses, le conviene invertir en cubos de madera, que se convertirán en uno de los juguetes más importantes con los que va a jugar durante muchos años. Y es que se trata de un juguete que ofrece posibilidades ilimitadas y estimula la imaginación. Además, jugar con cubos promueve el desarrollo del lenguaje, enseña conceptos científicos, alienta la creatividad y el pensamiento imaginativo, incrementa la conciencia de la arquitectura y del mundo en el cual vivimos, fomenta el aprendizaje sobre el espacio y la forma, propicia el juego dramático, ayuda a generar una conciencia del yo, y da oportunidad para el desarrollo social.

Los niños no necesitan cubos para construir.

En aras de la diversidad y para incrementar el interés en el juego con cubos, sería conveniente que se adquirieran de diferentes tipos: los que se ensamblan tienen la ventaja adicional de permanecer donde se les coloca. En Jóvenes en el Arte usamos cubos de madera suave pegados con una goma especial para hacer proyectos escultóricos. Los cubos con letras familiarizan al chico con el abecedario, y los de muchos colores le agregan el estímulo del color. Vale la pena comprar todos éstos si su presupuesto se lo permite, pero sólo como juguetes complementarios que no sustituyen al juego de cubos básico de madera dura. Éste debe adquirirse de la más alta calidad posible a fin de que se obtenga la máxima durabilidad y estabilidad. Y luego planee irle agregando piezas nuevas a lo largo del tiempo. Después de hacer estos sacrificios financieros por el bien de la educación de su hijo, ¡no se sorprenda cuando lo encuentre apilando las viejas latas de refresco que usted había tirado, sin hacerle el menor caso a sus cubos!

Harriet Johnson menciona siete etapas por las que pasan los niños en esta actividad, sin importar a qué edad empezaron a jugar con ellos:

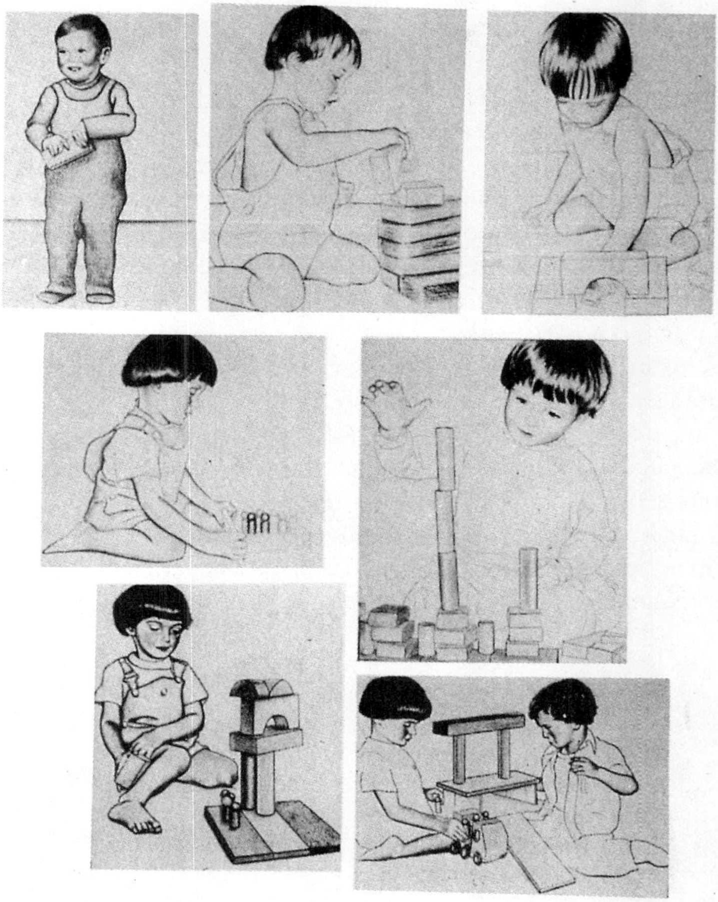

El desarrollo del juego con cubos[5]

Primera etapa: Lleva los cubos por todas partes en lugar de construir con ellos.
Segunda etapa: Empieza a hacer líneas horizontales y verticales.
Tercera etapa: Une dos cubos con un tercero.
Cuarta etapa: Cierra un espacio con los cubos.
Quinta etapa: Las construcciones ya son decorativas y simétricas.
Sexta etapa: Las estructuras reciben un nombre y empieza el juego dramático.
Séptima etapa: Aumenta el juego dramático y las construcciones imitan la arquitectura conocida.

[5] Harriet Johnson, "Etapas en la construcción con cubos", Asociación Nacional para la Educación de Niños Pequeños, *The Block Book*, Washington, D. C., Elisabeth S. Hirsch, 1974.

El juego en la tina

Si el año anterior el niño aprendía por el contacto directo con el agua, este año se beneficiará de hacer experimentos con embudos de plástico, cántaros, cucharas, recipientes de todos tamaños, regaderas y rociadores, juguetes que suelten chorros de todo tipo y crayones de jabón. El juguete más versátil que nosotros tuvimos para jugar en el baño era un barco que llevaba adentro un marinero, un pato, tres recipientes con hoyos de diferentes medidas y una lancha para remolcar. Pero por supuesto, ¡nada es mejor que tener un amigo o pariente para jugar en la tina! Invertir en un mantel de vinil de los más baratos servirá para evitar que unas gotas derramadas se conviertan en algo molesto o peligroso.

Los nuevos crayones hechos de jabón permiten hacer garabatos en la tina y se pueden limpiar sin problema después. Como ya hemos dicho, entre más garabatos haga el niño más fácilmente aprenderá a leer y escribir; por tanto, conviene estimular su interés en ellos.

Cambiar de materiales con los cuales hacer los garabatos, así como de lugares en donde pintarlos, es todo lo que se necesita para revivir el interés

¡Nada es mejor que tener un amigo para jugar en la tina!

Cambiar de materiales con los cuales hacer los garabatos, así como de lugares en donde pintarlos, es todo lo que se necesita para revivir el interés en esta actividad cuando parezca decaer.

en esta actividad cuando parezca decaer. Dibujar en las paredes es algo que todos podrían aceptar siempre y cuando la pared sea la del mosaico del baño y los crayones sean de jabón. Éstos sirven además para maquillarse la cara y adornarse el cuerpo. También se puede conseguir pintura de jabón para dedos o se puede hacer en casa si se agrega un poco de agua a un jabón neutro y se mezcla hasta lograr una consistencia pastosa. Deje que su niño le vierta encima algunas gotas de colorante para alimentos antes de revolverla y pintar. Tenga cuidado porque las pinturas de jabón para dedos arden si entran en los ojos.

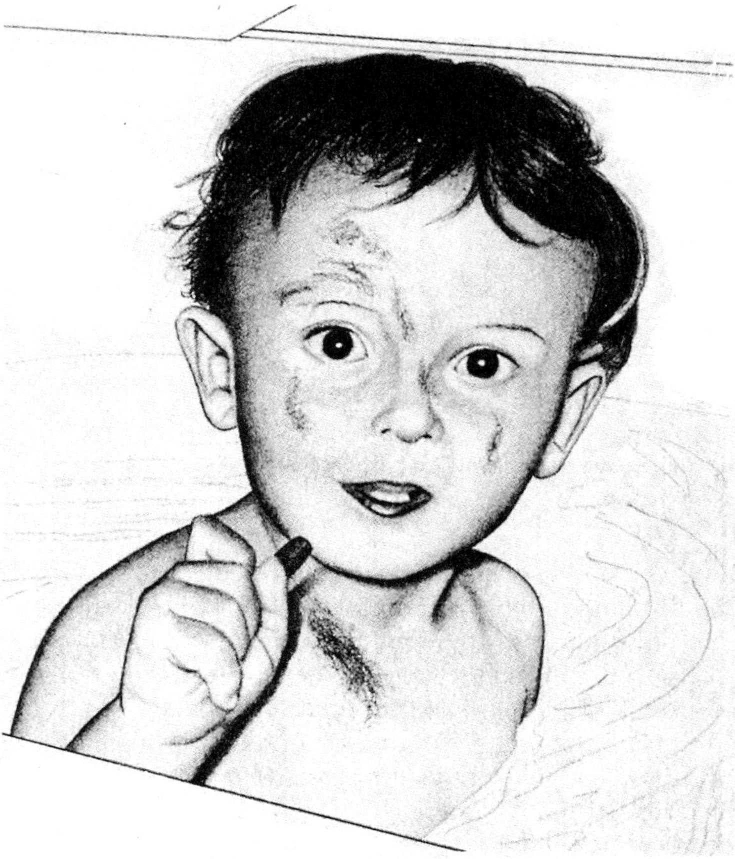

Los crayones hechos de jabón estimulan la decoración corporal y son fáciles de enjuagar.

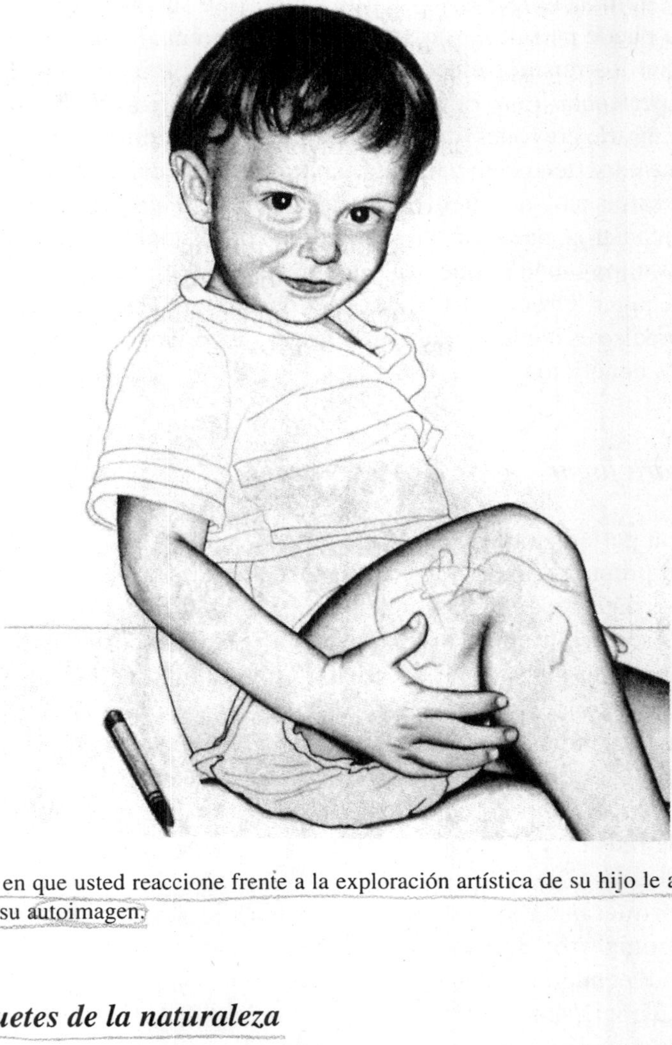

La manera en que usted reaccione frente a la exploración artística de su hijo le ayudará a configurar su autoimagen.

Los juguetes de la naturaleza

Como siempre, los niños son los que mejor saben. Los juguetes más valiosos se basan en materiales que se encuentran en el ambiente. Es útil saber cómo aprenden los niños de estos juguetes y estaría bien si usted pudiera comprarlos, aunque si no puede hacerlo no es problema. Si no tiene cubos, puede darle para que apile cajas o latas viejas que le servirán para aprender los mismos conceptos. Mucho antes de que se inventaran los cubos, los niños ya apilaban piedras y con ello satisfacían sus instintos de creación. ¿Que no puede permitirse comprar barro? La arena, la tierra y la masa del pan tienen los mismos efectos, y hasta el más pobre de los chicos podrá tener experiencias muy ricas haciendo pasteles de lodo. Si no tiene dinero para comprarle crayones, un palo en la tierra o un dedo en el polvo le darán suficiente experiencia en garabatos como para que adquiera las bases sólidas necesarias para después leer y escribir. Los buenos juguetes pueden ser buenos maestros, pero aun sin juguetes los niños jugarán en la misma forma, pues ellos saben lo que necesitan hacer y qué tipo de juguetes requieren para jugar. Observarlos jugar y satisfacer sus necesidades en el momento preciso es la mejor manera de hacer que su juego les proporcione los máximos beneficios.

Citas para jugar

Organizar periódicamente citas para jugar con uno o dos amigos de su misma edad prepara a los niños para la escuela. Para supervisar las citas de juego, los padres pueden aprender mucho de la forma en que las escuelas para preescolares tratan a los pequeños. Se planean tres o cuatro actividades interesantes antes de que lleguen los niños, alternando unas tranquilas y otras de ejercicio físico. Se preparan duplicados de todos los juguetes para evitar pleitos, y nunca se deja solos a los chicos; siempre debe estar presente un adulto, pero no deberá interferir con la libertad de los pequeños. Lleve a su hijo con cierta frecuencia a un gimnasio para niños y a clases de música y de arte que estén bajo la supervisión de un instructor preparado.

Las primeras experiencias de citas para jugar no deben ser lecciones de compartir. Su niño no nació con el instinto de prestar sus juguetes; depende de usted que aprenda dicha idea. Pero antes de poder hacerlo, deberá sentirse muy seguro sobre la propiedad de sus cosas. Usted tendrá que poner el ejemplo, y él se dará cuenta, por ejemplo, si usted regala un pedazo de su manzana o presta la segadora de pasto al vecino. ¡No espere que su hijo sea un mejor individuo de lo que usted es! El niño que venga de visita deberá traer uno o dos de sus propios juguetes en el entendido de que son para prestárselos al que lo invitó a su casa. Los juguetes favoritos que le cueste mucho trabajo prestar deben guardarse aparte, junto con el abrigo, desde el momento de llegar. Y el niño que recibe la visita debe saber desde antes que si hay algún juguete especial que no quiera prestar deberá guardarlo en un sitio aparte. ¿Cómo se sentiría usted si un adulto que lo visitara hiciera un desorden en su habitación y abriera todos los cajones y armarios para sacar y usar sus objetos preferidos?

La cita para jugar debe hacerse en presencia de dos cuidadores adultos. Deberá haber una caja de cartón, un bote de ropa o una mesa baja con varios pares de juguetes idénticos. De esta forma la cuestión de prestar no será problema, y los niños podrán relajarse y disfrutar de la mutua compañía. Estos pares de juguetes darán al pequeño una importante lección de amistad. Poco después de que los dos se conozcan bien, y sin el riesgo de perder sus objetos más preciados, estarán listos para empezar a compartir. Para la edad a la que ahora nos referimos, debe usted obtener:

- Dos xilófonos.
- Dos automóviles pequeños (del mismo modelo y color).
- Dos muñecas idénticas.
- Dos crayones y dos hojas grandes de papel.
- Un recipiente con masa para jugar.
- Dos animales de peluche idénticos.

Las dos cuidadoras deberán permanecer con los chicos durante todo el tiempo que dure la cita, que puede ser de unos noventa minutos (con sus recreos para ir a mimarse con la mamá o para comer alguna cosilla). Puesto que los niños querrán estar en el mismo cuarto que sus cuidadoras, quizá lo que más convenga sea cerrar la puerta de la habitación del niño anfitrión y situarse en la sala junto con la caja de los juguetes para compartir. Una manera bonita de dar por terminada la cita de juego es que la madre del niño de la casa siente sobre su regazo a los dos pequeños y vea con ellos un libro de dibujos. Muchas veces sucede que el visitante no se quiere ir. Si se le da algo de comer que pueda llevar a su casa, se suavizará la hora de la salida y se le hará más placentero el viaje hasta su hogar. Recuerde cuáles fueron los juguetes que usaron los chicos y qué actividades se les organizaron a fin de poder ser consistente y ofrecerles lo mismo en la siguiente reunión, para que el visitante se pueda sentir "como en su casa". La repetición y la rutina ayudan a crear un sentimiento de seguridad.

Después de que los niños hayan podido conocerse y hayan tenido varias citas de juegos en las que no comparten sus cosas, entonces ya puede darles más juguetes. El visitante deberá seguir trayendo uno o dos de los suyos a sabiendas de que son para que el niño de la casa juegue con ellos y después se los devuelva. Los dos deben saber desde antes que los juguetes que no quieran prestar deberán ser guardados aparte. Tenga siempre a mano un reloj con alarma para que cuando ambos quieran el mismo juguete y estén a punto de pelear, usted pueda intervenir y decirles: "Luisito puede jugar con ese carrito ahora y cuando suene el timbre deberá dárselo a Juanita." Ponga dos minutos en el reloj y cuando suene el timbre asegúrese de que el juguete se le entregue a quien le corresponde. De ser necesario repita la operación para que el juguete vuelva a manos del primer niño, y para entonces seguramente alguno de ellos ya habrá perdido el interés y estará ocupado en otra cosa.

Para la mayoría de los niños, la idea de "esperar tu turno" siempre significa un sacrificio. La primera vez que enseñé a mi hijo esta idea estábamos en una alberca en la que él se echaba clavados una y otra vez. Una amiga y yo "nos turnábamos" para recibirlo y mientras salía y subía las escaleras le explicábamos: "Ahora le toca a mamá", "ahora le toca a Paty". Como de cualquier forma él la pasaba muy bien, todo funcionó. Se puede tratar de inculcar la idea con un juego de besos en el que la mamá le da uno al pequeño y después el papá y otra vez la mamá, y así él capta la idea y entiende lo que significa compartir o esperar su turno asociándolo con momentos placenteros.

Algunas actividades para la cita de juegos que los niños disfrutaban cuando venían a mi casa y que deben alternarse siempre con el juego libre son:

- Pintar en un caballete de dos lados.
- Hacer collages de estrellas o círculos engomados.
- Ayudar a preparar la mezcla —con las medidas de los ingredientes previamente preparadas en unos recipientes— para hornear galletas.
- Pegar estampas con las letras del alfabeto.
- Jugar con masa o plastilina.
- Pegar cajas vacías para construir una escultura.
- Jugar en el arenero.
- Bañarse juntos y echar en la tina jabón de burbujas, varios recipientes y pintura de dedos hecha de jabón (usted debe estar presente todo el tiempo).

- Sesión de maquillaje. Para ésta se requiere un lugar que se pueda ensuciar, pintura para la cara o crayones de maquillaje, crema limpiadora y un espejo grande de dos caras.
- Juego con cubos.

A la mitad de la cita de juegos ofrezca a los niños algo de comer, porque comer juntos en la mesa (no en donde están jugando) vale por otra actividad.

Cuando las cosas se pongan demasiado alegres o fuera de control, en lugar de regañarlos trate de sentarlos sobre sus piernas y leerles un libro o enseñarles uno de dibujos. Esto es mejor que enojarse.

Durante varias semanas, las dos cuidadoras deberán permanecer con ellos todo el tiempo que dure la cita. La razón es que algunos niños se sienten angustiados cuando sus citas de juego se convierten en momentos que sirven a sus madres para irse y separarse de ellos. Ya después de que ellos se conozcan entre sí, conozcan el medio en el que están y a la mamá del otro, entonces una de las dos, después de quedarse una media hora, podrá irse por poco tiempo. Cuando el niño esté bien instalado y la esté pasando bien, dígale que "va a la tienda a comprarle algunos dulces" y regrese en diez o quince minutos con algo para comer. Este regreso servirá para establecer la confianza, porque usted cumplió su promesa, volvió rápidamente y trajo algo sabroso. La próxima vez que se vaya, su hijo ya no se sentirá amenazado. Pero si ve que su salida lo pone nervioso, no vaya.

Explíquele con claridad y repítale varias veces el significado de las palabras pedir prestado y prestar. Si su niño está jugando con el juguete de otro y el otro quiere mientras tanto jugar con algo que le pertenece al suyo, hágale saber con claridad que él debe permitirlo. En una ocasión en que estábamos en la playa, un pequeño pasó más de media hora jugando con la lancha de mi hijo mientras Jason jugaba en el agua. Después Jason le pidió que le prestara su cubeta y su pala, a lo que aquél se negó. La madre se alzó de hombros y dijo: "¡Para un niño de dos años es tan difícil prestar!" Yo lo hubiera manejado de otra manera y le hubiera dicho: "Como tú jugaste con su lancha, ahora debes prestarle tu pala y tu cubeta." Así prestar no sería un sacrificio sino un intercambio. Los adultos utilizan el dinero para intercambiarlo por bienes y servicios, y los niños aprenden esta idea por el hecho mismo de prestar, antes de entender la verdadera caridad. Si usted es consistente y honesta con estas reglas, su hijo llegará a aceptarlas.

Un niño que pega o que hace otros actos antisociales debe ser sacado de la habitación para recordarle con suavidad que "nunca debes golpear (morder, arrebatar los juguetes, etc.) a la gente". Cuando establezca las reglas de comportamiento para su hijo, deberá ser muy firme en lo que se refiere a cómo se debe tratar a otros seres humanos, y muy flexible respecto a lo que se puede explorar. Derramar algo o desarmar algún objeto se puede tomar con buen humor, pero golpear, morder o arrebatar los juguetes a otro niño deben ser rigurosamente prohibidos. Los niños que vengan de visita deben saber que usted también defenderá su derecho a tener un juguete o los cuidará para que no los lastimen, tanto como protege y cuida a su propio hijo.

Si la madre del niño visitante no está de acuerdo en sujetarse a las mismas reglas, no los vuelva a invitar y hágale saber a su hijo que no está de acuerdo con la forma en que ellos manejan ciertas situaciones.

Si usted no golpea a su hijo, él no golpeará a otros niños. Ya perdí la cuenta de cuántas veces vi a algún padre pegarle a su hijo... ¡para explicarle que no le debía pegar a otro niño! Cuando se recurre a los golpes en aras de la disciplina más elemental, ¿qué le queda por hacer cuando de verdad hace algo mal? (Y todos los niños, incluso los más buenos, lo hacen.) ¿Acaso pegarle más fuerte? ¿O durante más tiempo? ¿O con algún objeto? Los ejemplos de crueldad extrema enseñan al niño a ser cruel también y no le ayudan a entender lo que es una conducta inaceptable.

Jason tuvo citas semanales para jugar con su amigo Jeffrey desde que tenían ocho meses de edad. Por mi parte me hice buena amiga de la mamá de este pequeño, Anna, así que las reuniones eran algo que disfrutábamos todos. Cuando Jeffrey cumplió catorce meses empezó a pegar y empujar a Jason con bastante frecuencia, y cuando esa conducta se convirtió en el patrón a seguir, tanto ella como yo decidimos, de mala gana, suspender las sesiones de juego. Esperamos dos meses y volvimos a intentar organizar una reunión de prueba que duró treinta minutos. Los niños se emocionaron mucho de volverse a ver, pero les dijimos que la sesión terminaría en el momento en que uno de los dos le pegara al otro. Decidimos dejar que estuvieran juntos poco tiempo para que no se cansaran. Durante este tiempo, Jeffrey se había vuelto muy parlanchín, de modo que ya podía expresar con palabras lo que antes tenía que decir a golpes. Con una sola excepción, que manejamos exactamente como lo habíamos prometido, se resolvió el problema y los dos niños se relacionaron desde entonces como iguales.

Ambos fueron siempre amables y dulces, con intereses en común y capaces de jugar juntos muy bien.

Cuando cumplieron tres años, Anna y yo empezamos a rotarnos su cuidado, quedándose una de nosotras con los dos cada semana. Ésa fue la relación más duradera de esta etapa de su vida, porque la madre de Jeffrey le hizo sentir a Jason desde el principio con toda claridad que ella se interesaba por él exactamente igual que por su propio hijo, y lo mismo le sucedió a Jeffrey conmigo, así que me pudo querer y tener confianza. Los dos aprendieron de esa experiencia que golpear no es una conducta social aceptable y que puede resultar contraproducente.

12. Las experiencias artísticas

Los garabatos

La necesidad que tiene un niño de hacer garabatos es muy fuerte y universal. Cuando le llegue el impulso, su pequeño dibujará sobre cualquier cosa que tenga a la mano. Si usted le proporciona los utensilios apropiados para hacerlo, así como hojas grandes de papel y un lugar en donde trabajar, lo ayudará en esta empresa. Pero incluso si usted desapareciera todos estos materiales de su hogar y le prohibiera garabatear, de todos modos su niño encontraría una forma de cumplir con este trabajo. Observe a cualquier

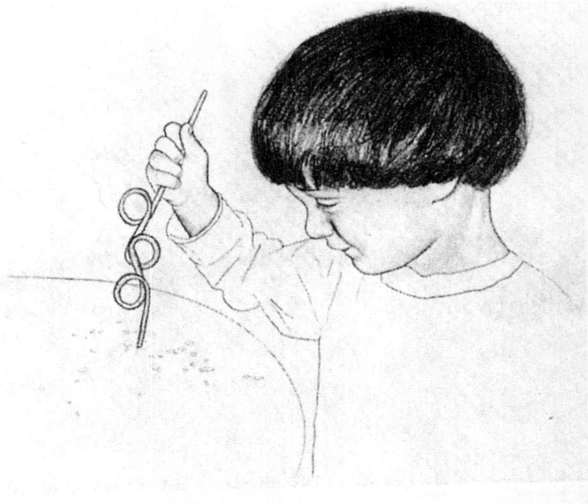

niño: la leche derramada se convierte en pintura y el popote en pincel, las ventanas empañadas o el polvo sobre la mesa le sirven para pintar con el dedo, lo mismo que la arena de la playa o las sobras en el plato. Todo esto estimula su instinto de garabatear. Y lo mismo sucede con las paredes, con el espejo recién lavado, con los papeles importantes o con todo lo que encuentre. Por ello, tener crayones y papel a la mano y a la vista, pero lejos del alcance de los niños, puede evitar los accidentes, pues así él los pedirá y eso le permitirá a usted estar alerta si su prioridad es proteger las paredes. Su interés y estímulo desempeñan una parte fundamental en los progresos que haga el chico en sus autoenseñanzas artísticas, pero aun sin eso, todos los niños terminan por encontrar maneras de dibujar.

Los profesores de arte le dirán que la respuesta de los padres frente al trabajo de un niño puede ser uno de los elementos más importantes en los sentimientos que él o ella tengan respecto a su propio trabajo. Por eso nunca diga cosas como "¿qué es eso?" o "eso parece un coche" (siendo que el

Los niños hacen garabatos aunque no tengan acceso a materiales artísticos.

niño no tenía ninguna intención de dibujar un coche). Los pequeños no tratan de hacer cosas realistas sino hasta los cuatro años, y presionarlos antes puede ser tan inadecuado como proponerle a un bebé de un mes de edad que camine. Mejor dígale: "Vi que hiciste algo redondo (o rojo)", porque si le pregunta "qué es" le está diciendo que el dibujo no es lo suficientemente bueno como para que usted sepa lo que es cuando lo mira. Desde los primeros garabatos se deben reconocer los intentos del niño por usarlos como una forma de comunicación, y por tanto se les debe ver como valiosos. Para un niño el producto final tiene mucho menos interés que el proceso de trabajo, y el contacto con adultos que lo critiquen o desvaloren afecta esta actitud. Incluso los elogios vagos como "muy bonito" terminarán por sonar falsos luego de un tiempo. Porque después de todo ¿qué es lo que hace que un dibujo sea bonito o feo? Lo que más le ayuda a su hijo son los comentarios que describen lo que está haciendo y lo que aparece en el dibujo. Sea usted un espejo para los esfuerzos de su hijo y refleje de manera verbal lo que él está haciendo. El comentario que más ayuda es aquel que le proporciona vocabulario, que describe lo que el niño hace y que también incluye elogios. La retroalimentación positiva por parte de los padres es un ingrediente esencial para que los niños conserven sus afanes artísticos y continúen aprendiendo por medio del arte.

Es inevitable que alguna vez el niño dibuje sobre un lugar que a usted le parezca "inadecuado". Como puede estar totalmente segura de que esto va a suceder, piense de antemano cómo lo manejará, porque la forma en que lo haga es muy importante. Usted debe darse cuenta con claridad de que su respuesta a este instinto será lo que determine la actitud del chico hacia el arte mucho más de lo que podría conformar su actitud respecto a la limpieza y al orden en el hogar.

Una amiga cuyo hijo estaba en mi clase de arte me llamó para decirme que el pequeño había pintado las paredes y que de castigo lo había regañado y le había quitado sus crayones. Lo único que pude decirle es que era ella la malvada y no el niño, porque había olvidado poner los crayones sobre la repisa y lo había dejado jugando solo sin supervisión en su cuarto mientras ella preparaba la cena en la cocina. El pequeño de un año y medio había hecho "lo que le venía de modo natural". Es más probable que el castigo comunique que los padres no respetan el arte de su hijo y no el deseado respeto por la propiedad. Sea honesta con usted misma. Si Picasso, Renoir o Miguel Ángel entraran en su sala y pintaran un mural sobre la pared, ¿se preocuparía usted porque se la arruinaron? Si antes de que el niño naciera usted pintó el cuarto, ¿por qué no pensar en volverlo a hacer cuando cumpla tres años y gozar con las decoraciones que haga hasta entonces? La realidad es que Picasso fue un niño que hizo garabatos y su padre, artista profesional, siempre lo estimuló a dibujar y pintar. Cuando hizo un pájaro, su padre declaró que era mejor que el suyo propio y le encargó el trabajo de pintar todos los pájaros que hubiera en sus cuadros. Es posible que Picasso haya empezado con el mismo potencial artístico que tiene su hijo, pero lo que recibió de su padre fue una enorme confianza en su arte.

Yo nunca regañé a mi hijo en las pocas ocasiones en las que dibujó sobre las paredes, y parece que eso lo ayudó a superar esa etapa mucho más rápido que sus amigos, quienes pronto aprendieron del enojo de sus padres que ésta era una manera ideal de rebelarse. En la habitación de Jason había un atril con papel y materiales de dibujo, de modo que cuando sentía necesidad de dibujar o pintar, la podía satisfacer inmediatamente y de modo constructivo.

> Uno se podría preguntar por qué una madre madura y sensible permite lo que muchos consideran un desorden. Yo debo confesar que no sólo lo permití sino que hasta le sostenía la caja de crayones cuando ese desorden se estaba produciendo. Estimulamos la creación de ese "desorden" y de muchos otros porque estamos criando a nuestros hijos para que sean artistas, padres, astrónomos y toda esa infinita cantidad de papeles en la vida que se enriquecen con el pensamiento y la expresión creativos.[6]

Mi propio hijo, aburrido durante un viaje en automóvil que duró cuatro horas, usó su crayón para dibujar en el techo del mismo. A mí me encantó verlo, pero a mi marido no. Como siempre, había papel a la mano. Su papá le explicó que tendría que lavar el auto, mientras que si hubiera dibujado en el papel podríamos guardar su obra de arte para siempre.

No quiero que parezca que se debería impulsar al niño a dibujar en las paredes, sino simplemente que, como usted debe considerar que esto podría suceder, es mejor estar preparado para manejarlo de alguna manera que no lo aleje del arte. Si compra los crayones nuevos que se pueden borrar y que sirven muy bien para las paredes, estos episodios tendrán un fácil remedio.

[6] Loretta S. Marshall y U. E. Marshall, *CTW Newsletter*, vol. 2, núm. 4, p. 4.

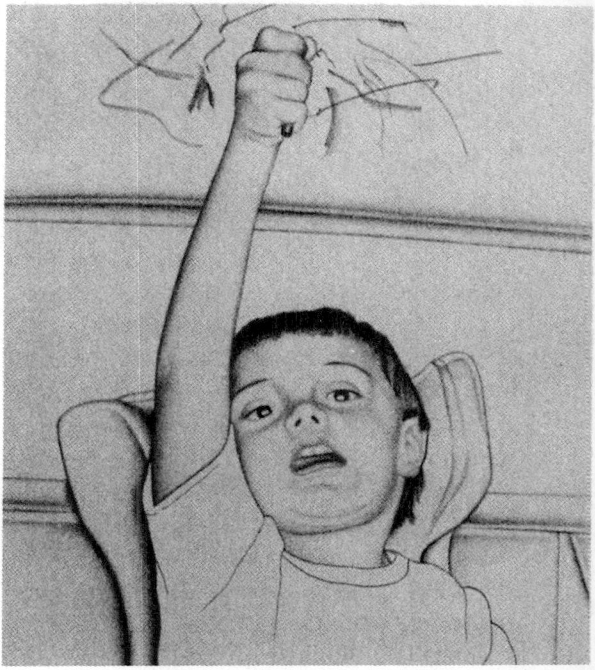

Es inevitable que su hijo dibuje sobre superficies inadecuadas, de manera que planee por adelantado su reacción.

Los padres de niños pequeños deberán disfrutar de vivir con las expresiones artísticas de sus hijos. Si desde muy temprano usted les da materiales artísticos aceptables, el niño asociará el papel y los crayones con el dibujo, y permanecerá lejos de sus paredes mientras disponga de ellos. La mamá de Gregg estaba preocupada por su tendencia a pintar en las paredes, pero es que su hoja de papel era muy pequeña y por eso sentía ganas de pasarse a una superficie más grande. Le recomendé entonces que comprara papel más grande y que dejara de decirle "no" cada vez que él dibujaba sobre superficies inaceptables. Durante algunos días, cada vez que él llevaba el crayón a la pared ella le daba el papel y, aunque por dentro sufría mucho, le decía en su mejor voz: "Qué bien que quieres dibujar. Aquí está tu papel." Pronto el niño aprendió a asociar el papel con los crayones y rompió la asociación de pintar en las paredes con la rebeldía. Esto dio a Gregg y a sus padres una actitud más positiva frente al arte del niño; tanto que, de hecho, cuando sus padres le encargaron a un artista profesional que pintara su retrato, le pidieron que pusiera como fondo uno de sus garabatos. Es decir, tan pronto como los padres cambiaron su actitud, Gregg dejó de buscar cómo llamar su atención pintando en las paredes.

Es importante recordar que no habrá diferencia significativa si usted reacciona como aquí le propongo, que es mostrando satisfacción por lo que su hijo o hija hagan de trabajo artístico donde sea, incluyendo las paredes, o al contrario si lo castiga porque pinta en ellas. En cualquiera de los dos casos, cuando cumpla cuatro años de edad ya no pintará en las paredes. La única diferencia será en la manera en que él se percibe a sí mismo y a su arte. Aquellos niños cuyos padres comprenden la enorme necesidad que tienen de dibujar y estimulan su libertad en aras de la actividad artística tendrán más confianza en su propio trabajo y es más probable que resuelvan por sí solos los problemas.

Los padres inteligentes reconocen la importancia del garabateo y la manipulación de materiales y su significado para el aprendizaje posterior. Por ello proporcionan los materiales y el lugar para trabajar, disminuyendo así la necesidad de los niños de pintar sobre las paredes o los muebles, pero aceptando también el hecho de que sin vigilancia continua es inevitable cierta destrucción.

Otro problema que enfrentan los padres con los niños de esta edad es precisamente lo que ellos consideran como destructividad. Los papeles importantes que se dejaron por un momento encima de la mesa pueden aparecer arrugados o rotos. En realidad, los chicos necesitan arrugar y rom-

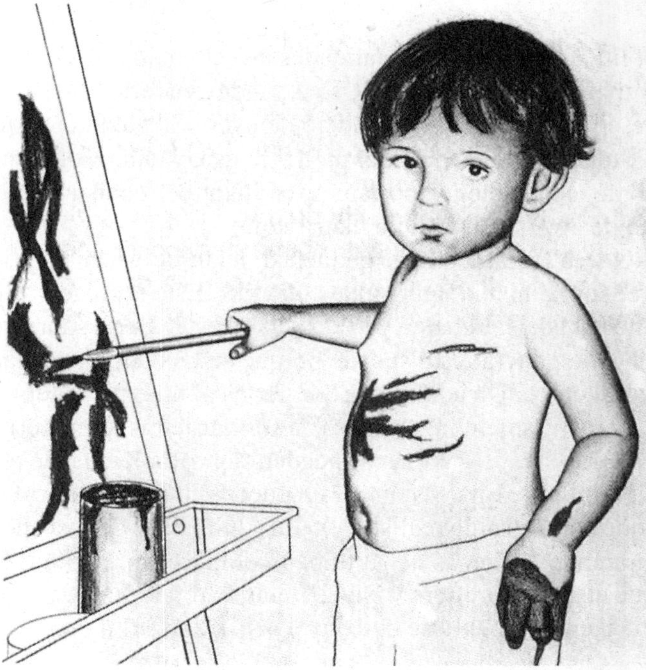

Proporcionarle materiales adecuados y un lugar para trabajar evitarán que su hijo pinte en las paredes.

per papel a fin de aprender las cualidades de este material y para dominar estas dos importantes habilidades. Usted puede ayudarlos si les proporciona papel desechable, como el periódico de ayer o los anuncios que llegan por correo y que se pueden destinar para este uso, y dándoselos suavemente a cambio de los papeles importantes, en lugar de regañar a un niño que está a punto de arrugar su acta de matrimonio.

Algunas veces los niños muy pequeños dejan de hacer garabatos y se dedican a repetir la misma figura una y otra vez. Esto representa el cese del desarrollo normal del garabateo y usted deberá estar alerta sobre un posible problema. Por lo general esto sucede porque se ha dado demasiada dirección al arte del chico. Un adulto que "divierte" al niño haciéndole dibujos, o uno que prematuramente le "enseña" a formar letras, o un hermano mayor que se burla de sus garabatos, pueden contribuir a hacer pedazos la confianza del infante. En ocasiones éste puede dibujar por accidente algunas líneas que parecen algo realista, y si un adulto hace demasiados elogios de ellas ignorando lo demás de su trabajo, el niño capta pronto la idea de qué es lo que el adulto prefiere y puede tratar de repetirlo para conseguir su aprobación. Y en este punto se detiene el desarrollo. El niño debe volver a

ser un niño, porque él o ella aprenderán de manera mucho más efectiva si descubren por sí mismos las formas más simples dentro de dos o tres años que si lo hacen ahora como resultado de la imposición de un adulto. Las líneas y formas que hace el chico en esta etapa son las que después se unirán para formar las letras, y es él o ella quien debe familiarizarse con dichas formas antes de poder entender las letras. Cuando la supervisión temprana en la niñez hace hincapié en los dibujos y las letras a expensas de los garabatos, puede terminar por causar más problemas de lectura que los que alivia.

Desde el año de edad, el pequeño debe recibir la oportunidad de hacer garabatos diariamente. Algunos días no tendrá interés en hacerlo, lo cual

Los juegos de arte, las máquinas y las computadoras nunca pueden proporcionar experiencias artísticas.

no está mal, y otros días parecerá que quiere dibujar todo el tiempo. Una manera de despertar su interés es ofrecerle nuevos utensilios de dibujo. Los crayones (que no estén envueltos en papel) son lo más común, pero también puede darle plumones solubles al agua (los permanentes de verdad no se quitan jamás y además no se pueden chupar), lápices, marcadores, gises y borradores, plumas atómicas y mucho más que se pueden usar en muchas superficies, como papel, paredes, espejos, ventanas, pisos, cuerpos, bolsas, tinas y cajas. Manténgase siempre en busca de nuevos materiales en las tiendas donde venden artículos de papelería y arte. Un plumón que pinte de color plateado puede estimular una intensa actividad artística.

Hoy en día se programa a las computadoras para que hagan garabatos, creen gráficas y mezclen colores. Me parece bien si usted quiere estimular a su hijo para que se convierta en un genio de las computadoras, pero no lo haga a costa de su desarrollo artístico. Una computadora no puede sustituir el proceso de aprendizaje que se produce durante las actividades de dibujo y pintura, ni puede proporcionar la sensación mágica que da mezclar dos colores para crear un tercero. Ninguna máquina le puede dar a su hijo una experiencia más valiosa que la que él o ella puede tener cuando hace el garabateo libre y sin ningún objetivo.

Pintar con pincel

El niño que empieza a mostrar habilidad en el uso de herramientas tales como una cuchara o una pala y que ya ha tenido la experiencia de usar materiales artísticos como crayones y pinturas para dedos, estará listo en esta etapa para empezar a pintar con pinceles. Si hasta ahora usted ha seguido las actividades que aquí le recomiendo, como hacer garabatos y pintar con los dedos y con la comida, encontrará que a los dieciocho meses su hijo estará listo para pintar con un pincel. En nuestro hogar este acontecimiento fue recibido con muchas muestras de felicidad y lo filmamos con grandes aplausos y elogios. Seguro que Jason sabía que le dábamos valor a sus esfuerzos.

No es necesario comprar un caballete, pero si lo hace asegúrese de que la pintura que se va a usar no sea demasiado aguada. Y si lo es, ponga el papel sobre una superficie lisa. Me gustan los caballetes con dos lados que convierten a la pintura en una deliciosa actividad social, mientras que el caballete sencillo, que se cuelga, si bien es cierto que ahorra espacio, obli-

El caballete con dos caras permite la socialización y la comunicación, y desalienta la copia.

ga a "esperar su turno". Y los papeles colgados uno al lado de otro o puestos sobre una mesa invitan subliminalmente a comparar y a copiar. El caballete con dos caras permite la socialización y la comunicación y desalienta la copia.

Si decide invertir en un caballete, consiga el modelo más fuerte y de mejor calidad que pueda pagar. Es importante tener uno en el que se pueda ajustar la altura para cambiarlo conforme crece el niño. Si no puede gastar lo que cuesta, recuerde que las superficies de corcho también funcionan bien, lo mismo que una caja de cartón cortada a la mitad en diagonal y puesta sobre una mesa como si fuera un caballete en forma de pirámide. Asegúrese de fijar bien el papel sobre el caballete o sobre la mesa y adquiera el de tamaño correcto, es decir, suficientemente grande. Nunca les ofrezca papeles pequeños a niños de esta edad y compre el más fino posible; el papel periódico barato se rompe tan fácilmente que sólo lo recomiendo si su presupuesto está tan apretado que la alternativa sería de plano no com-

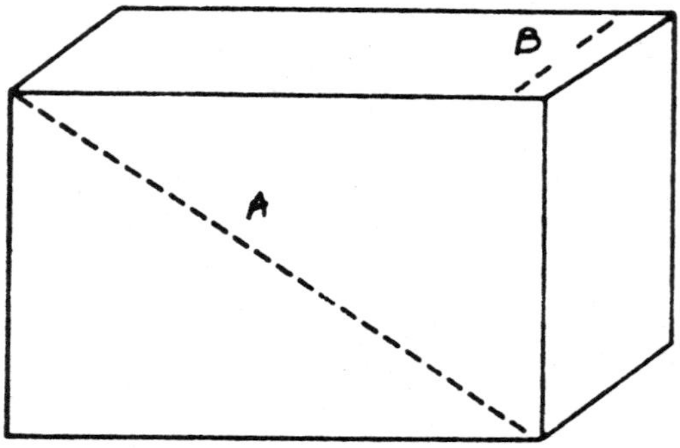

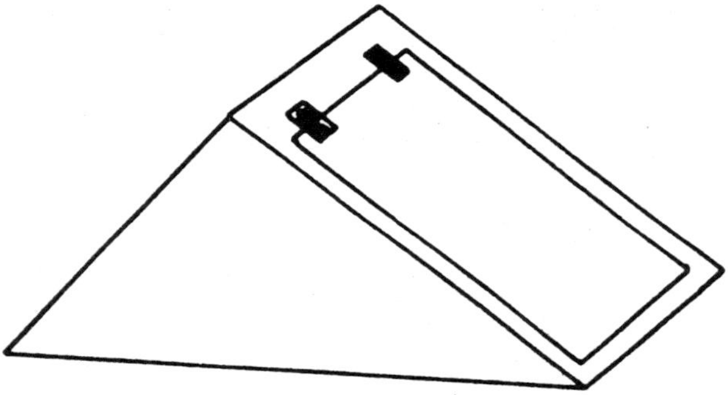

Se pueden hacer dos caballetes cortando diagonalmente una caja de cartón siguiendo la línea punteada A. Después corte dos tiras sobre la línea B para usarlas al fijar el papel con unas pinzas para colgar ropa.[7]

prar ningún papel. Pintar sobre periódico impreso presenta el problema de que confunde el trabajo del niño con la página escrita, y eso causa demasiada confusión como para que valga la pena.

Cuelgue una toalla grande sobre un gancho encima del caballete y tenga cerca una cubeta con agua jabonosa para facilitar el lavado de manos, pues el viaje a través de toda la casa para lavarse las manos llenas de pintura puede crear un verdadero desorden.

Empiece con un pincel de cerdas de 3/4 de pulgada y un cuarto de pintura soluble al agua y no tóxica. Nunca ponga toda la dotación de pintura; para su primera experiencia artística vacíe en un recipiente aparte sólo unos

[7] Del libro *Creative Art for Learning* de Merle B. Karnes, p. 13, cuyos derechos de 1979 corresponden al Council for Exceptional Children. Reproducido aquí con permiso.

Cuelgue una toalla grande sobre el caballete y tenga a mano una cubeta con agua jabonosa para facilitar el lavado de las manos.

mililitros. Esto evitará la frustración de hundir el pincel hasta adentro en un recipiente lleno de pintura y quedarse con toda la mano embarrada y escurriendo. Cuando se necesite podrá usted echar más pintura. El recipiente para la pintura debe ser lo suficientemente ancho para que el pintor principiante pueda meter su pincel, y ajustar bien en el caballete para que no se voltee. Para una superficie lisa como el piso o la mesa, los mejores recipientes son los ceniceros, los platos para poner la comida del perro o los frascos, pues los vasos de papel y las latas de jugo se voltean con facilidad.

Un solo color de pintura es todo lo que el niño necesita. Utilice exactamente el mismo color en varias de las siguientes experiencias en pintura antes de cambiar a otro. Una secuencia lógica para presentar los nuevos colores y materiales se podrá encontrar en mi libro *Young at Art, The First*

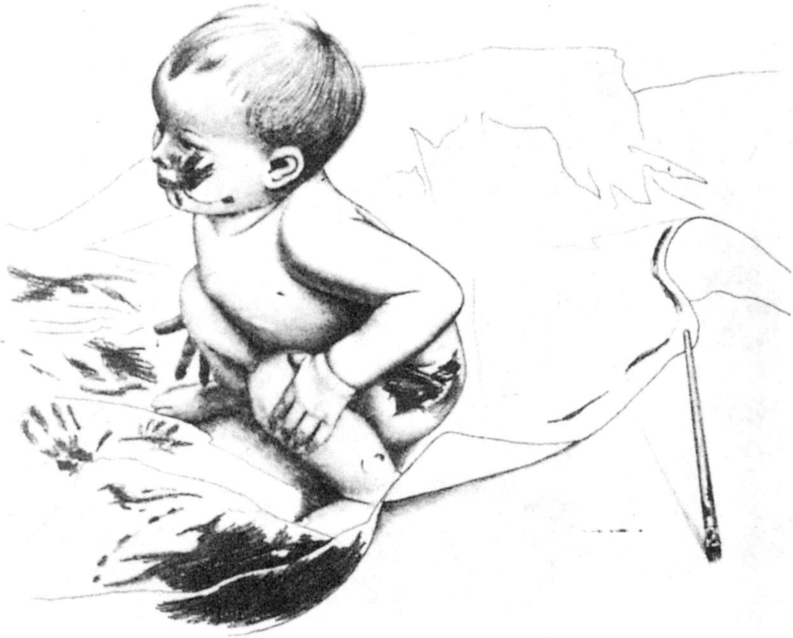

Al artista Jackson Pollock se le da el crédito de haber descubierto el significado de en verdad "meterse" dentro de una pintura, ¡algo que los niños pequeños siempre supieron!

Anti-Coloring Book for Preschoolers. Verá usted que durante bastante tiempo su pequeño estará muy satisfecho con un solo color. A menos que su casa sea un lugar muy frío, recomiendo mucho que el niño pinte desnudo (o sólo con un pañal desechable) y antes de la hora del baño. Al artista Jackson Pollock se le da el crédito de haber descubierto el significado de en verdad "meterse" dentro de una pintura, ¡algo que los niños pequeños siempre supieron!

Seguramente su orgulloso pintor querrá un abrazo en cuanto termine el trabajo, así que usted también deberá vestirse adecuadamente. Ponga siempre una tela encerada o un pedazo de vinil sobre el piso y pegue cinco o seis hojas de papel sobre el caballete. Diga a su hijo que todos ésos son preparativos para un acontecimiento muy importante a fin de producir en él un sentimiento de excitación ¡porque va a *pintar*! Coloque el pincel en el frasco de pintura y haga dos o tres marcas en la orilla del papel con ese pincel. Conforme el niño muestre interés en el pincel, quite del caballete el papel en el que usted pintó, y nunca pinte ni dibuje sobre el trabajo de su hijo, pues ésa es una imposición.

Entonces sí, el niño podrá hacer una pintura con su estímulo. Recuerde que cada pincelada es importante. El pequeño está haciendo una pintura, no el retrato de una casa, perro, automóvil o dragón. Nunca le señale similitudes accidentales con objetos realistas porque interfiere con su desarrollo natural que se da por vía de la experimentación. Cuando termine la pintura quite la hoja para que inmediatamente pueda hacer otra nueva. Yo adquirí la buena costumbre, al enseñar arte, de siempre escribir a lápiz el nombre y la edad del niño en la parte de atrás del papel antes de que empiece a pintar, porque eso sirve como registro para la posteridad. Los niños crecen muy rápido y el trabajo artístico, lo mismo que las fotografías, sirve muy bien para llevar un historial de su crecimiento. La primera pintura de su hijo debe ser vista como un paso importante en su desarrollo, tanto como la primera vez que caminó. La principal diferencia es que usted y no el niño será quien elija el momento y el lugar. El tiempo de pintar se terminará cuando el chico pierda interés. Si usted está bien organizada, la transición de la pintura al juego en el agua dentro de la tina será algo alegre. En caso de que pruebe usted ponerlo a pintar demasiado pronto y él o ella no muestre interés, guarde todo algunas semanas y después vuelva a intentarlo.

Una de las primeras experiencias en pintura necesariamente terminará por convertirse en un ejercicio de pintura del cuerpo. Jamás he conocido a un pequeño que no haya requerido de esto como parte de su temprana introducción a la pintura. Si usted espera que esto suceda y lo planea, podrá ser algo muy divertido, además de una valiosa experiencia de aprendizaje para el pequeño. Y una vez que haya pasado esta etapa sin reprimendas ni lágrimas, entonces él o ella mostrará un gran interés en el arte. Si lleva a cabo a fondo la pintura corporal, no la repetirá. El niño a quien no se le permite hacerlo se pierde una experiencia muy importante. Mi hijo lo hizo a los dieciocho meses, pero la mayoría de los niños no lo hacen a una edad tan temprana sino más bien a los dos, tres, cuatro, cinco años o en cualquier momento en que por primera vez encuentren pintura. Yo siempre planeo clases de pintura corporal al principio de las clases para los pequeños que acuden a Jóvenes en el Arte, y les damos espejos para la ocasión, además de que tomamos fotografías. Ésta es una de las clases favoritas de todos, ¡incluyendo a las madres que empezaron pensando que yo estaba loca! Por supuesto que es imposible imaginar que en la mayoría de las guarderías

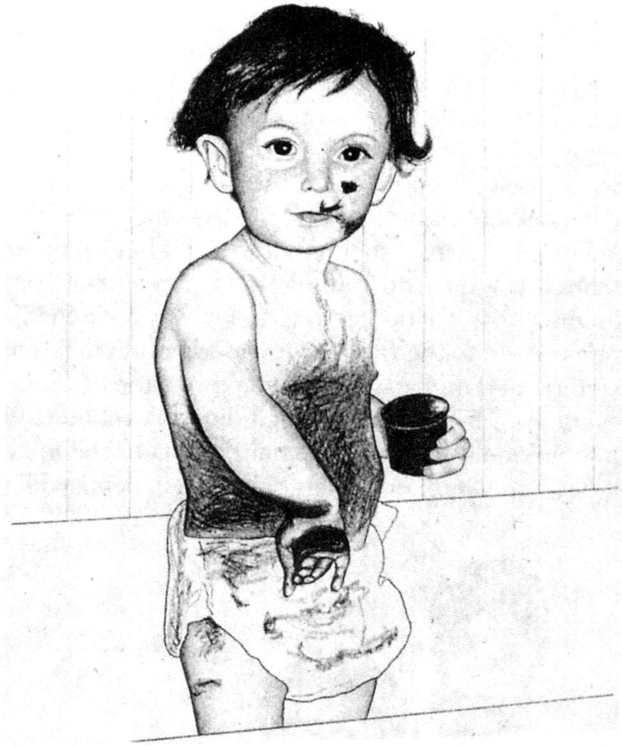

Una de las primeras experiencias en pintura necesariamente terminará por convertirse en un ejercicio de pintura del cuerpo.

donde los maestros tienen alrededor de veinte estudiantes por salón se pueda permitir este tipo de conductas que inmediatamente provocaría un manicomio dentro del grupo. Por eso es importante que usted, como madre o padre, le ofrezca estas experiencias artísticas que le aseguren la libertad que su hijo necesita. Hágalo ahora y para los dos años y medio su hijo habrá pasado completamente esta etapa.

Freud se refirió al fenómeno de jugar con materias sucias llamándole la etapa anal-erótica, y pensó que los pequeños querían jugar con sus propios excrementos. El educador y maestro de arte Viktor Lowenfeld advierte a los maestros —en mi opinión equivocadamente— que no deben ofrecer pinturas de dedos y cosas por el estilo "para que no... vuelvan al goce de

Decorar el cuerpo es una experiencia de aprendizaje muy significativa y no se debe desalentar.

jugar con la porquería". Muchas veces el niño metido en la pintura necesitará dejar el pincel y usar sus manos, pero esto no se debe ver como una regresión. Impedir estas necesidades naturales y observables no puede servir a ningún propósito, pues, cualquiera que sea la razón psicológica profunda, el hecho es que los niños necesitan jugar con "lo sucio" y decorar sus cuerpos como parte de su crecimiento y desarrollo. Una buena experiencia artística podría ayudarlos en esto.

La masa y el barro

Estos dos materiales le proporcionan al chico experiencias artísticas tridimensionales muy importantes. La masa junto con juguetes apropiados que sirvan para cocinar le proporcionan una experiencia manipulativa que además se combina con la fantasía de cocinar. La masa prepara al niño para trabajar con el barro, que es más duro. Éste es un material compuesto de lodo o tierra que desempeña un papel fundamental en el desarrollo del infante.

Mi masita

Yo juego con mi masita;
¡miren lo que hago con ella!
Cuando juego con mi masita,
hago un rico pastel.

Yo juego con mi masita;
le doy formas y formas.
Cuando juego con mi masita
la doblo y acomodo muy bien.

La aprieto y le pego,
la enrollo y la aplasto,
la exprimo y la acaricio,
y la dejo planita, a mi masita.[8]

Me gusta este poema porque le pone palabras a lo que hace el niño sin imponer los esquemas de los adultos. Pues en efecto los pequeños la doblan, la aplastan, la enrollan y la aprietan, tanto a la masa como el barro, y no hacen lanchas ni autos realistas. Porque hacer objetos reconocibles es algo imposible para un chico, como imposible le sería usar moldes de cualquier tipo, por ejemplo, los de cortar galletas. Su empleo produce dependencia de las ideas de los adultos y hace hincapié en una preferencia por los temas realistas. Estoy en contra de utilizarlos en cualquier situación. A los niños les gusta usar pinzas, cuchillos de plástico y otros juguetes de cocina que sean seguros para cambiar las formas de su masa, y usted puede estimular la manipulación del material demostrándole con un pedazo en sus manos y también cada vez que él mismo juegue con la suya. Como más aprenden los niños es por el contacto físico directo con los materiales, y comentarios simples sobre lo que usted ve le proporcionan una retroali-

[8] Fitzhugh Dodson, *op. cit.*, p. 46.

mentación valiosa y agregan nuevas palabras a su vocabulario. Al aprender las palabras que describen las actividades, el chico será más capaz de retener información y de repetir las acciones deseadas.

Los niños que nunca han tenido la oportunidad de trabajar con barro repiten la experiencia todos los días en todas partes del mundo con lodo. Los niños empiezan apretando, jalando y picando el material, y después, al observar los cambios que se producen en él por la manipulación, aprenden a controlarlo. Aplastar y golpear el barro les sirve también para echar fuera la energía y la tensión, lo cual es muy sano y de paso es una lección para manipularlo. Los niños dan nombres y asignan personalidades a sus creaciones antes de hacerlo con sus dibujos. El trabajo en tres dimensiones puede ayudarle a establecer la relación entre el arte que él creó y la realidad. No me sorprendería que una tira de barro a la que rápidamente se le llama "víbora" sea la primera creación que recibe un nombre por parte de la mayoría de los chicos. El juego con la fantasía se desarrolla en torno a los experimentos con barro mucho antes de lo que podemos verlo en otras áreas de juego.

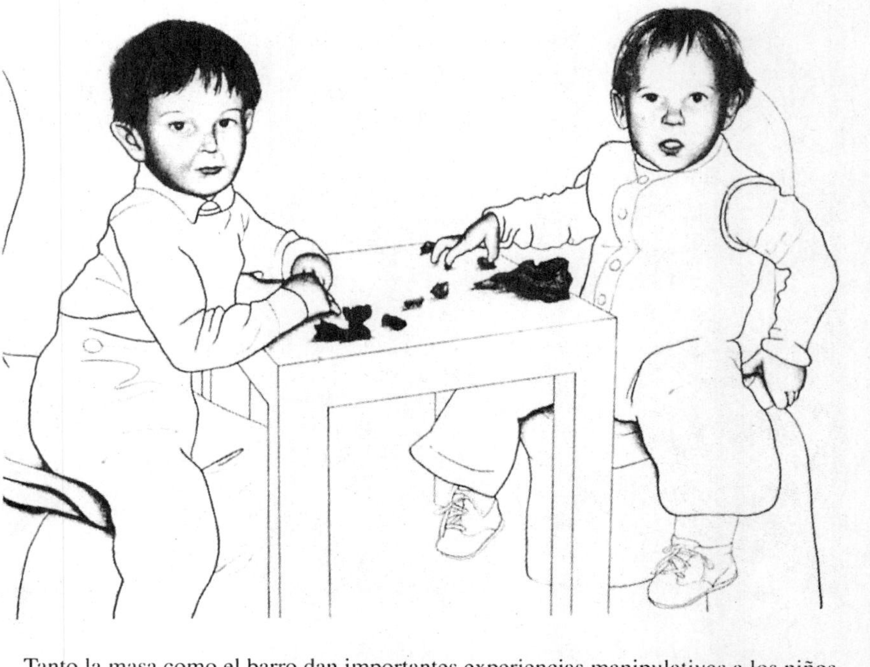

Tanto la masa como el barro dan importantes experiencias manipulativas a los niños.

Recomiendo tener una mesa de trabajo en la zona de juego del niño en la que siempre haya un material susceptible de manipulación como la masa o el barro. No use moldes ni "máquinas" para la masa porque imponen la misma idea adulta sobre el arte que la de los libros de colorear, y no deben tener lugar en el desarrollo de su hijo. En lugar de eso dé estímulo y aprobación a su trabajo experimental.

13. El movimiento

En su primer año de vida, el niño era una criatura indefensa con poco control corporal. En cambio, a esta edad ya puede caminar y empieza a hablar. Durante el tiempo transcurrido, tan corto y milagroso, el chico aprendió lo que su cuerpo es capaz de hacer y lo hizo con la ayuda de sus padres y también por sí solo. Si cada uno de sus esfuerzos encuentra preocupación de su parte, entonces él se volverá temeroso y no se desarrollará su potencial. Si cada vez que intenta hacer algo usted le dice "cuidado", estará minando su confianza en sí mismo. Al meterse en sus actividades con signos de aprehensión, los padres gratifican el miedo. Por el contrario, si se le dice "¡tú puedes!" se le está dando confianza en sí mismo desde el principio. Se necesita equilibrio para no empujar a un niño temeroso y tampoco inhibir a uno muy atrevido, sino dejarlos desarrollarse siguiendo sus propios instintos.

El niño que empieza a caminar siente al mismo tiempo emoción y miedo por su recién descubierta independencia. La adquisición de su nueva habilidad física implica una diferenciación en dos niveles: en el físico, la distinción entre la actividad motora gruesa y la creciente especialización corporal; en el emocional, significa ya no pensar en la madre como parte de uno mismo y reconocer que se existe separado de ella. El niño que apenas camina se aleja de la madre, pero necesita saber que al regresar usted estará allí esperándolo. Algunas veces va a correr, y si usted lo persigue, él sentirá seguridad (¡y de paso hará un buen ejercicio!). En esta etapa el pequeño está motivado por dos necesidades contradictorias: la curiosidad y el deseo de explorar son muy grandes, y al mismo tiempo la necesidad emocional de estar cerca de quien lo cuida es de gran importancia. O sea que por una parte se aleja y por otra se vuelve un pegote.

Usted podrá aprender mucho sobre su hijo si observa cómo reacciona a los retos físicos. Aquel que se detiene poco antes de alcanzar el éxito bien podrá hacer lo mismo en otras áreas de su personalidad. Algunos niños sólo intentan ciertas hazañas si tienen público, mientras que otros sólo lo hacen en privado. ¿Un reto significa para su hijo una oportunidad o una amenaza? ¿Qué es más importante para él: el placer físico o la aprobación de mamá? Este tipo de preguntas pueden ayudarle a conocer mejor a su pequeño y a trabajar con él. Muchas veces usted percibirá la llamada de atención sobre la nueva habilidad que el niño está a punto de dominar precisamente por su irritabilidad. Si usted es capaz de reconocer estas señales, podrá ayudarlo a lograr su objetivo en lugar de confundir las cosas con un contraataque. El aplauso, los abrazos, los juguetes de incentivo y la aprobación son los medios para estimularlo a lograr sus objetivos y son más importantes que hacer hincapié en sus expresiones de frustración. Se pueden usar algunas ayudas. Por ejemplo, un pequeño va a correr, gatear o trepar con tal de alcanzar un juguete que le gusta mucho. Cuando mi hijo tenía ocho meses de edad pasó semanas tratando de gatear y no lograba más que mecerse y llorar. Nosotros quisimos ayudarle y hasta le enseñamos cómo se gatea, pero no sirvió de nada. En una ocasión fuimos a una oficina y cuando lo puse en el piso miré estupefacta que empezó a gatear con perfecta coordinación, dirigiéndose hacia un perro que dormía debajo de un escritorio. Las ganas de alcanzar al animal fueron lo suficientemente grandes como para estimularlo a dominar su nueva habilidad. Cuando trata de ayudar a un niño que quiere subirse a algún lado, puede poner una campana hasta arriba de la escalera para que suba por ella, y cuando lo haya logrado dele algo para sonarla.

Asegúrese de que su niño tenga una amplia y variada gama de experiencias que estimulen su obtención de habilidades y su coordinación. En muchas tiendas y en los patios de muchas casas he visto juegos con dibujos tentadores, colores brillantes y altos precios que sólo permiten cinco o seis formas diferentes de balancearse. Sin embargo, con un buen equipo es posible ofrecer al niño la posibilidad de trepar, balancearse, subirse y columpiarse, de modo que si usted planea comprarlo, de una vez invierta en algo sólido y que le ofrezca una diversidad de actividades.

Algunas veces los niños se caen y hasta se lastiman. Ésta es una experiencia necesaria que les ayuda a aprender sobre su cuerpo y sobre sus propias capacidades. También se pueden ahogar con la comida, pero no por eso les decimos que no coman. Mi hijo era muy activo y muchas veces intentaba hazañas físicas que me sorprendían y asustaban. En una ocasión estábamos en un nuevo parque y vi a Jason listo para aventarse desde una casa en un árbol muy alto. Le grité: "¡No brinques!", pero no me oyó desde donde yo estaba y saltó. Aterrizó en la arena y rápidamente se puso de pie para repetir el acto. Entonces me sentí muy contenta de que no me hubiera oído en esa declaración pública de mi falta de confianza hacia él. La única herida seria que se hizo durante sus primeros tres años de vida fue en su propia habitación cuando iba caminando y se resbaló con un pedazo de madera que un carpintero poco cuidadoso había dejado, y hubo que coserle tres puntadas en la frente. Siempre pareció saber mejor que yo de lo que era capaz. Y es que los niños de algún modo saben lo que pueden hacer con cierta seguridad, por lo cual los mensajes negativos de los padres sobreprotectores lo único que hacen es confundir ese autoconocimiento y producir cortocircuitos en su cerebro, que sabe que "yo puedo", pero que dice "yo no puedo".

Los niños aprenden con el movimiento del cuerpo y cuando los restringimos por un temor excesivo de que se lastimen, restringimos su aprendizaje. Los efectos poco saludables de no usar suficientemente nuestros cuerpos son mucho más peligrosos para nuestra salud general y para nuestro bienestar que las cortadas, raspadas y hasta huesos rotos de una infancia activa. Usted le ayudará más si le señala la diferencia entre lo que es "seguro" y lo que es "peligroso", que si le habla de lo "correcto" y lo "equivocado". La mejor supervisión significa proteger, no controlar. En lugar de gritar "no" y echarse para atrás, acérquese más y ayúdelo a lograr su objetivo. Pero al mismo tiempo empujar a un niño a que haga algo para lo que no está preparado puede ser muy aterrador. La línea entre lo que ayuda y lo que inhibe es muy delgada. Debemos encontrar una forma completamente nueva de hablarle a un chico como sería por ejemplo: "Busca un lugar para apoyar tus manos". "Detente con las dos manos y así no te vas a caer". "Subiste tú solo. ¡Muy bien!, ¿ahora quieres bajar o que yo te detenga?"

Ir a parques bien diseñados y seguros es otra forma de proteger a su hijo. Los pisos de cemento ya deberían desaparecer desde hace mucho; la arena es el mejor colchón para las caídas. En Nueva York, que tiene fama de ser una ciudad poco amistosa, un grupo de padres se reunieron un lindo día de primavera para limpiar y cernir varias hectáreas de arena de un parque local. ¡Todos estuvieron de acuerdo en que los adultos se divirtieron más ese día que los niños! Ese parque había sido donado a la ciudad por una pareja rica que quería que su pequeño tuviera un lugar más bonito y más seguro que los viejos parques de cemento, que sólo tenían columpios, changueros, una resbaladilla y un pequeño arenero. Pero si usted no cuenta con un donante rico, bien puede organizar a varias familias y se dará cuenta de que juntas pueden lograr muchas cosas. Muchas comunidades de los suburbios han puesto manos a la obra para construir parques modernos y seguros para sus hijos. Bajo la dirección de un arquitecto especialista en esto, los padres hacen todo solos.

Permitir que un niño fije sus propios objetivos parece ser lo más difícil para un adulto. En una ocasión vi a un pequeño parado en la entrada de las escaleras que conducen al metro. Estaba fascinado con ellas y curioso de saber a dónde llegaban. Pero su cuidadora impaciente le decía: "Vámonos, se hace tarde para tu clase de gimnasia". No pude evitar sentir que en ese momento el niño se hubiera beneficiado mucho más, tanto física como intelectualmente, si hubiera bajado por esas escaleras hasta ver el tren y luego hubiera subido otra vez, si eso es lo que quería hacer, en lugar de ir a una clase de gimnasia de esas en donde un maestro dirige a los pequeños. Los adultos pueden proveer o evitar las oportunidades para desarrollarse y aprender, de modo que es necesario ser lo suficientemente flexible como para reconocer cuándo se presenta una oportunidad.

De vez en cuando sucederá que un chico suba hasta lo más alto y sienta miedo de bajar. Aquí es más importante hacer hincapié en lo que sí logró (subir) que en el miedo, porque esto le provocaría una sensación de fracaso ahí donde subir hasta arriba es un logro que debería aplaudirse. Simplemente ignore la última parte y elogie la primera. Aprender lo que es capaz de hacer el cuerpo es el aspecto más importante del movimiento en esta etapa, y usted debe estimular el movimiento creativo y autoconsciente en lugar del mecánico.

La repetición de una secuencia ayuda a que el niño aprenda. Es necesario tener paciencia y dejarle tiempo no sólo para que complete el proceso, sino también para que se "recupere" y lo integre. Mirar a un chico subir y bajar una y otra vez las escaleras, o llevar las sillas de un lado a otro del cuarto en un movimiento, sin fin es lo mismo que leerle antes de dormir su cuento favorito una y otra y otra vez.

Ayude al pequeño a conocer las posibilidades diversas de los objetos o del equipo de juego. Por ejemplo, a esta edad les fascinan los túneles y pueden gatear a través de ellos, perseguir la pelota (y a la mamá) o esconderse. Usted puede construir un túnel reacomodando sus muebles, con cartones viejos o con unos comprados para ese fin. Otro ejemplo son los tambores, que sirven, además de ser aporreados, para caminar alrededor de ellos, sentarse o pararse encima y brincar desde lo alto. Se les puede tocar rápido o despacio, suave o fuerte, con la nariz, con una mano o las dos manos, con los pies o las nalgas. También pueden marcar el ritmo para una actividad. Se les puede rascar con las uñas o acariciar con el pelo. Las pelotas de hule más sencillas siguen siendo tan populares hoy como siempre porque se pueden usar en una cantidad infinita de formas. Expanda las capacidades de pensamiento creativo de su hijo al mismo tiempo que estira sus músculos y estimúlelo a pensar cosas nuevas para hacer con las

pelotas. Se pueden atrapar, lanzar de una persona a otra, sentarse sobre ellas, rodarlas y rodar encima de ellas, gatear persiguiéndolas, apretarlas, jugar a esconderlas y a encontrarlas. El niño que no atrapa la bola no debe oír palabras como "¡muy mal!", sino "¡estuvo sensacional! Corriste rapidísimo para alcanzarla". Es más importante que aprenda lo que sí puede hacer que lo que no puede hacer.

14. La música

Hay una gran diferencia entre aprender una canción y componerla, y por supuesto que usted tratará de estimular las dos actividades. Es difícil hacer música si antes no se ha escuchado, pero si a los niños sólo les enseñamos canciones compuestas por otros, ¿quién escribirá las nuevas canciones? Cantar juntos es una actividad muy valiosa, pero componer canciones es una empresa verdaderamente creativa. Así como todos los pequeños hacen sus propios dibujos y pinturas, también pueden improvisar sus propias canciones, ritmos y bailes. Los chicos cantan, tararean, repiten sonidos y se mueven con ritmo, todo ello de manera natural. Es importante reconocer estas capacidades y tratar de fortalecerlas. Si la música se presenta siempre como canciones ya hechas que se deben aprender y cantar de una sola forma correcta, entonces se inhibe la actividad musical creativa. Enseñarle canciones a un niño no es lo mismo que enseñarle cómo hacer música.

Una forma de estimular esta actividad es practicándola usted misma. Cuando yo cantaba la canción del cerdito con mi hijo, casi nunca usaba dos veces las mismas palabras, sino que hacía variaciones que incluían a la familia, los amigos, los nuevos alimentos y todas las cosas que mi pequeño disfrutaba:

> Un pequeño cerdito fue al restorán
> y otro pequeño cerdito se quedó en casa
> aquél comió tacos y nachos
> y éste no comió nada
> por eso el otro cantaba ¡olé! todo el camino a su casa.

En la siguiente ocasión la canción cambiaba:

Un pequeño cerdito fue a ver a su tía Luisa
y otro pequeño cerdito se quedó en casa.
Aquél comió jitomates y pollo
y éste otra vez no comió nada
¡por eso se quejó mucho todo el camino a su casa!

Por supuesto que cada vez se seguían las rimas y se repetía el juego con los mismos dedos como si no hubieran cambiado las palabras, pero al poner a prueba mi imaginación le hacía comprender al niño qué es la improvisación y le ayudaba a entender que hay muchas soluciones "correctas" para los problemas. Y en cuanto su vocabulario se lo permitió, yo titubeaba en alguna línea pretendiendo que no se me ocurría nada y daba la oportunidad para que él inventara la frase. Sus esfuerzos eran muy elogiados y jamás le hice correcciones. Usted y su hijo pueden componer canciones acerca de todo lo que hacen: trabajo, viajes, alimentos, etcétera.

El acto de creación, ya sea en el arte o en la música, siempre conlleva un elemento de riesgo. Usted puede infundir un sentimiento de seguridad en el niño si le organiza actividades que no lo amenacen y que le aseguren el éxito. Cantar canciones que él puede terminar agregando una línea es una forma de hacerlo, y una vez que se fije el modelo del éxito y que el pequeño haya ganado confianza, se sentirá libre para crear música. "La canción del camioncito", acompañada de movimientos con las manos, lo estimula a agregar palabras nuevas y a escuchar los sonidos y ritmos. Además de los versos de "las ruedas del camión ruedan y ruedan", se puede incluir algo sobre los pasajeros que brincan con los baches, el chofer que les pide que pasen para atrás, los bebés que lloran y otras cosas por el estilo.

Es un error que las experiencias musicales de los niños se den siempre por situaciones de grupo como cursos o salones de clase, pues en ellas se tiende a inhibir la creación individual y más bien, lo que se hace, es repetir las viejas canciones siguiendo al guía del grupo. Los chicos aprenden en esas experiencias, pero su educación musical no debe limitarse a ellas. Algunos niños parecen no participar en los grupos; sin embargo, aprenden de todos modos y lo intentarán después por su cuenta o con mamá y papá. Éstos son precisamente los que necesitan padres que los acepten y estimulen y que les ofrezcan un ambiente favorable para la exploración musical, así como los instrumentos necesarios (matracas, campanas y otros adecuados para la edad). No reserve sus elogios entusiastas para las creaciones musicales que le gusten más y alabe la valentía misma de intentar algo nuevo.

El ritmo es el primer aspecto de la música que su hijo entenderá, y existen muchas maneras de ayudarlo a aumentar su sensibilidad para los sonidos y el ritmo. Una manera deliciosa de hacerlo es cantar y bailar con su bebé. Pero además del ritmo que se puede crear con el movimiento corporal y con la música, podemos escuchar los sonidos rítmicos de la naturaleza. El caer de la lluvia o la nieve, el soplo del viento, el romper de las olas, el ladrido de los perros o el zumbido de las abejas son diferentes sonidos que llevan en sí mismos ritmos naturales que podemos ayudar a escuchar a nuestros pequeños. Y también, además de la música, los seres humanos han creado muchos sonidos: las sirenas, las máquinas de escribir, los timbres, teléfonos, motores, y muchos más que los niños escuchan aunque los adultos ya no les pongan atención. El ritmo está en todas partes.

Salga con su hijo, por ejemplo a un parque, y escuche los ritmos a su alrededor. Los podrá oír en la canción de un pájaro, en su aleteo, en las pelotas que botan, en los teléfonos que suenan, en el viento que pasa por los árboles o los cláxones que tocan. El acto mismo de caminar en el parque sigue un ritmo básico: izquierda, derecha, izquierda, derecha... caminar, caminar, caminar. Cante con su hijo siguiendo los pasos: "izquierda, derecha, izquierda, derecha", y verá cómo él mismo querrá caminar más rápido. Siga su ritmo y en lugar de cantar: "caminar, caminar, caminar", empiece a decir: "correr, correr, correr". Vea si el niño puede descubrir otra forma de caminar, y pregúntele, por ejemplo, "además de ir más rápido, ¿de qué otra forma podemos caminar?" Por supuesto que podemos ir despacio. Entonces diga: "des-pa-cio, des-pa-cio, izquierda, de-re-cha, izquier-da, de-re-cha", y más despacio aún: " más des-pa-ci-to, mu-y despaci-ti-to, des-paci-ti-to, de-re-cha, iz-quier-da, de-re-cha, izquier-da".

No es necesario salir de su casa para escuchar los sonidos. Por supuesto, podemos oír música en el radio y el estereo, pero también la lluvia golpeando sobre el techo, la aspiradora, las puertas y cajones que se abren y cierran, y una infinidad de otras cosas. Hasta el crayón sobre el papel produce sonidos. Mis clases más ruidosas siempre ocurrían cuando a un niño se le ocurría golpear el papel con su crayón para hacer puntos y poco después todo el grupo lo seguía en esta rítmica sinfonía. Muchos maestros los detienen cuando hacen este tipo de actividades, pero yo creo que es un valioso ejercicio de ritmo. Si escuchamos el sonido que hacen los pinceles

Suenan las maquinitas en la casa[1]

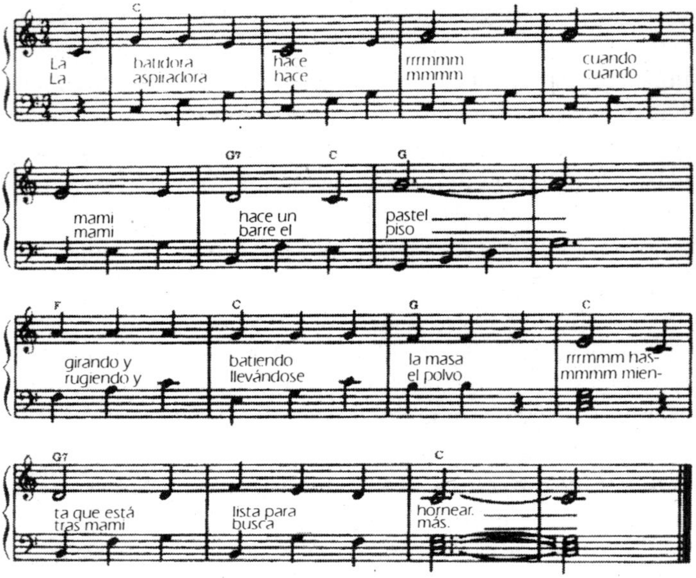

sobre el papel, la pintura que resulte puede ser muy diferente. Trate de pintar siguiendo la música.

Hasta el movimiento de un pincel puede ser rítmico. Vea qué clase de pintura puede crear su hijo siguiendo el ritmo de "caminar", el de "correr" o el de "ir despacio".

Ayudar a los niños a escuchar, a distinguir diferentes sonidos y también a imitar algunos son formas de aumentar su sensibilidad a éstos. Los ritmos que hacen las máquinas en nuestro ambiente tienen siempre sonidos y cadencias particulares. La canción que líneas antes mostramos podría ayudar a aumentar la atención del niño hacia ellos.

Los niños pueden crear los ritmos básicos —rápido o despacio, parejo o disparejo— con otras partes de sus cuerpos aparte de los pies. Pueden usar sus manos, dedos, todo el cuerpo y hasta la boca. La música se debe experimentar con tantos sentidos como sea posible. Algunas canciones se prestan para cierto tipo de movimientos —balancearse, aplaudir, golpear con las rodillas, patear, mover todo el cuerpo— y los chicos pueden decidir cuál de estos movimientos es el apropiado si escuchan y sienten la canción.

[1] Canciones de *A Pre-School Music Book*, de Angela Diller y Kate Sterns Page (1936).

LINDA:

HOY TUVE LA FORTUNA DE COMPARTIR
ALGO MUY MIO, MIS TARDES DOMINICALES...
ASÍ QUE LA INTENCIÓN DE ESTE PAPEL
CUANDO LO LEAS ES QUE PIENSES EN
MI Y MUY SEGURAMENTE YO HARE LO
MISMO POR TÍ

UN BESO.

NO MEJOR DOS

TAL VES MUCHOS, EN OTROS DOMINGOS.
LASTIMA QUE LA SEMANA SOLO TENGA UN DOMINGO
PERO SI QUEREMOS LE PODEMOS AGREGAR
UN SABADO MÁS PARA TENER LA ILUSION
DE UN DESPERTAR EN DOMINGO.

FELIZ SEMANA

Clap, Clap

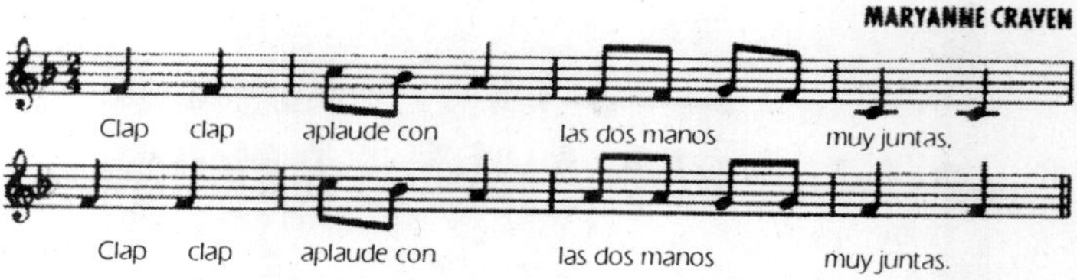

He aquí una canción que quizá le gustaría cantar con su hijo. Déjelo actuar con las palabras mientras los dos cantan juntos. Y déjelo que las cambie, por ejemplo a "tum, tum, patea con los dos pies muy juntos" o "mueve la cabeza", "pégale a tu pierna" o cualquier cosa que él o ella quiera, incluso algo así como "pinta, pinta, pinta hoy un dibujito".

Los bebés entienden de manera instintiva lo que es mecerse y responden a ello. Mecerlos tiene un efecto calmante igual que lo tiene una música adecuada para hacerlo, como la que ahora apuntamos.

Esta música, lo mismo que el movimiento que representa, se puede explicar de mejor manera si se le compara con movimientos más rápidos como correr. Los niños en la edad a que nos referimos tienden a mecerse siguiendo un mismo ritmo bien organizado, a diferencia del ritmo errático

Mecerse

Pisando suavecito

AMARYLLIS GHYS

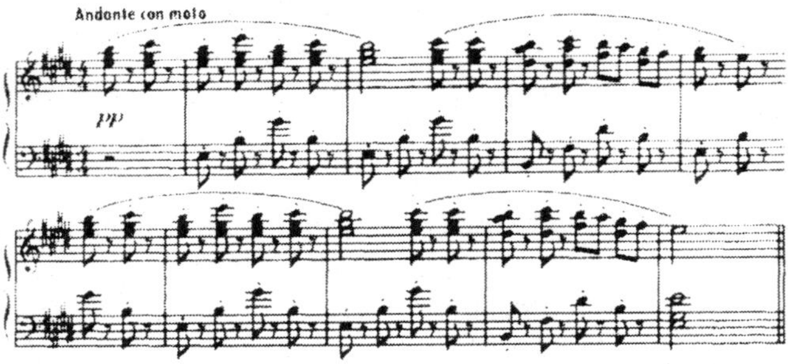

Correr

MELODÍA POPULAR FLAMENCA

que utilizan cuando corren. Igual que tuvo que aprender a caminar antes de correr, tiene que entender el movimiento más simple y lento del balanceo antes de poder bailar.

Los niños utilizan todo su cuerpo cuando se mueven y cuando corren con música su tendencia es mover rápidamente todas las partes del mismo.

No se sorprenda si parece que el movimiento no tiene control, puesto que los niños querrán mover sus manos, cabeza y caderas junto con los pies.

Puesto que el ritmo estimula la participación de todo el cuerpo, al pisar de puntas los chicos tienden a doblarlo todo para hacerse pequeños como el sonido y sentir la música. Y es que la entienden de manera instintiva, y si usted se los hace notar reforzará su aprendizaje.

Amplíe las experiencias musicales de su hijo con juegos rítmicos. Aplauda siguiendo la música, para sustituir una palabra, o haciendo ritmos simples. Juegue el "juego del eco" ya sea aplaudiendo o con la voz para responder a lo que él le diga o, al contrario, para que él le responda. Inicie algún juego que tenga una polifonía rítmica, empezando con un tono alto y, cuando el niño espere un final igual, dele la sorpresa de usar un tono bajo. También puede usted usar las palabras de muchas maneras que estimulen el escuchar con atención.

Utilice tonos distintos en registros variados, como tararear, hablar en voz muy baja o muy aguda, o gruñir. Invente juegos que le hagan distinguir entre fuerte y suave, rápido y lento, alto y bajo. Muchos instrumentos musicales no lo son en realidad. Una cuchara de madera que golpea sobre la tapa de plástico de la lata de café, dos tapaderas de olla que se hacen chocar, un palo que se corre sobre una reja y el gong de una pala de madera sobre una charola de pizza son sonidos que los niños van descubriendo por sí mismos y que con el estímulo de los padres querrán repetir. Pida a su hijo que cierre los ojos y trate de adivinar cómo está haciendo usted diferentes sonidos, por ejemplo:

- Golpeando dos vasos
- Pasando sus dedos sobre los dientes de un peine
- Pegándole a una olla
- Sacudiendo las llaves

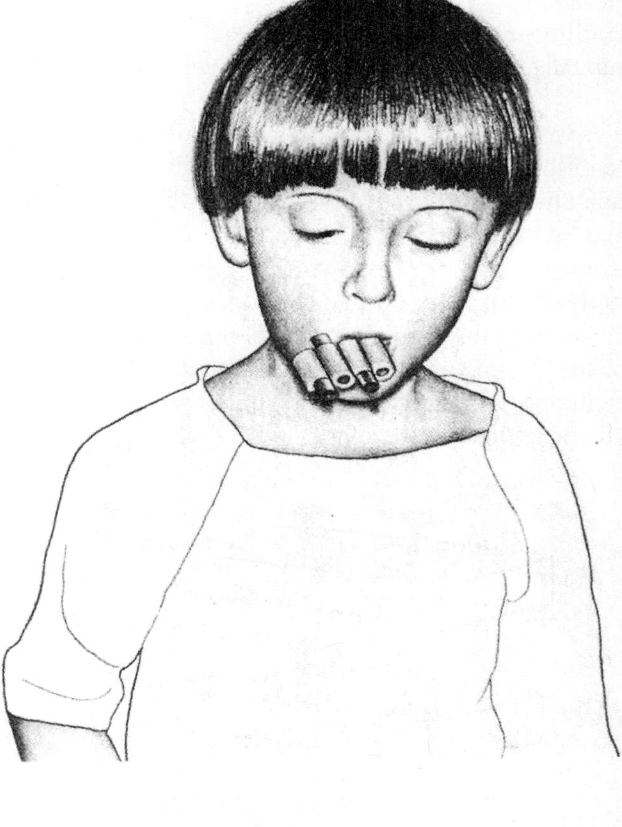

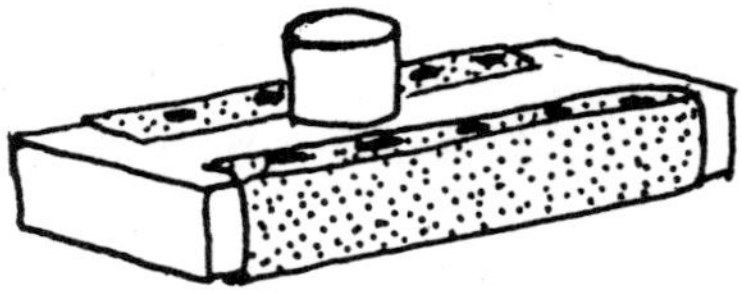

El siguiente paso en este juego es que usted cierre sus ojos y deje que a él se le ocurran mejores ideas para hacer sonidos.

Usted podrá hacer muchos instrumentos musicales muy sencillos sin costo alguno o a uno muy bajo. Recuerde que ¡entre más pequeño es el niño, más grande debe ser el instrumento! Un carrizo inclinado hará una gran flauta.

1. Usando pegamento o clavos, cubra con papel de lija dos piezas de madera de $5 \times 10 \times 2.5$ centímetros y agréguele una perilla a la parte de atrás de cada una. Después frote las piezas entre sí para producir un maravilloso sonido.

2. Cosa unas campanas a una tira elástica que el niño se pueda colgar en el tobillo o en la muñeca, de modo que suenen con cada movimiento del brazo o de la pierna.

3. Con las cintillas metálicas que se usan para cerrar bolsas de basura, pegue unas campanas a las orillas de una charola de papel para fabricar un pandero.

4. Llene los envases vacíos de película con distintos tipos, tamaños y cantidades de semillas secas y luego cierre muy bien las tapas echándoles pegamento. Cada una de ellas producirá un sonido distinto al agitarlas.

5. Dos clavijas de madera de aproximadamente 25 centímetros de largo pueden servir como palillos rítmicos.

6. Una variación de los anteriores se haría usando un palo suave y uno acanalado. El primero se raspa sobre los canales del otro.

7. Si no le puede dar un verdadero instrumento de cuerdas como serían un violín o una guitarra, sustitúyalo pegando unas tiras largas de hule sobre una caja vacía de pañuelos desechables.

Un niño pequeño que golpea feliz dos tapas de ollas está descubriendo un instrumento musical de su propia invención.

8. A todos los niños de un año les encanta martillear y lo harán sobre cualquier cosa que encuentren. Muchos padres indulgentes comprarán algún tipo de mesa de trabajo y un tambor para que sus hijos puedan practicar esta actividad. Los mejores tambores son los de piel de verdad, pero si no se puede tener uno así, una lata vacía de cereal es mejor sustituto que un tambor de plástico. Un pedazo grueso de barro pegado en la punta de un lápiz servirá bien como baqueta.

9. Haga sus propios platillos aplanando con un martillo tapas planas de metal o monedas. Luego clávelas no muy apretadas a un palo de madera de modo tal que queden una frente a la otra.

10. Fabrique su propio triángulo con un alambre de aluminio de 35 centímetros de largo y un clavo grande. Doble el metal en forma de triángulo a intervalos de 12 centímetros por lado y deje una abertura en uno de los extremos de donde colgará una cuerda. Utilice el clavo como palo para tocar.

Los juguetes musicales y otros objetos que producen sonidos le dan a su niño la preparación para hacer y escuchar sonidos que después le servirán para apreciar la música. La experimentación a esta edad le da los elementos básicos para la creatividad al hacer música. Pero muchas veces dicha experimentación tropieza con la resistencia de los adultos. Los niños muy pequeños juegan con los sonidos pero demasiadas veces les dicen: "¡Calla ese escándalo!". Algo que perjudica a nuestros hijos es una percepción adulta de cómo debe oírse la música. En un artículo de la revista *Life* de julio de 1982, el famoso compositor de música electrónica Vangelis (Evangelos Papathanassiou) afirmaba:

> Mi primer instrumento electrónico fue la radio.
> Yo tocaba radio. De niño me encantaban los sonidos que
> hacía cuando lo cambiaba de una estación a otra
> ya tarde en la noche. Y desde entonces me gusta
> jugar con los sonidos.

Por lo general nos tapamos los oídos cuando un pequeño golpea feliz con las tapas de dos ollas, pero lo que deberíamos hacer es felicitarlo por haber creado su propio instrumento musical. Es más, podríamos cooperar ofreciéndole otras tapas de ollas y recipientes para que pudiera ver cuáles hacen el sonido más fuerte o más alto. Las preguntas hechas en el momento preciso podrían ayudarle mucho, por ejemplo: "¿Qué tan suave (despacio, fuerte, rápido) puedes tocar el tambor?" o "¿Cuál suena más fuerte, el claxon o la sirena del coche de bomberos?" Estas preguntas lo estimulan a escuchar y discriminar los sonidos.

Elogiar es mejor que corregir. En lugar de "me está dando dolor de cabeza", el pequeño debería oír: "Qué listo eres. Descubriste los platillos sin que nadie te los enseñara. Eso merece una llamada a la abuela (o a papá o a Santa Claus)". Si es muy necesario, piense en comprar tapones para los oídos porque lo mismo que en el caso de las primeras experiencias artísticas, el objetivo no es que el resultado sea "bonito", sino más bien "experimentar" y "observar".

Leopold Stokowski recomienda a los padres que estimulen a sus hijos para que improvisen y experimenten con los sonidos del piano antes de recibir clases formales. En su opinión, las actitudes de los adultos hacia el "juego" de los niños con los sonidos ejercen una importante influencia sobre la musicalidad.[2]

[2] Miriam B. Stecher y Alice S. Kandell, *Max, the Music Maker*, Nueva York, Lothrop, Lee Shepard Books, 1980.

Tercera parte

El niño entre los dos y los tres años

15. El tercer año (los terribles dos)

Creo que es un error considerar terrible la edad de dos años. Si son terribles o sensacionales, eso depende de su percepción respecto al desarrollo natural de su hijo. Durante este año, él estará afirmando su independencia y estará también en el punto más alto de su curiosidad. Cuando lo escuche decir "no" o "yo hacerlo", no se desaliente. Cada uno de esos "no" debe ser visto como un paso más en el camino de dicha independencia y usted deberá sentirse feliz de saber que su bebé se está desarrollando normalmente. El pequeño que se planta y grita "¡no!" no es un grosero, sino un individuo que va por el camino correcto para tener una mentalidad propia. Éste es el momento clave para estimular, y no desalentar, la habilidad para pensar por sí mismo. La independencia es una de las preocupaciones fundamentales del niño de dos años; sin embargo, hay una línea muy delgada entre estimularla y forzarla. Usted no puede forzarla, pero puede fomentarla. La necesidad debe venir del propio niño y seguramente surgirá en cualquier momento. Usted debe estar preparada para cuando suceda.

Posiblemente es cierto eso de que la curiosidad mató al gato, pero ella constituye la mejor motivación del niño para aprender y no creo que se puedan encontrar buenas razones para reprimirla. El niño del dibujo que sigue sorprendió a su madre y a la niña con la que jugaba cuando le dijo como si nada: "Caty, ¿podría yo ver tu vagina?" Y antes de que nadie tuviera tiempo para reaccionar, miró lo que quería y en seguida se puso a jugar con cosas más interesantes. No había nada de sexual en su curiosidad a pesar del hecho de que involucraba a los órganos sexuales. Lo que pasa es que los niños quieren verlo y saberlo todo, y si la nariz de Caty hubiera estado siempre tapada eso es lo que él hubiera querido ver. Pero si un adul-

La curiosidad que muestra un niño hacia las cuestiones sexuales no es diferente de la que muestra hacia todas las demás cosas.

to muestra sorpresa o coraje cuando surge esa curiosidad, está haciendo que la enseñanza sea negativa más que positiva. Los niños necesitan aprender los hechos de la vida cuando sienten curiosidad respecto a ellos. Y no todos los hechos de la vida son sexuales. La muerte, el divorcio, la pobreza, la locura, la enfermedad son cuestiones que se deben discutir abiertamente y se les debe enfrentar.

Yo sé de un padre que cuando su hijo le preguntó dónde estaba su propio padre respondió: "Se fue". Así, sus problemas para enfrentar la muerte de su padre pasaban a la siguiente generación. Como padres de familia, debemos guiar y dar un buen ejemplo a nuestros hijos en lo que se refiere a los problemas difíciles, a fin de que éstos no se conviertan a su vez en problemas para los chicos.

También puede usted ayudar a crecer a su hijo si le permite que tome la mayor cantidad posible de decisiones. Una pregunta como "¿preferirías una manzana o un plátano?" simplifica la toma de decisiones y es preferible a esta edad que una pregunta abierta como "¿qué te gustaría comer?". Las preguntas como "¿a dónde quieres ir, al parque o a la juguetería?" "¿Quieres leer o ver televisión?" "¿Quieres pintar o trabajar con barro?" son sencillas y exigen decisiones limitadas que pueden ayudar a su hijo a prepararse para posteriormente ser capaz de tomar otras más complejas. La mejor manera de estimular a su pequeño a que sea creativo e independiente consiste en fomentar desde ahora su confianza en sí mismo y su sentimiento de seguridad. El niño al que se le permite ser independiente ahora (pero no se le obliga) llevará consigo esa costumbre durante toda su vida. Y aquel al que se le inculca la obediencia total aprenderá a depender de otros para tomar decisiones.

> Los niños muy dependientes no se convierten de la noche a la mañana en adultos maduros y seguros de sí mismos.[1]

Pero en el caso contrario, si se obliga a un niño a ser independiente antes de que esté preparado para ello, él se resistirá y se sentirá inseguro. Por supuesto que usted es mayor y más fuerte que su hijo, y los dos lo saben, pero aunque usted no lo crea, no siempre es usted más inteligente que su pequeño, que sabe mejor cuáles son sus necesidades y lo que está listo para hacer. En este momento de la vida de su bebé, usted podrá ganar fácilmente todos los "pleitos", ya sea por medio de castigos o de sobornos; pero si ahora gana siempre, a largo plazo será usted el perdedor.

Cuando su hijo empiece a decir que "no" a todo, es importante respetar su necesidad de hacerlo. Dios sabe cuántas veces él tiene que respetar nuestra necesidad de decir que "no". Escuche a su hijo y éste lo escuchará a usted. Dorothy Corkille Briggs, que es maestra, consejera familiar y psicóloga infantil, afirma que:

> Cuando se respeta la autonomía, los niños de dos años no dejan esta tarea sin terminar y no la llevan a etapas posteriores del crecimiento. En la adolescencia, el joven se volverá a concentrar en la cuestión de la independencia, pero no tendrá que parar toda la casa de cabeza la segunda vez si las cosas ya quedaron bien establecidas.[2]

[1] Dorothy Corkille Briggs, *Your Child's Self-Esteem*, Dobleday & Co., Garden City, Nueva York, 1975, p. 51.

[2] *Ibid.*

Si su hijo dice "no" al baño o a la comida, tómelo en serio y trátelo con respeto. Dígale: "está bien" , y espere un tiempo prudente antes de intentarlo otra vez. El sentido de control que eso le da al pequeño hará la vida más placentera para todos y al cabo terminará por lavarse y comer sin que ello signifique una amenaza a su autoestima. Hay algunas maneras para suavizar la presión de negativismo. Jason insistía en llamar manzanas a los plátanos aunque sabía bien la diferencia, pero lo que le encantaba era ver cuando yo fingía que eso me enojaba mucho y movía la cabeza furiosa gritando: "¡No, plátano!". Entonces, en medio de su risa, él también gritaba: "¡No, manzana!", y seguíamos con ese juego durante mucho tiempo. Una vez, cuando estábamos jugando y abrazándonos, le pregunté: "Jason, ¿me quieres?" Él se me quedó viendo con una mirada de malvado y me dijo: "No". Nos divertimos mucho con eso y lo alentamos a decir "no" de broma de muchas otras formas, mostrándole siempre aprobación por sus ideas imaginativas e ignorando todo lo que no nos gustara. Se trata de juegos sencillos, formas de fingir que hacen hincapié en los aspectos innovadores de las ideas del niño en lugar de afirmarle la necesidad de siempre someterse. Es importante estimular a su hijo a decir y hacer de vez en cuando cosas ridículas, y hasta a inventar algunas mentirillas blancas sin miedo a que lo corrijan o se rían de él. Durante esta etapa habría que preocuparse si el niño es demasiado sumiso, porque los que siempre obedecen pueden hacerlo por miedo a ser malos y en esta edad es deseable un toque de rebeldía o maldad.

En una ocasión observé en la calle a una familia. El padre tenía un cono de helado y el niño lloraba porque quería uno también. El padre le decía: "Nunca has podido terminarte un helado tú solo, así que come todo el que quieras del mío". El pequeño se negaba a probar siquiera el helado del papá y se fue poniendo cada vez más histérico conforme iba siendo más definitivo que no le comprarían uno para él. La decisión de comprarle un helado al niño en un caso como éste no debería basarse en que se lo pudiera acabar o no. La necesidad de tener "lo mío" es tan importante como la lógica económica. Nadie quiere desperdiciar el dinero, y para la mayoría de la gente un helado que no se come completamente es dinero tirado a la basura. Pero el hombre podía haber logrado su objetivo, y al mismo tiempo respetado la necesidad de independencia del niño, simplemente comprándole el helado al pequeño y comiéndose él lo que dejara, o bien pidiéndole de vez en cuando una probadita de *su* helado. Esto habría preservado el presupuesto familiar y también la integridad del niño. De todos modos, creo que si el hombre tenía dinero para comprar el cono para el niño con la condición de que se lo terminara, bien hubiera podido, dada la importancia de la cuestión de la independencia, "permitirse" comprar un helado que sería en parte "desperdiciado" —y digo en parte porque el helado no consumido le habría dado un sentimiento de orgullo e independencia a su hijo.

Los niños ejercen su voluntad en esta etapa porque el instinto les dice que deben aprender a hacerlo por sí mismos. No tome estas actitudes como algo personal ni las vea como si se dirigieran en contra suya como padre de familia. No son actos de rebeldía, sino un trabajo encaminado hacia un objetivo que ha sido establecido por un reloj interior y no por el reloj de los progenitores.

En una ocasión visité una casa en donde la madre, una persona consciente, tenía un diagrama colgado en el cuarto de su niña con el título de "Objetivos para Elisa" (no es el verdadero nombre) y que constaba de dos páginas de deberes que decían cosas como "para fines de mes Elisa comerá con tenedor sin ayuda de nadie" o "para noviembre Elisa sabrá usar la bacinica". Cada uno de los objetivos listados estaba programado según lo que aconsejan los expertos como el momento promedio en que el niño está listo para cumplirlos. Pero faltaba un ingrediente esencial, que era el control de Elisa sobre sus propios objetivos en la vida. El aprendizaje es mucho más efectivo si se hace cuando parte de la propia iniciativa del niño.

Estimular a su hijo a tomar decisiones quiere decir quedarse callada si no está de acuerdo con la elección que haya hecho. Alguien que me visitó en una ocasión trajo a mi hijo una bolsa llena de paletas de dulce que se quedaron guardadas y sin abrir en la cocina durante mucho tiempo. Una mañana Jason se negó a tomar su desayuno y me dijo que prefería una paleta. Y a pesar de que tengo muy presente el mal que hace el azúcar y la importancia que tiene para los pequeños la buena nutrición, se la di sin decirle ni una palabra. Durante todo el día el niño se siguió negando a comer sus alimentos y prefería mejor las paletas, que le di sin decir ni palabra cada vez que me las pidió. Cuando anocheció, Jason había comido únicamente paletas de dulce además de su biberón y debo reconocer que estaba yo empezando a dudar de mi propia filosofía y a preocuparme de que quizá había yo cometido un error. Entonces me di cuenta de que el niño tenía calentura y de que estaba a punto de tener una gripa. Es probable que desde la mañana se hubiera levantado con dolor de garganta, por lo cual la paleta era algo ideal para chupar. Y aunque era demasiado pequeño para decirme que sentía dolor, supo exactamente qué era lo mejor para él, mucho más de lo que yo hubiera podido saber. Después de que se alivió retomó sus hábitos alimenticios normales y nunca más pidió paletas para el desayuno. Una conferencia y una lección de nutrición —junto con una madre todopoderosa que fuera la dueña de las paletas— le habrían dado a los dulces una importancia innecesaria que hubiera podido durar por años. Si usted desayuna cada mañana alimentos nutritivos, le estará enseñando mucho más sobre la buena nutrición de lo que podría hacerlo imponiendo reglas y dando sesudas explicaciones.

La necesidad de los niños de establecer su independencia es muy fuerte. Es éste el instinto que les permitirá sobrevivir por sí mismos y su papel más importante como padre consiste en preparar a su hijo para desarrollarse en el mundo como un adulto con confianza en sí mismo. Los padres deben esperar que a esta edad los niños sean algo rebeldes y les deben permitir tomar algunas decisiones. En su hogar no reinará el caos si alguna vez su hijo elige el menú para la cena o cambia el horario para ir al parque. Pero como también usted y los demás miembros de la familia tienen sus propias necesidades sería terrible si siempre le permitieran al pequeño manejarlo todo. Por ello no habrá más remedio que esperar un berrinche de vez en cuando, y tenga la seguridad de que éste ocurrirá en el momento más inconveniente y hasta embarazoso, porque su hijo sabe bien que los berrinches no funcionan cuando usted se acaba de levantar de una siesta deliciosa o cuando está en la privacía del hogar. Los berrinches empiezan no sólo cuando el niño está cansado, sino también cuando usted lo está. Y ayuda mucho a provocarlos estar enfermo o esperar en ese momento visitas importantes. Los berrinches son expresión de frustración y suceden a todos los niños de dos años en una ocasión o en otra; por consiguiente, no deberá sentirse apenada si ocurren en público. Si usted reprime todas estas pataletas, su niño tendrá que aprender a reafirmarse cuando sea adulto. Al pequeño le ayuda saber que los padres aceptan su individualidad y que pueden ser flexibles respecto a ciertas cuestiones, pero que son muy firmes respecto a otras. De modo que cuando establezca usted una regla firme debe hacerle saber a su hijo que de verdad lo es. Un niño que conoce las reglas se siente seguro. Si los berrinches ocurren con demasiada frecuencia, quiere decir que hay demasiadas reglas o que su hijo debe aprender cómo canalizar su energía hacia actividades físicas. Crecer es un trabajo duro y requiere de comprensión y apoyo. Todos creemos que los niños "enloquecidos" son el resultado de padres que pierden el control y ceden siempre, pero eso no quiere decir que no se deba ser flexible jamás. No hay nada malo en reconocer que ese niño que llora tanto de verdad está sufriendo, y en ocasiones es posible cambiar de opinión. La clave está en ser absolutamente inflexible sólo en ciertas reglas fundamentales, pero no fije demasiadas.

¿Y qué piensa de presentar un "frente unido" con su cónyuge? Quizá lo que voy a decirle le sonará a herejía, pero aun así creo que hay ocasiones en que un desacuerdo entre los dos puede ser ventajoso para el pequeño que observa. Cuando mi esposo nos mostró muy orgulloso su nueva cámara, Jason le preguntó si podía tomar una foto con ella. La respuesta fue un rotundo "no", al que yo inmediatamente me opuse. "Jason es muy inteligente y sabe cómo ser cuidadoso con una cámara porque usa la mía. Yo creo que le deberías permitir que lo haga." Jason escuchaba la discusión bastante nervioso, afirmando con la cabeza cuando oyó las palabras "inteligente" y "cuidadoso". Cuando por fin convencimos a su padre, el chico se acercó emocionado al aparato, casi con reverencia, y lo trató con un cuidado especial. Fue por escuchar mi voto de confianza en él —aunque no hubiera ganado la discusión en ese momento— que sintió confianza en sí mismo. Los matrimonios tienen que tener diferencias en ciertos aspectos respecto al cuidado de los hijos y no hace daño que éstos lo sepan, siempre y cuando de esa experiencia le permita reforzar su autoestima.

Todo mundo espera que cuando hay un bebé en casa haya problemas a la hora de irse a la cama y durante la noche, pero para cuando el niño ya tiene dos años de edad, le dicen: "Ya estás grandecito para estas tonterías", porque esperan "meterlo" en la cama y que se duerma al instante y no se despierte hasta la mañana siguiente. Esto no es realista. Es probable que el chico de dos años necesite de más cariños a la hora de irse a dormir que uno de dos meses. La transición entre estar despierto y bien consciente, y ceder para dormirse es muy difícil en esta edad tan activa. Están deseosos de ser parte de todo lo que sucede y necesitan que se les asegure de manera muy especial que lo son. Para muchas familias, la hora de dormir es una batalla. El niño quiere estar despierto, dar otro beso de buenas noches a mamá o tomar un vaso de agua cuando ya todos están exhaustos. Mamá y papá saben que es hora de ir a la cama y asumen el papel de adversarios. Por supuesto, lo que el pequeño está pidiendo no es agua sino compañía a la hora de dormir. ¿Qué problema hay en acostarse un rato con él mientras le llega el sueño? Eso hará que los monstruos y los fantasmas desaparezcan y despertará un sentimiento de calor y seguridad. En mi opinión, la idea de que los niños deben dormir solos en sus propias habitaciones —probablemente nacida de los consejos del doctor Spock, según los cuales "lo mejor es no dejar al niño meterse en la cama de los padres"—[3] ha provocado más sufrimiento en muchos hogares que cualquier otro de los mitos sobre la crianza infantil.

Los padres relajados de hijos contentos, bien adaptados y seguros saben que éstos se duermen más rápido si los cargan y que no tienen pesadillas cuando duermen con sus padres. La mayoría de las pesadillas a esta edad son causadas por el miedo al abandono de los padres, ¡un sentimiento difícil de tener si se duerme en la misma cama con mamá y papá!

> Los malos sueños y otros desórdenes nocturnos por lo general se relacionan con el miedo de los niños a ser abandonados por sus padres.[4]

Aquellos padres que han ignorado el consejo de poner a los niños en su propio cuarto y dejarlos llorar hasta que se duerman hablan de pequeños libres de pesadillas que duermen con ellos muy contentos y sin ningún terrible efecto freudiano. Por supuesto que algunos pequeños se sienten contentos durmiendo en sus propias habitaciones y eso está bien, pero aquellos que desean la cercanía física a la hora de dormir son la regla y no la excepción.

Los niños pueden sentirse alterados o temerosos cuando están solos, pero aunque nada en particular los moleste es bastante normal y natural que deseen dormir abrazados por su madre, así como cualquier animal duerme pegado a la suya, pues para el crecimiento y el desarrollo de un niño contribuyen por igual las calorías que los besos. Mucha gente prohíbe a sus hijos entrar a los cuartos o a las camas de los padres desalentando con ello los abrazos y las conversaciones que se dan a la hora de dormir, y eso lo hacen para poder ir a dormir abrazados de sus cónyuges, mientras se relajan con una conversación tranquila e íntima. Debemos entonces cambiar esa frase de "irse a la cama", quitándole su carácter de eufemismo para referirse al acto sexual, antes de que podamos liberar nuestra mente a fin de atender a nuestros hijos en su necesidad básica de intimidad. No hace muchos años que era imposible siquiera vislumbrar en la televisión a un matrimonio que compartiera la misma cama, así que la idea de toda la familia compartiéndola hubiera sido un escándalo; pero la verdad es que las camas deberían ser un lugar de comodidad y el mejor sitio para descansar.

[3] Benjamín Spock, *op. cit.*, p. 201.

[4] Ashley Montagu, *Touching*, Columbia University Press, Nueva York, 1971, p. 159.

Los niños pronto pasan esta etapa por sí mismos. Si eso sucede a los seis meses o a los seis años, es cuestión que varía dependiendo del propio chico. Mi hijo decidió a los tres años y medio que abandonaría nuestra cama por una bolsa de dormir en el piso de nuestra habitación, y a los cuatro años y medio nos anunció que quería dormir en su propia cama después de quedarse dormido en la nuestra. ¡De alguna manera yo siempre supe que no tendría que preocuparme por hacerle lugar en mi cama a su esposa!

Algunos pequeños pueden dormirse solos la mayoría de las veces, pero necesitan el consuelo de la cama de sus padres en momentos de crisis. Los niños tienen pesadillas porque algo les molesta o les asusta. Dejarlos llorar no les quita el problema, lo complica. Lo que el niño aprende con eso es que "a mamá y papá no les importa que los necesite". Finalmente terminarán por dejar de llorar, pero también muchos niños maltratados dejan de llorar alguna vez. Y sólo porque no lloran no quiere decir que no están sufriendo. Mi hijo, cuando aún dormía en mi cama, no tuvo una pesadilla sino hasta los tres años. Fue en una ocasión en que lo había inscrito en un campamento de verano por día, pues él mismo me lo había pedido. Después del primer día, en que me aseguró que había disfrutado mucho, en la noche se despertó gritando dos veces y en las dos ocasiones sus sueños habían tenido que ver con el campamento. Al día siguiente me quedé con él para pasar el día y me di cuenta de que el encargado pasaba buena parte de su tiempo gritándoles a los niños. Entonces dije a mi Jason, con palabras bastante claras, que no tendría que ir más a ese lugar y que nunca más estaría en una situación así con un encargado de tan mal humor. Y sus pesadillas se terminaron sin que tuviera otra hasta un año después, en una ocasión en que presenció que mi esposo y yo nos peleábamos gritándonos uno al otro como dos verdaderos dementes.

La rutina puede ser muy importante a la hora de dormir. Algunas familias la establecen sin darse cuenta. En una ocasión estábamos en un motel situado cerca de un parque de diversiones en el que se oía cada palabra que se hablaba en el cuarto de al lado. Y noche tras noche escuchábamos lo mismo. Primero, la mamá ponía a su bebé en la cuna y le decía que era hora de dormir. La pequeña hablaba, cantaba, brincaba en el colchón, pegaba en las paredes y llamaba a su mamá. Cada vez que esto último sucedía, la señora le respondía enojada: "duérmete". Después de unos quince minutos de esto le daba una buena zurra. Entonces la niña lloraba y se dormía. Me pregunto si la madre se había dado cuenta de lo predecible que se había vuelto su diario ritual nocturno.

MARVIN

En comparación con la rutina nocturna en nuestra habitación, aquélla parecía completamente innecesaria. Nosotros le dábamos un buen baño a Jason, uno de los dos le leía un libro, y después apagábamos la luz y los tres nos metíamos en la cama. Entonces hacíamos comentarios sobre lo que había sucedido durante el día y lo que haríamos al día siguiente. "Felices sueños" y "te quiero" eran frases que se repetían por lo menos tres veces como parte del ritual. Por lo general Jason se quedaba dormido en unos quince o veinte minutos y entonces mi esposo y yo nos levantábamos y estábamos libres para el resto de la noche. Así que habíamos dedicado el mismo tiempo para dormir a nuestro hijo que la madre en el cuarto de al lado, pero la diferencia era que mientras ella veía como algo desagradable la necesidad que tenía la pequeña de su atención, para nosotros no lo era.

Conforme los niños van separándose y se van volviendo independientes en algunas áreas, tienden a apoyarse más en las muletillas que usaban cuando eran bebés. Son los dispositivos de seguridad que hacen que arreglárselas sólo resulte menos aterrador. Los padres que deciden quitarles en este momento esas seguridades sólo retrasan su desarrollo; desplazan el foco de atención de la cuestión que está más a la mano hacia la de si debe o no tener su dispositivo de seguridad. Y así la ansiedad se desplaza. Mejor relájese y deje que su hijo crezca a su propio ritmo.

> Puesto que establecer la independencia es una tarea monumental, las presiones exteriores se convierten en obstáculos formidables a los dos años de edad. Y sin embargo, es a esta edad cuando los padres muchas veces deciden quitarles la botella de la noche, sacarles el dedo de la boca o eliminar la cobijita o el chupón. Este tipo de exigencias equivalen a pedir a un fumador empedernido que deje el hábito en el momento preciso en que empieza un nuevo empleo que le produce tensión.[5]

[5] Dorothy Corkille Briggs, *op. cit.*, p. 128.

Las muñecas y los animales de peluche pueden dar a un pequeño necesitado algo de amistad y consuelo.

Los niños nacen con la capacidad para crecer y desarrollarse. Si se les deja en paz en estas cuestiones de abandonar toda la parafernalia infantil, lo harán por sí solos. Su hijo dejará la botella, el chupón o lo que sea que le haya servido como ayuda en los tiempos difíciles, y lo hará en el momento apropiado. Como lo que es adecuado para un niño puede ser demasiado pronto para otro, déjelo que él decida cuándo es el momento preciso. Nunca he visto a nadie que a los dieciocho años siga tomando su leche en el biberón, pero sí he visto a muchos que fuman, se muerden las uñas o comen demasiado, que son siempre signos de ansiedad y frustración. Los padres deberían estar del lado del pequeño. La vida para él es difícil y frustrante, y mucho le ayudaría sentirse seguro de saber que la mamá y el papá están con él y no contra él. Quitar a un niño su dispositivo emocional es algo muy cruel y crea problemas que más adelante saldrán a la superficie. Es mucho mejor dejarlo crecer a su propio ritmo.

El dispositivo de seguridad de mi hijo era tomar su biberón mientras detenía mi oreja. Y siempre le hice saber que yo apoyaba decididamente esta necesidad suya. Y cuando la demás gente le hacía comentarios como "los niños grandes no toman biberón", yo siempre era la primera en responder: "Sí, Jason es un muchacho grande, pues ya sabe compartir y vestirse solo, pero le gustan los biberones". De modo que jamás hubo duda alguna respecto a de qué lado estaba yo. Una amiga mía le quitó a su hija el biberón a una edad muy temprana y afirmaba que la pequeña comía mucho mejor desde entonces, lo que sin duda era cierto. En una ocasión en que nos visitaron y la niña jugaba con Jason en su cuarto, mi hijo empezó a gritar que ella le había arrebatado su biberón. Cuando entré a la habitación no encontraba yo a la pequeña. Me asusté mucho y la busqué por todas partes hasta encontrarla escondida en mi closet detrás de los vestidos largos chupando llena de culpa el biberón de Jason. Ningún niño de dos años debería sentirse culpable por satisfacer sus instintos normales. Seguramente que si se les quita el biberón, los chicos comerán mucho más; por eso los obesos son muchos más que los que mueren de hambre.

> Cuando no se satisfacen las necesidades de chupar, entonces éstas nunca desaparecen y resurgen disfrazadas de manera más o menos notable. Un bebé puede seguir chupándose el dedo, un niño chupará su lápiz y un adulto chupará un cigarro o un puro. Los bebés morderán toda clase de objetos, los niños se morderán las uñas y los adultos serán mordaces.[6]

Los padres cuyos niños se unen de manera especial a algún muñeco de peluche o a una cobijita también deben apoyarlos en esta necesidad. El osito más adorado va a caer en el olvido cuando el niño encuentre distracción en otras cosas interesantes, y entonces se verá a la mamá o al papá yendo por los aeropuertos, tiendas, playas o parques cargando un oso de peluche para un niño que tal vez lo necesite después. La mamá y el papá son quienes deben acordarse de empacar al osito o a la muñeca cuando el niño está emocionado por un viaje y puede olvidarlo. Pero ese mismo pequeño que pasará la noche en una cama desconocida seguramente buscará a su amigo tan especial.

La autodeterminación

En algún momento alrededor de los dieciocho meses, los terribles pequeños de dos años se rebelarán contra la carriola. Yo perseguí a Jason por las

[6] Haim G. Ginott, *op. cit.*, p. 179.

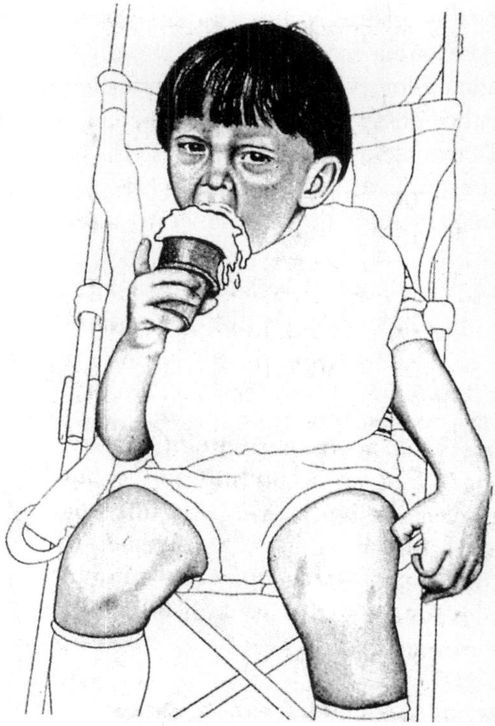

La comida nunca debe ser usada como regalo, soborno o incentivo conductual.

calles de Nueva York hasta los dos años y medio más o menos, edad en que de repente se tranquilizó y empezó a disfrutar los paseos. Si ignora usted las protestas en contra de las carriolas a esta edad, tendrá entonces una pelea totalmente diferente dentro de dos años, cuando su hijo se niegue a caminar. En una ocasión me encontré a una mujer que caminaba por Broadway con su hija de tres años y medio aferrada a su pierna y lloriqueando. La señora me miró con actitud de disculpa y me dijo: "Estoy tratando de enseñarle a caminar sola en lugar de que siempre vaya metida en la carriola." Como yo corría con la carriola vacía tratando de alcanzar a mi Jason de dos años de edad, le dije: "Apuesto a que usted la sobornó para que se quedara en la carriola hace dos años", y ella reconoció que la había sobornado ofreciéndole golosinas y que eso había sido un gran error. Los helados están bien como complemento ocasional de las comidas, pero no como soborno.

Es importante que los padres recuerden que pasar dos horas caminando hasta la tienda de la esquina es una parte tan significativa en la crianza de un niño como cambiarle los pañales, si desean que el pequeño se emocione con la idea de descubrir cosas nuevas y se sienta con confianza en sí mismo e independiente. Detenerse a mirar los árboles, las flores, los hidrantes y hasta los botes de basura le da una educación. En esta etapa su hijo aprenderá sobre el verdadero sentido de aprender como nunca se lo podrán enseñar en la escuela.

La curiosidad se puede fomentar en cada una de las actividades en las que participe su pequeño, pues no hay una sola manera correcta de cocinar un platillo o de resolver los problemas. Desde que se viste en la mañana hasta que se acuesta en la noche, el día está lleno con cientos de preguntas y de opciones. Entre más de esas preguntas responda el pequeño por sí mismo y entre más decisiones tome, será mejor para todos. Cuando mi hijo decidió "preparar la cena", le proporcioné todos los ingredientes que me pidió y mezcló los siguientes (las medidas son aproximadas):

- una taza de yogur helado
- una taza de refresco
- una taza de chícharos
- un montón de sal
- una taza de cuadritos de pan fritos
- tres galletas despedazadas
- pimienta
- tres galletas saladas
- otro poco de cuadritos de pan fritos
- una papa frita desmoronada
- media taza de café
- seis onzas de jugo de manzana

Todo esto lo revolvió muy orgulloso sin probarlo hasta que terminó la preparación. ¡Después de la primera probada me informó que ya no tenía hambre y fue a ocuparse en otra actividad! Si hubiera hecho esto todas las noches, habría sido un terrible desperdicio, pero por el precio de los ingredientes tuvo la oportunidad de pasar una larga tarde en un juego dirigido por él mismo y con la sensación de ser un cocinero adulto. Fue, pues, una actividad muy eficiente en términos de costos. Si a usted lo educaron como miembro del "club de los platos limpios" y no puede soportar que se desperdicien alimentos, entonces podría hacer que su hijo "finja" que cocina e invente los

Los niños pueden ser muy creativos en la cocina.

ingredientes para preparar cosas del tipo de un brebaje de la bruja, una poción mágica del hechicero, una medicina del médico o un veneno.

Los niños ven el mundo con ojos frescos y no saben cómo cumplir con los objetivos que se han propuesto para sí mismos. Lo que necesitan hacer es imaginar las respuestas. Nunca dejé a un niño luchar por sí solo si él quería mi ayuda, pero tampoco le ofrecí ayuda al que quería encontrar por sí solo las respuestas. Déjelo que se ponga sus zapatos y usted amárrele las agujetas, déjelo que sirva la leche aunque eso signifique algo de líquido derramado. (El niño con experiencia va a derramar menos que el que nunca antes ha servido un líquido.) Usted puede hacerle más fácil esto cambiando los líquidos a recipientes de plástico antes de ponerlos sobre la mesa y no llenándolos demasiado. Tenga siempre a la mano un trapo, pues el chico disfrutará limpiando lo derramado tanto como disfrutará sirviéndolo, y de paso aprenderá a ser responsable de sus acciones en lugar de esperar a que se le diga que lo debe hacer.

"Ten cuidado" es todo lo que necesita decir para asustar a un niño. Es mucho más útil darle indicaciones específicas si usted cree necesario ofrecerle su ayuda cada vez que él intenta algo nuevo. "Detenlo con las dos manos", "detenlo

Usted puede estimular la independencia de su hijo permitiéndole que haga algunas tareas de gente grande.

por la base y no por la punta", "deja las tijeras si quieres irte a correr" son frases que ayudan y le dan información específica que él podrá utilizar. En una ocasión me salí del departamento y Jason, que tenía dos años y nueve meses, se puso a luchar con su motocicleta para bajarla por las escaleras y alcanzarme. Una vecina se detuvo para ayudarlo y Jason, que empezó diciéndole "¡No, yo lo hago!", terminó pataleando y gritando aunque esa persona siguió "ayudándolo". Por fin intervine para asegurarle a mi vecina que le agradecíamos su interés, pero que Jason estaba mejor y más contento si lo dejaban luchar solo contra las escaleras. "Discúlpeme —dijo—; no me puedo hacer a la idea de esto porque mis hijos son exactamente al contrario. Ellos dicen 'papá lo hará' en lugar de 'yo lo haré'." No me pareció necesario decirle que era ella quien los había hecho de esa manera.

El entrenamiento para ir al baño

Se podrá usted preguntar qué tiene que ver el entrenamiento para ir al baño con la creatividad. Muchas veces los padres se colocan en contra de sus hijos en esta cuestión, con lo cual les provocan tensiones y falta de confianza en sí mismos por presionarlos a ello demasiado pronto. Y además, les quitan a los pequeños una zona importante de su autodeterminación. El niño que está listo para controlar su vejiga o sus esfínteres podrá cambiar el pañal por la bacinica de la noche a la mañana. Esto sucederá al empezar el segundo año o en el tercero, porque los chicos difieren mucho en esta cuestión, y lo más conveniente es tomar la actitud de *vive la différence*. Su hijo recibirá mayores beneficios si le permite, como a una flor, crecer a su ritmo interior propio e innato. El niño que no está listo no debe ser avergonzado, porque la vergüenza no contribuye para nada a estar preparado, pero sí puede minar de manera importante su confianza en sí mismo. Entrenar es una palabra muy pobre para lo que está ocurriendo, porque el desarrollo normal no se puede enseñar.

> Cada niño tiene un reloj interior para su crecimiento, un patrón que es único para él. De modo que su manera particular de ser debe respetarse.[7]

El "entrenamiento" para ir al baño es una pérdida de tiempo y una causa innecesaria de tensión en la vida de muchos pequeños. Lo más sencillo es tener a la disposición una bacinica, enseñar al niño para qué sirve y dejar de lado el asunto. Una vez que éste decida de manera independiente utilizarla, la cuestión quedará resuelta y el pequeño habrá ganado confianza en sí mismo y una sensación de control sobre su propia vida. Lo mismo que sucede con los biberones y los chupones, el entrenamiento para ir al baño es una parte normal del desarrollo que los padres convierten en problema por forzar el momento en que se cumpla. Algunos niños duermen secos desde los dieciocho meses de edad y otros siguen mojando la cama hasta los seis años. El desarrollo en muchas áreas no es parejo a esta edad, pero todos terminarán haciendo lo mismo al final de su infancia. Yo conozco a un pequeño que podía leer a los tres años y medio pero usaba pañales por la noche (y tomaba biberón) hasta los cinco años. Su madre sabía bien que estaba adelantado en algunas áreas y atrasado en otras en relación con los demás niños, y aceptaba esta situación como debe hacerse. Para tomar distancia y saber medir la importancia del entrenamiento para ir al baño, deténgase, relájese y después hágase a sí misma una pregunta: "¿Qué es lo que realmente me preocupa?" ¿Cree usted de verdad que cuando su hijo crezca seguirá usando pañales? Yo siempre he pensado que si mi propio

[7] Dorothy Corkille Briggs, *op cit.*, p. 113.

hijo hiciera esto, de todos modos ¿por qué preocuparse? ¡Dejaré entonces que sea su esposa la que se preocupe! Pero por supuesto que esto no es lo que a usted le apura. Usted sabe muy bien que a fin de cuentas él o ella irán al excusado como lo hace toda la gente y que es sólo cuestión de unos meses. Cuando ve usted a dos niños de diez años caminando juntos por la calle es imposible distinguir cuál de los dos fue entrenado para ir al baño antes que el otro o quién dejó primero de usar biberón.

Poco antes de que los dos cumplieran tres años, uno de los amigos de Jason vino de visita y nos enseñó orgulloso sus calzones que tenían dibujos de automóviles. Entonces mi hijo me pidió unos así y se los compré. Cada vez que lo vestía le preguntaba si prefería pañales o calzones y siempre respondía que calzones. Y a pesar de que casi siempre los mojaba, lo dejé que los usara. Y en tres semanas se había "entrenado" solito por completo. Lo importante fue que la motivación vino de él, no de mí. Y cuando por fin triunfó en ese esfuerzo le ofrecimos comprarle cualquier regalo que quisiera. Pidió entonces un "excusado de tren", que fue su primer y único juguete de pilas, pero cuando se le dice a un niño que elija lo que desee se debe estar preparado a aceptar que pueda ser algo a lo que usted se oponga. Una amiga mía hacía que su pequeño se sentara en la bacinica todos los días después de la comida, por un tiempo que podía durar hasta una hora, a fin de que hiciera del baño. Así resultó "entrenado" exactamente al mismo tiempo que Jason, pero ¿de qué sirvió volver locos a todos?

> Muchos de nosotros tememos que una regresión temporal detenga el crecimiento hacia adelante. Creemos que los pequeños nunca "la van a hacer" si no vemos que van siempre para adelante. Es curioso, pero tenemos fe en la capacidad de una planta para crecer. Ponemos la semilla en un clima adecuado y confiamos en el potencial que le permitirá crecer a su propio tiempo y a su propia manera. Cuando no hay crecimiento o hay algunas hojas color café no nos ponemos nerviosos. Si algo está mal entonces ponemos atención a las condiciones que rodean a la planta, pero no la forzamos ni tratamos de estirar sus hojas. Algunas veces tenemos menos fe en la capacidad para germinar de nuestros hijos que en la de nuestras plantas. Forzándolos, apurándolos y prohibiéndoles pretendemos obligarlos a crecer. Y cuando el progreso parece detenerse nos fijamos en ellos en lugar de poner atención al clima que los rodea. Olvidamos entonces que, como sucede con las semillas, el empuje hacia adelante depende de cada niño.[8]

[8] *Ibid.*

En mi opinión, cada ayuda que pueda dar a su hijo para que se sienta independiente es importante. Nosotros regalamos todos los hermosos pantalones de peto de Jason en cuanto mostró interés en controlar su vejiga y sus intestinos, y le compramos pants con resorte o shorts para que no necesitara de la ayuda de los adultos para ir al baño. Se trata de ropa que inspira a los niños a intentar ponérsela y quitársela por sí solos.

16. El ambiente en el hogar

Puesto que la independencia es el interés primordial del pequeño de dos años, tal vez usted podría hacer algunos cambios en su hogar que ayudarían al niño a sentirse grande e independiente. Hay una línea muy delgada entre obligar a ser independiente y estimular a serlo. Adaptar el ambiente a las necesidades de una personita que tiene las mínimas habilidades de coordinación es una excelente forma de estimular su independencia. Y una vez que se establezca el hábito de hacer las cosas por sí mismo, se le trasladará a otras áreas. Ponga un banco junto al lavamanos, junto a una ventana o cerca de alguna repisa en la que haya cosas interesantes. Compre muebles adecuados al tamaño de un niño y tenga siempre junto al excusado una silla-bacinica. Guarde el jugo en una jarra pequeña de plástico en el anaquel inferior del refrigerador para que un niño sediento pueda servirse solo con el mínimo de contratiempos. Coloque los travesaños y cuelgue los ganchos lo suficientemente bajos como para que el pequeño pueda sacar y guardar por sí solo sus cosas.

Marque las cajas de juguetes con dibujos que señalen lo que guardan. Esta actividad de prelectura también estimula al niño a encontrar y guardar sus juguetes sin ayuda de los adultos. Separe algún rincón de su casa en el que se puedan dejar, sin que ello moleste a los demás miembros de la familia, los proyectos de arte aún no terminados, las estructuras de cubos en construcción o los rompecabezas incompletos. Esto le dará un sentido de importancia a las actividades del niño, que se pierde cuando "limpiar" provoca más interés que darle oportunidad de completar sus juegos.

Si usted y su familia se han establecido por fin en la casa de sus sueños, entonces no lea este capítulo. Pero si vive en la ciudad y está planeando

Estimule la independencia adaptando el ambiente para que se ajuste a las necesidades y al tamaño de su hijo.

cambiarse a los suburbios "por el bien del niño", entonces ¡siga leyendo! Los árboles y los espacios amplios y abiertos son muy atractivos, pero también lo son los museos, parques, el gimnasio cercano, la natación, el arte y las clases en donde se cuentan cuentos. La idea de que las zonas rurales son "más seguras" que las urbanas puede conducir a los padres a un sentimiento bastante falso respecto a la seguridad. La necesidad de supervisar de manera continua a un pequeño existe en cualquier lugar en donde usted viva. Y quizá pueda encontrar más oportunidades para estimular experiencias en un medio urbano. Un estudiante que tenía diez años de edad y se acababa de mudar de la ciudad a la comunidad suburbana en la que yo daba mis clases tomó la costumbre de venir de visita a mi grupo todos los días después de la escuela. Cuando le propuse que tratara de relacionarse más con sus compañeros, me respondió con la queja de que "no hay nada que hacer aquí". Cuando le pregunté qué era lo que acostumbraba hacer después de la escuela en el barrio en el que antes vivía me respondió: "Todos los días nos metíamos a pasar el tiempo en el museo de Brooklyn". Las oportunidades para absorber información sobre el arte yendo diariamente a "pasar el tiempo" en un museo no pueden ser igualadas con los libros o las clases.

Y sin embargo, los padres de este niño se mudaron a los suburbios por el mito de que ése era el "mejor" lugar para él. Ahora su papá tenía que viajar mucho más tiempo al trabajo, y él y su madre quedaron desarraigados por culpa de este mito. Muchas parejas conscientes se cambian a los suburbios mientras crían a sus hijos y después vuelven a la ciudad cuando éstos crecen. Pero la verdad es que un ambiente es lo que uno hace de él. La ciudad puede ser un lugar muy rico e interesante para que un niño crezca en ella o bien puede ser opresiva y aterradora. Los suburbios pueden proporcionar aire fresco, un sentimiento de comunidad y una vida limpia o pueden ser un aburrido desierto. Usted y su esposo deben vivir ahí donde estén más contentos, sean los suburbios o la ciudad, y una vez que hayan hecho su elección, vivan su vida de la manera más completa posible y den a su hijo también la posibilidad de vivirla así.

17. Los paseos

Las experiencias sensoriales múltiples estimulan los logros intelectuales. Ya tendrán tiempo los niños, y eso sucederá muy pronto, de estar prisioneros dentro de las cuatro paredes del salón de clases y ocupados haciendo mucha tarea. Así que el tiempo preescolar es el más concentrado que ustedes dos podrán disfrutar juntos. Siempre me entristece ver a grupos de treinta estudiantes que, bajo la supervisión de un maestro que los apura, corren a través de algún museo. Los niños necesitan comentar lo que ven y que se les expliquen las cosas. Necesitan una guía personal y la atención interesada de un adulto que tenga el tiempo suficiente como para señalarles ciertas cosas y despertarles interés en otras. Y si usted no lo hace por su hijo, nadie lo hará.

Los museos

Las visitas a los museos son muy importantes en esta etapa, y es muy probable que su pequeño o pequeña tenga más disposición para permanecer en su carriola que la que tenía el año pasado y pueda concentrarse por espacios más largos de tiempo. Los niños a esta edad ya tienen detrás de sí cierta experiencia artística y se podrán interesar en las técnicas que utilizan los artistas, además de reconocer los temas. Mientras que el año pasado usted sólo hacía comentarios muy simples y personalizados respecto a los cuadros como "¿te gustaría ir en un bote como ése?", este año ya puede, además de hacer esos mismos comentarios, agregar alguna información sobre arte: "El fondo parece que fue pintado, pero en cambio el bote se ve tridimensional, casi como si fuera una escultura". Los niños de dos años ya entienden palabras como *escultura, collage, pintura* y otras por el estilo, de modo que siempre que le sea posible deberá usted utilizar la terminología correcta para describir las cosas. Y además, estos paseos pueden estimular nuevas actividades artísticas en el hogar.

Mientras observan juntos la obra de arte, hable con él sobre cómo el artista hizo alguna cosa y cómo esas técnicas se podrían aplicar al trabajo del niño. Eleve el nivel artístico de su pequeño al de un profesional comparándolo de manera favorable con los cuadros que vea en el museo. "Apuesto a que el artista que pintó este cuadro estaba tratando de hacer las mismas líneas onduladas que hiciste tú en ese cuadro que colgamos en la sala, sólo que tú usaste más colores en el tuyo." Si por ejemplo en un collage se usan varios tipos de objetos, usted puede sugerirle a su hijo que en el camino a casa busque algunos para poner en el suyo. No le proponga que copie, pero sí introdúzcalo de esta manera en las nuevas técnicas. Y cualesquiera que sean sus gustos como adulto, es importante que desde ahora le enseñe el arte abstracto, porque es el estilo más similar al del arte de los niños (Picasso dijo muchas veces que le gustaría dibujar como un niño). Los pequeños pueden relacionarse a nivel intuitivo con el buen arte abstracto, y cuando la

Los niños se pueden relacionar a nivel intuitivo con el buen arte abstracto.

presencia de éste es muy respetable en un museo, le ayuda al infante a reconocer la significación de su propio trabajo. Hay algunos libros sobre arte y artistas que pueden reforzar este tipo de aprendizaje.

Los espectáculos

El mayor tiempo que dura ahora la atención de los niños significa también que usted pueda llevar a su pequeño al cine, al circo, a los títeres y a los conciertos sin tener que salirse antes del intermedio. El niño puede entender y seguir la línea argumental de la historia y entre más conocido le sea el escenario, más interesante será también el espectáculo. Si usted planea asistir a uno, intente leer antes una versión ilustrada de la historia y prepare a su pequeño para cualquier cosa que pudiera causarle miedo.

Si va a un espectáculo muy excitante, puede adquirir allí mismo juguetes y libros que servirán para estimular los juegos de fantasía durante un buen rato. Por ejemplo, un espectáculo de títeres podría inspirar muchas

Una función de títeres podrá inspirar muchas imitaciones en la casa que se pueden enriquecer si el pequeño tiene un nuevo títere, animal de peluche o muñeca.

imitaciones en la casa, que se pueden volver aún mejores si el pequeño tiene un nuevo títere, animal de peluche o muñeca. La mayor parte de los espectáculos que están dirigidos a los niños venden objetos que valen la pena y agregan valor al precio del boleto. Pero si su presupuesto es limitado, traiga sus propias golosinas y refrescos y mejor gaste su dinero en comprarle al pequeño algo que le ayude a recordar lo que vio. Puesto que las muñecas, títeres y otros recuerdos de este tipo por lo general son muy caros, quizá usted podría llevar un sustituto de precio razonable y tenerlo preparado para dárselo al niño cuando vea que otros los compran. Si ya sabe que no podrá comprar nada durante el espectáculo, háblelo con el pequeño desde antes de llegar al lugar para que la tentación y el deseo no le arruinen la diversión. Ayude a su hijo a crear sus propios espectáculos originales dándole el apoyo necesario y aceptando ser "el público". Para construir un escenario, bastará con tapar una mesa con una sábana o mantel y poner una cartulina grande a los lados o bien bastará con colocar a los artistas en una ventana abierta de la planta baja mientras el público permanece adentro.

Las experiencias educativas

Planee paseos interesantes y frecuentes con su niño. No es necesario ir a Egipto para montar en un camello, pues este exótico viaje es posible en el zoológico del Bronx en la ciudad de Nueva York. ¡Se puede ver tanto mundo sin ir lejos de la propia casa! Los circos viajan por todo el país trayendo sus atractivos muy cerca de nosotros. Los acuarios permiten una mirada tan cercana de la vida de los peces como pocos marineros la han tenido. Algunas vistas maravillosas que pueden estimular y fascinar a los pequeños estarán siempre a su alcance sin importar en dónde viva. Los paseos que valen la pena no necesariamente se anuncian como "educativos". Cualquier lugar nuevo para el niño no podrá dejar de ser educativo. Las visitas a un peletero, a un taller mecánico, a una librería o a una oficina pueden ser tan educativas y estimulantes como los paseos o museos, zoológicos o acuarios. Un viaje en avión no es una mejor experiencia para un niño que un viaje en metro; simplemente es distinta, aunque idealmente el niño debería experimentar los dos. Muchas veces encontramos chicos de familias muy ricas que han volado a Europa o han viajado en cruceros de lujo pero nunca se han subido a un tren. No es poco frecuente que estos pequeños, que son la niña de los ojos de sus padres, pasen todo su tiempo en casa con cuidadoras

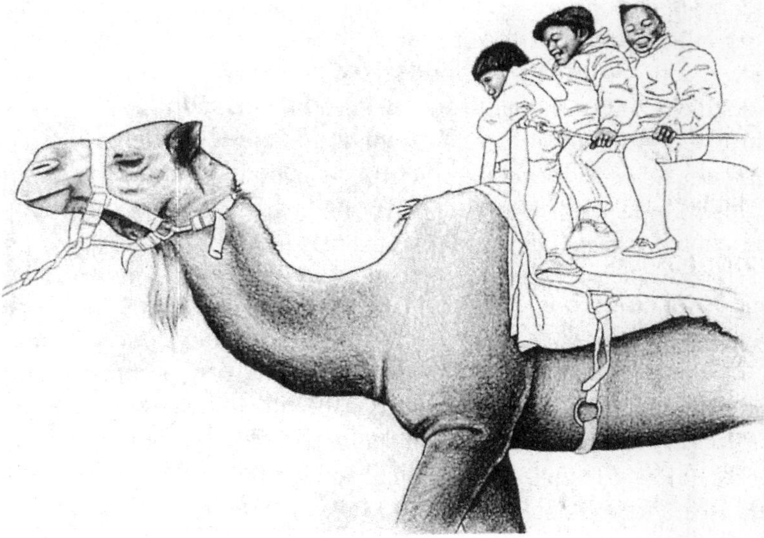

para quienes no representan nada más que tres dólares la hora. El niño verdaderamente rico es aquel que tiene experiencias excitantes que estimulan su mente así como el amor incondicional de sus padres para reforzar su sentimiento de confianza.

Las experiencias más educativas e interesantes que un niño puede tener suceden muchas veces mientras acompaña a su mamá o papá a cumplir sus actividades cotidianas. Es cierto que es más difícil y toma más tiempo hacer los mandados con un pequeño de dos años al lado, por lo que resulta muy tentador hacerlos mientras él está ocupado en otra cosa; sin embargo, estas actividades tan aparentemente comunes y corrientes se pueden convertir en verdaderas aventuras con solo planearlas. Si van a la oficina de correos, permita que su hijo compre unas quince estampillas de un centavo que después podrá utilizar en un collage en la casa, o cómprele una tarjeta postal para que "escriba" una carta.

A los abuelos les encantará recibir por correo un garabato lleno de colores. Todo lo que tiene que hacer es apuntar la dirección y dejar que su pequeño ensalive los timbres, los pegue y ponga la tarjeta en el buzón. Y mientras él está ocupado dibujando, usted podrá resolver sus asuntos. Una visita a la tienda de abarrotes se puede convertir en una cacería de tesoros si el pequeño recibe el encargo de buscar alguna cosa de color "anaranjado" para la cena. Darle un "trabajo" a un niño aumenta su sentimiento de importancia y le confiere sentido a cualquier actividad. Ese trabajo bien puede ser entregar la nota en la tintorería o el dinero para pagar en la caja. Estimule a su hijo para que pida recetarios y otros recuerdos en las tiendas porque esta lección en modales y atrevimiento le servirá mucho en la vida. Cuando usted elogia a un pequeño por el trabajo bien hecho y después conversa en casa sobre esta experiencia, le está ayudando a comprender cómo funciona la sociedad. Si además lleva usted consigo una cámara Polaroid, podrá fotografiar los momentos más importantes del día y "escribir" un libro con ellos. Seguramente que "El viaje de Tomy a la tintorería" no ganará un premio Pulitzer de literatura, pero sí podrá darle más valor a los paseos diarios y enriquecerá la vida de su hijo. Pegue las fotografías en un cuaderno de dibujo y deje que el niño haga allí mismo un collage con las cosas que juntó durante el día mientras usted escribe algunas líneas relatando el paseo. A esta edad es demasiado pronto para pedirle que dibuje algo sobre su experiencia, puesto que el concepto de arte motivado por un tema no estará todavía presente por dos años más.

Hay algunas experiencias que usted no le podrá proporcionar pero que otros sí pueden. Yo, por ejemplo, nunca pude patinar en hielo, pero no quería que mi hijo heredara esta incapacidad, así que le di el trabajo a una cuidadora que sabía patinar muy bien para que llevara al pequeño a aprender. Y como también soy una muy mala cocinera, me puse de acuerdo con una amiga para intercambiar nuestras habilidades; Jason iba con ella a hornear pan y galletas mientras que yo me ocupaba de la educación artística de su hijo.

Visitas a la escuela

Éste es un momento importante para hacer una visita a alguna escuela. Ésta será el segundo lugar más importante en la vida de su hijo durante muchos, muchos años. Introducirlo de manera gradual y placentera a ese lugar, antes de que tenga que asistir a ella, puede resultar muy útil. Trate de conferir a esa visita toda la excitación posible y además, si puede, agréguele un propósito a la misma haciendo que el niño le lleve algunos papeles importantes a "la maestra". Quizá un hermano mayor o un vecino podrían invitarlo a que los visitara mientras están allí y le podrían enseñar el arenero, los cubos y otras de las cosas buenas que hay en ella. Muchos padres me han dicho que mis clases de arte de una hora para los pequeños en Jóvenes en el Arte les sirvieron como buena introducción para la escuela. Para los niños representaban un rato de diversión, algunos amigos y algunas golosinas, sin que sus cuidadoras principales salieran de la habitación para que no sintieran ningún temor. Quizá usted podría encontrar alguna cosa de este tipo para su hijo.

Las clases de arte

Si busca clases de arte para su pequeño, lo primero que debe verificar es lo que pretende el programa, pues la mayoría lo que busca es mandar a todos los niños de vuelta a casa con un "lindo dibujito de fiesta" en el que no se puede distinguir entre el trabajo de un niño y el de otro. Si es así, no piense siquiera en mandar a su hijo a ese lugar y mejor busque alguno que le proporcione materiales artísticos para experimentar, con la supervisión y el estímulo de un adulto.

En una ocasión mi hijo de tres años volvió de un programa de arte, patrocinado por un museo, con un árbol de Navidad precortado y hecho por adultos que él solo había decorado. Yo había creído que en un museo recibiría buenas experiencias artísticas, pero ni siquiera ahí hay garantía de que así sea. Poco tiempo después fue a otro museo en el que le dieron un triste libro para iluminar, con copias de las mejores pinturas de su colección ¡y con instrucciones para colorearlas! Los programas educativos de algunos museos muestran muy poco conocimiento del desarrollo de un niño, aunque tengan grandes conocimientos sobre los artistas que hay en sus colecciones. Los objetivos de sus programas generalmente están orientados a divulgar información sobre dichas colecciones y no a producir artistas que en el futuro pudieran contribuir a ellas. El museo Metropolitano de Arte de Nueva York publicó un libro de proyectos de arte para niños con instrucciones para imitar los objetos de arte de sus colecciones. Y cuando le propuse a la encargada de la tienda que vendiera mi *Anti-Coloring Books*[1] para estimular el trabajo artístico original además de la copia, me respondió que los dibujos que hacían los pequeños estimulados por mis libros no eran "verdadero arte" y que por ello no se venderían en esa tienda.

Alguna vez enseñé en un programa de arte para niños de dos años que se impartía en un edificio muy elegante cuyo cuidado y conservación eran más importantes que el aprendizaje que ahí se efectuaba. No se permitían proyectos con gis porque ensuciaban el salón de arte. Los maestros sabían que los

[1] Libros en contra de colorear. (N. del T.)

regañarían si aparecía la más leve marca de barro, pintura o plumón sobre las paredes o el piso, así que preparaban sus clases de acuerdo con estas instrucciones y les impedían a los niños tener una experiencia artística completa. En cuanto un niño se desviaba del proyecto tal como lo explicaba el maestro, inmediatamente se le corregía y se dejaba poco espacio para la variación creativa.

Como administradora de una escuela pude observar muchas clases de arte a lo largo de los años. Un maestro de esta materia se la pasó semanas con proyectos de pegar cosas sin dar oportunidad a experiencias diferentes sino únicamente a materiales distintos. Cuando le pregunté por qué no hacía otras cosas, me respondió: "Esto es lo más sencillo y lo menos sucio".

Un excelente programa de arte para niños de esta edad era uno que colocaba un enorme lienzo de vinil cubriendo todo el piso a la manera de una alfombra de pared a pared. Los materiales se ponían en el suelo listos para usarse, de modo que los pequeños podían empezar sus experimentos desde el momento mismo en que llegaban. Y los maestros jamás les decían qué hacer con esos materiales, sino que los dejaban libres para que hicieran lo que quisieran. Se estimulaba el uso innovador de los materiales. Y si alguien decidía incluir en su pintura al lienzo de plástico que cubría el piso, tenía permiso de hacerlo. De vez en cuando algún niño se pintaba su propio cuerpo. Había materiales adicionales por si algún pequeño terminaba antes que los demás. Como a la mitad de la clase, que duraba dos horas, los niños y el maestro se reunían a discutir los trabajos, a descansar y a tomar algún refrigerio. Entonces el maestro tocaba la guitarra y los pequeños cantaban. También se les alentaba a inventar canciones y a enseñárselas al resto del grupo. Después seguían algunas actividades de movimiento, que con frecuencia estaban relacionadas con los conceptos artísticos que se aprendían durante el tiempo de trabajo. En un programa como éste, en el que se permite tanta libertad personal, los niños se comportaban muy bien, la clase funcionaba en perfecto orden. Y los maestros estaban siempre en disposición para responder preguntas, estimular y ayudar.

En mis propias clases de arte para pequeños en Jóvenes en el Arte siempre planeo cómo dirigir mi atención a un solo concepto en cada ocasión. Por ejemplo, el "día rojo", comemos un refrigerio de ese color, tales como fresas, escuchamos canciones y leemos libros sobre lo mismo. Además, claro, de que dibujamos y pintamos en ese color (con los niños mayores usamos los diferentes tonos del rojo) y cortamos y pegamos papeles rojos de diferentes texturas. Esto les permite a los pequeños la libertad más completa para hacer sus propios descubrimientos creativos al tiempo que trabajan dentro de los límites de una estructura. Y es que la libertad sin algún marco estructural pronto se convierte en caos.

Estas técnicas de enseñanza contrastan de manera fundamental con algunas de las clases de arte muy estructuradas que he podido observar durante años. Cuando a todos los niños se les pide que hagan el mismo cuadro y que usen los materiales de la misma manera que los demás, lo que se aprende está completamente controlado por el adulto y la conducta se afecta de manera adversa. Es más el aprendizaje que se evita o interrumpe que el que se inicia. Inevitablemente, el infierno se desata a la primera oportunidad. Un cambio en la rutina, tal como lavarse las manos, puede provocar un manicomio, y el simple pasarse los pinceles invariablemente irá acompañado de empujones, pleitos y llantos. Pero también en las clases de "laissez faire",[2] en las que los chicos están libres para trabajar sin interés de parte del maestro y sin la estructura de una rutina, se rompe la disciplina. En cambio, en aquellas clases en las que los maestros les dan a los pequeños un marco sólido pero también les permiten una libertad total, los niños tienen menos razones para pasar por encima de los límites de ese marco. Las expectativas de los maestros son muy importantes, y nunca debieran dictar las modalidades de cómo se debe ver una obra de arte.

Si su hijo va a una clase de arte, trate de encontrar una en la que los padres se queden mientras se lleva a cabo. Si usted no se queda, procure averiguar lo que hizo el maestro para planear algunas actividades en casa que continúen lo que se vio en clase. Cuando recoja a su niño después de la clase asegúrese de darle un recibimiento cálido. En una ocasión di una clase que duraba una hora y en la que no se permitía a las madres quedarse, y me di cuenta de que algunas de ellas cuando venían a recoger a sus hijos ni siquiera hacían contacto visual con ellos, mientras que otras los besaban y prestaban una atención especial a la obra de arte que llevaba el pequeño. Es cierto que una hora lejos del niño es muy poco tiempo para recuperar el aliento, pero para el chico es mucho.

Los paseos con los padres

Los padres tienen que ir a paseos tanto como los niños. Como ya lo dije en la primera parte, no creo que haya segunda luna de miel para los padres de

[2] En francés en el original: dejar hacer. (N. del T.)

niños muy pequeños, ya que éstos se sienten abandonados si se les excluye del círculo familiar. Y sin embargo, llegará el momento en que usted querrá dejar a su hijo por una noche o por unos días, pues sentirá que él ya está listo para tolerarlo sin sufrir. La decisión deberá entonces tomar en cuenta con quién lo va a dejar y qué tan listo está él o ella para quedarse solo. Conozco a una familia que contrató a una cuidadora a la que el pequeño no conocía y se fueron todos por dos semanas. Un día ella lo encontró en el closet de su madre con la cara pegada a su bata.

Cuando yo sentí que mi hijo era cada vez más independiente y parecía estar listo para poder dejarlo, a los tres años de edad, me fui por dos días a un congreso de mi profesión y lo dejé en la casa con su padre y no con un extraño. Éste fue un momento muy especial para ellos, que enriqueció la experiencia porque fortaleció su relación. Jason fue a despedirme al aeropuerto y a recibirme cuando regresé, lo cual le ayudó a entender "adónde está mamá". Planeé días muy activos para él mientras su padre estaba trabajando, organizándole citas de juego con sus amigos preferidos y citas para cenar con su abuela y su tía favorita. El papá, por su parte, trabajó menos horas que de costumbre, y yo llamé por teléfono tres veces cada día, en la mañana, a mediodía y por la noche. En cada una de esas llamadas le decía de un lugar de la casa en donde había dejado escondido algún regalo que inmediatamente después de colgar él iba a buscar. Los regalos escogidos con cuidado pueden inculcarle a un niño la idea de que es bueno estar solo algunas veces. Unos animales de peluche, que sean una mamá con su bebé, pueden ser un lindo regalo para jugar y acariciar. Un teléfono de juguete le permitirá al niño "hablar" con su mamá cuando quiera hacerlo entre las llamadas de verdad. Los regalos no tienen que ser extravagantes para recordarle al pequeño el amor de su madre. Yo, por ejemplo, hice una corona con papel de aluminio que a Jason le encantó. Otros regalos que disfrutó mucho y no costaron prácticamente nada fueron un dibujo de Superman que recorté de un anuncio en una revista y pegué en una tarjeta de papel de colores, una capa que le hice con una vieja sábana de bebé y una camisa de Acuamán que fabriqué pintando a este superhéroe sobre una camiseta muy vieja y manchada que cubrí con pintura especial para tela. Dé muchos besos y abrazos al cojín del niño antes de irse y dígale que cuando él quiera un beso de mamá vaya al cojín y los besos y abrazos aparecerán por arte de magia.

18. Juguetes, objetos para jugar y compañeros de juego

El momento oportuno de los juguetes es muy importante a esta edad, lo cual puede aprovechar usted. Por ejemplo, si va a volar en un avión, eso puede ser muy excitante y estimular juegos muy significativos para el pequeño. Una vez que hayan estado sentados un rato en el avión, dele uno de juguete envuelto muy bonito.

Este regalo tan adecuado mantendrá la atención de su hijo por mucho más tiempo de lo que podría hacerlo cualquier otro juguete, hará que todos disfruten más el viaje, y de paso ayudará al pequeño a digerir una cantidad de información que está absorbiendo a través del juego de la fantasía y la imitación.

Regalarle un nuevo muñeco-bebé cuando se va a visitar a una familia que acaba de tener uno, un maletín de médico antes o después de llevarlo a consulta, un libro sobre animales junto con la visita al zoológico, una brocha y un bote de pintura después de la visita al museo, un casco luego de ir a un edificio en construcción o un automóvil "igual al nuestro" antes de llevarlo durante un trayecto largo son sólo algunas ideas de las formas en que se puede reforzar el aprendizaje y mejorar las nuevas experiencias que tenga su pequeño. Se trata pues de regalos que se darán en momentos bien planeados, con lo cual su significado será mucho mayor que el de un cuarto lleno de juguetes nuevos la mañana de Navidad.

Los niños entre dos y tres años, si bien todavía quieren hacer las mismas cosas que hacen sus padres, se interesan cada vez más en los juguetes. Éste será el año en que usted deberá separar más dinero de su presupuesto para juguetes, más que ningún otro momento. Escuchar y observar a su hijo son las formas más efectivas de saber cuáles juguetes le interesarán. En una ocasión

Un avión de juguete va a ser muy apreciado por el niño que está volando en uno de verdad.

estaba formada para la caja en una tienda de chucherías con mi hijo que iba a pagar un automóvil de plástico que había escogido. Detrás de nosotros estaba una familia con un niño de la misma edad que el mío. Cuando vio el juguete de Jason le pidió a su madre uno igual, a lo que ella contestó: "No, ya te escogí una corneta". El pequeño lloró y lloró insistiendo con su limitado vocabulario que no quería la corneta sino un auto. Creo que su madre simplemente no entendía el valor de escuchar las necesidades que expresaba su hijo. Su gasto hubiera tenido más sentido si le hubiera dado al pequeño el juguete con el que éste quería jugar. La toma de decisiones es una habilidad que se adquiere con dificultad y debería ser parte importante de la vida de todos los niños desde muy pequeños. Porque saber elegir entre una corneta y un automóvil es sólo la manera de preparar el camino para elegir después entre opciones más importantes.

La protección versus *la sobreprotección*

Los niños requieren de supervisión adulta durante las veinticuatro horas del día, pero eso *no* significa que se deba evitar la exploración. La buena supervisión significa ofrecer guía y ayuda cuando es lo adecuado. Los niños aprenden de su propia exploración, y las cortadas o raspadas ocasionales deberán ser consideradas como medallas por el aprendizaje y no como catástrofes. En una ocasión en que visitábamos a unos amigos, mi pequeño encontró una rasuradora en el lavamanos y tocó la hoja "para ver si estaba afilada". Por supuesto que se cortó y aprendió una importante lección sobre lo que son las rasuradoras, mientras que de mi parte no recibió reclamo alguno, sino sólo un besito en sus lágrimas y una bandita en la herida. En verdad, la que se dio cuenta entonces que necesitaba la lección fui yo, por dejar que un pequeño de dos años explorara sin supervisión una casa desconocida.

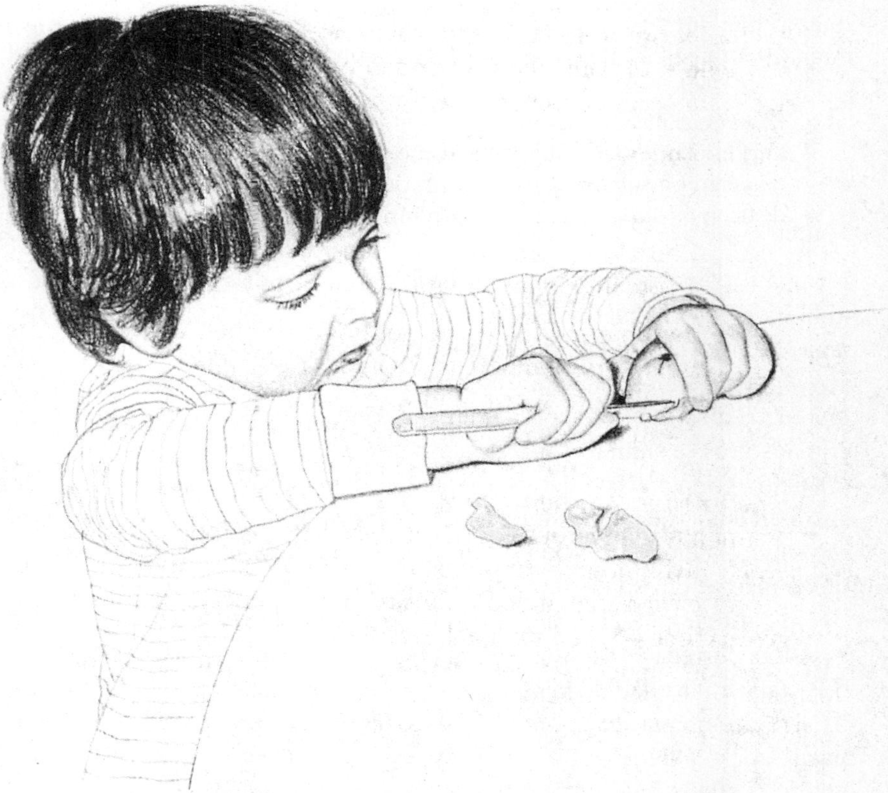

A un niño que muestre interés en algún instrumento filoso ofrézcale información útil en lugar de advertencias sobre lo terrible que es.

¿Cómo hace un cuchillo para cortar la manzana? Mucho antes de que un niño pueda utilizar con seguridad un utensilio de este tipo, seguramente querrá probarlo. Cuando vea que él se acerca a un cuchillo filoso, como seguramente lo hará porque todos los pequeños lo hacen, no le diga: "No, no lo toques". Decirle: "Jamás debes tocar un cuchillo porque te puedes cortar" es la forma tradicional de manejar este tipo de situaciones, pero sería mejor intentar decirle: "Sostenlo por el mango café y no por la hoja brillante. La hoja es muy filosa". Ayúdele al pequeño a sostenerlo de la manera adecuada y descríbale su funcionamiento llevando su mano para que juntos puedan cortar la manzana. Dar al niño un cuchillo sin filo y enseñarle cómo se usa mientras usted permanece cerca para protegerlo no sólo mejorará su habilidad para manejar todo tipo de herramientas, sino que, lo más importante, le mostrará que debe tener confianza en sí mismo cuando empieza alguna tarea nueva y desconocida.

> El padre cuidadoso que guía y dirige todas las cosas que hace su hijo le transmite la idea de que el mundo está lleno de peligros que el pequeño es incapaz de manejar. La sobreprotección le está diciendo: "Tú no eres capaz", en lugar de decirle: "Eres adorable." En realidad, mina el respeto en sí mismo.[1]

En una ocasión mi hijo tomó un hacha, y ni aun así grité "no", como me hubiera gustado hacerlo. En cambio le dije: "La hoja es muy filosa y si la dejas caer te vas a lastimar muy fuerte, así que detenla bien con las dos manos y ponla sobre la madera y no sobre tu cuerpo". Y exactamente eso fue lo que hizo, sin que sucediera ningún accidente, pero dos madres que estaban con nosotros se sintieron tan alteradas de verlo con este instrumento tan potencialmente peligroso que abandonaron la habitación. Si le hubiera dicho "no" sin duda me habría simplificado la vida en ese momento, pero hubiera reprimido la curiosidad de mi hijo o la habría pospuesto para un momento quizá más peligroso... aquel en el que yo no hubiera estado presente.

Una amiga mía a la que admiro mucho tiene una hija hemofílica. En su caso una cortada es asunto de verdadera preocupación, de modo que cuando estaba en la edad de la máxima exploración le compró rodilleras y estaba siempre preparada para todo. La pequeña tuvo todas las cortadas y raspadas como cualquier niño sano, y seguramente las mismas que hubiera tenido si ella la hubiera puesto nerviosa siempre gritándole "no, no".

[1] Dorothy Corkille Briggs, *op. cit.*, p. 62.

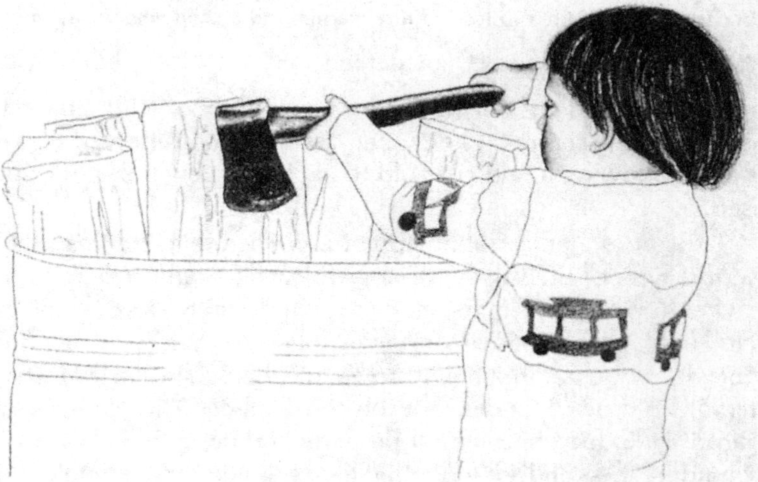

En una ocasión, una persona le llevó de regalo a esta pequeña una planta con espinas. Al día siguiente, cuando la madre la vio en su habitación, le dijo: "Mira qué planta tan espinosa, veamos lo que se siente". Pero entonces la pequeña empezó a llorar desesperadamente y no hubo forma de calmarla. Y es que el amigo bienintencionado que se la había regalado sin duda le había advertido de manera tajante que jamás debía tocarla. Pero un niño no entiende las cosas sólo mirándolas; tocar es para él fundamental. La pequeña se asustó tanto con la advertencia y la planta le pareció tan terrible que hubo que tirarla a la basura.

A mi hijo se le permitió usar tijeras, navajas y aun esa hacha de que hablé, mucho antes que a otros niños. Pero jamás salió solo, ni siquiera dentro del mismo edificio en el que vivíamos o al patio. Porque no se le puede decir a un pequeño: "No hables con extraños", si él ve que uno es cordial y amigable con los demás. Y como esa advertencia es una orden directa que viene de un adulto, de todos modos no siempre será útil en todas las situaciones peligrosas. Usted seguramente no querrá que su hijo crezca sospechando de todo el mundo, pero ningún pequeño debería tener que defenderse solo de las molestias de algún vecino, algún adulto desagradable o un borracho. Lo más seguro es enseñarle a su pequeño o pequeña a pensar por sí mismo, y mientras tanto usted deberá permanecer cerca hasta que tenga la edad suficiente para defenderse.

Los regalos

Yo soy de las que creen en los "regalos" como forma de comunicar amor. Descubrí, por ejemplo, que cuando tenía que dejar a mi hijo con una cuidadora y él no quería que yo me fuera, asegurarle que volvería después de la comida y que le traería un regalo disminuía su ansiedad. Los regalos pueden ser cualquier cosa que le demuestre al niño que usted pensó en él o ella mientras estaba fuera. Claro que deberían ser pequeños juguetes y otros objetos así en lugar de dulces o galletas, porque usar dulces como recompensa sienta un precedente poco sano. Una paleta es más barata que un libro o un juguete, pero a largo plazo sale más cara, por no mencionar más que las cuentas del dentista y el médico. Yo nunca hice gran alboroto por los dulces, y por una cosa o la otra el hecho es que a mi hijo jamás le gustaron. Me di cuenta de que quedaba igual de contento si al llegar le daba "la primera hoja de esta temporada de otoño que se cayó de un árbol" o el más caro de los juguetes. Fruta, tarjetas postales, materiales de arte y juguetes eran formas de decirle: "Te quiero y te extrañé cuando estuve fuera." Siempre tenía yo guardados y envueltos cinco o seis regalitos baratos por si cuando salía no tenía oportunidad de comprarle alguno. Y cuando tenía dos años y medio, Jason empezó a traerme regalos cuando era él quien salía. Debo decir que ¡hasta un ramito de hierbas medio secas me hacía sentir muy querida!

En una ocasión, cuando yo tenía como tres años de edad, mi madre volvió de uno de esos días dedicados a hacer compras, y cuando le pregunté si me había traído un regalo me recordó que en la mañana me había portado mal y por eso no me daría nada. Todavía recuerdo la dolorosa sensación de rechazo. Seis o siete horas después de los hechos ya no es el momento para castigar a un pequeño. Recuerdo que di de patadas en el piso y le grité: "Cuando yo crezca y tenga mi bebé, aunque sea la muy más mala le voy a comprar regalos." A todo el mundo le divirtió mucho mi pésima gramática, pero hasta el día de hoy he cumplido con esa promesa. Si tengo que dejar a mi hijo, él sabe que puede contar con que siempre regresaré con un pequeño regalo, y lo hago así porque creo que los regalos son una manera de demostrarle que lo amo aunque se porte mal. Son la expresión más simple y la que mejor puede entender un niño, más de lo que podría entender otros sacrificios o algunas expresiones muy sutiles y sofisticadas del amor. Y aunque algunas veces mi hijo me decía: "¿Qué me trajiste?", aun antes de decirme "hola", nunca dudé de que le daba gusto verme. Usted puede llamarle como quiera, soborno o modificación de conducta, eso no cambia el hecho de que los regalos pueden obrar maravillas.

Una ocasión salí por muy poco tiempo y no pensé siquiera en traer un regalo. Mientras le explicaba a Jason por qué no le había comprado nada, él me escuchaba malhumorado. Entonces me puse a desempacar los víveres que había comprado en el camino a casa y de repente él se emocionó mucho y me dijo: "¡Mami, no te olvidaste, me compraste mi pasta de dientes favorita!" Se puso feliz de aceptar el tubo de pasta dental como regalo ese día porque los niños quieren y necesitan creer en sus padres. Y desde entonces nunca volví a dejar que mi reserva de regalos bajara tanto.

Los niños no se echan a perder si tienen muchos juguetes y nunca pueden ser amados demasiado. En nuestra sociedad los seres humanos "echados a perder" son precisamente aquellos que cuando eran niños no recibieron suficiente amor o atención. Para un chico orientado hacia los objetos, regalarle un juguete le aumenta su sensación de valor. Y por lo que se refiere a "echarlo a perder" por esos muchos regalos como expresiones de amor, lo único que puedo decir es que cuando mi hijo tenía tres años y se encontró con una docena de regalos muy envueltos que Santa Claus le había dejado abajo del árbol de Navidad, me dijo: "¡Pero mamá! ¿Qué pasa? ¡Creo que no quedaron regalos para los demás niños!" Nunca será demasiado lo que le dé a su hijo. Si usted es generosa y capaz de dar, él crecerá siéndolo también. Las personas atormentadas y que ambicionan lo que tienen los demás es porque se sienten frustradas. Los que reciben objetos en vez de recibir tiempo y amor, en lugar de sentirse amados, crecen verdaderamente frustrados. Lo que evita que un niño se "eche a perder" es cómo y por qué recibe los regalos. Nunca me pareció que los frecuentes regalos que le hice a mi hijo lo hartaran. Siempre el juguete adecuado en el momento preciso lo ponía en un estado de excitación absoluta aunque recibía muchos juguetes. Y siempre le dije que si algún extraño le ofrecía comprarle algo o se lo daba debería decir "no, gracias", y debería venir a la casa y decirme inmediatamente lo que le habían ofrecido para que yo se lo comprara en ese mismo instante. Y por supuesto que hice todo para cumplir esta promesa.

Por supuesto que muchas veces los niños piden bastantes más objetos de los que podemos darles. Lo que necesitan es saber que usted *quiere* dar, y eso es mucho más importante que su interés en el objeto. Es una buena idea comunicarle amor a su hijo dándole el mayor número de cosas que pida, cuando esto sea posible, y sin otra razón que el hecho mismo de que lo quiera. Y si su presupuesto no lo permite, no le dé explicaciones de economía, pues es mejor una lección de amor. De modo que en lugar de decirle: "¡No, eso no nos lo podemos permitir!", dígale algo así como: "Cómo me gustaría poder comprarte eso", o si aún falta tiempo para su cumpleaños puede decirle: "Ojalá pueda yo ahorrar suficiente dinero para comprártelo el día de tu fiesta". Frases como: "Tal vez podríamos agregar esto a la lista para Santa Claus" o "lo compraremos la próxima vez que vayamos a la tienda de juguetes" o "¿por qué no?" eran algunos de mis eufemismos favoritos para decir "¡no!", pero sólo funcionan cuando usted ha dicho "sí" las suficientes veces como para convencer a su pequeño de que de verdad se preocupa por lo que él o ella desean.

Organizar los juguetes

Conforme crece la colección de juguetes, es fácil que se vuelva caótica. Para fomentar un sentimiento de seguridad se deben organizar el espacio de juegos y los materiales. Es útil separar los juguetes por categorías, pues eso no sólo facilita la limpieza, sino también permite darse cuenta cuándo se tiene demasiado de un tipo de objetos y no suficiente de otro. Algunas categorías son:

- Rompecabezas
- Libros
- Discos
- Materiales artísticos
- Disfraces
- Cubos
- Herramientas
- Juguetes vocacionales (maletín médico, máquina de escribir, etc.)
- Vehículos
- Trenes
- Juguetes para montar en ellos
- Aviones, cohetes, barcos
- Muñecas
- Animales
- Juguetes para la arena
- Juguetes para el agua
- Juguetes para atender el hogar
- Juguetes para empujar y jalar

Dibuje o pegue una imagen sencilla de un automóvil en la caja o cajón en donde guarde estos juguetes, un oso en donde se guardan los animales de peluche, un avión para los aeroplanos, etc. Puede comprar un diccionario infantil barato o guardar los catálogos de juguetes que llegan por correo a fin de obtener las imágenes que necesita. Cubra completamente la imagen con papel adhesivo transparente para evitar que se despegue. Esta lectura de imágenes sirve como introducción a la lectura. Cuando Jason tenía cinco años y ya podía dibujar figuras realistas preparó nuevas etiquetas para todas sus cajas de juguetes y en ello ocupó una larga tarde de lluvia. Es sólo cuestión de tiempo antes de que el niño empiece a poner las cosas en el lugar adecuado. Y además de separar y marcar todos los juguetes, póngalos en el lugar en donde es más probable que se les vaya a usar. Los juguetes para el agua deben estar cerca del lavabo y la tina, los materiales artísticos junto al caballete y así. Un niño que quiere jugar con un carrito y sabe

Utilice como etiquetas dibujos o imágenes cuya decodificación constituye una actividad de prelectura.

exactamente dónde encontrarlo adquiere un control muy importante sobre su propio juego, un sentimiento de independencia y de seguridad. No guarde los juguetes en lugares altos porque eso crea al pequeño una dependencia innecesaria de la ayuda de un adulto.

Los juguetes en la naturaleza

A pesar de la relación de amor con los juguetes y objetos, y a excepción de los demás seres humanos, el mundo natural sigue siendo lo que más les encanta a los niños y su mejor maestro. La luz del Sol, el agua, la arena son los tres mejores juguetes del mundo. El Sol nos dice todo sobre el tiempo y las sombras, el juego con agua nos da la oportunidad de conocer las propiedades de los líquidos, y la arena demuestra la gravedad e incita a construir.

Sus reacciones al juego del pequeño y las experiencias de juego que le proporcione tendrán una influencia muy profunda en la vida de su hijo. Una cálida tarde de sol, después de una fuerte lluvia, llevé a Jason al parque, que tenía un enorme charco en el centro. Naturalmente, se lanzó a él de inmediato, y lo único que dije fue: "¡Esto se ve muy divertido!" Después de unos minutos me di cuenta de que las otras madres me miraban y les decían a sus hijos: "Tommy, no te atrevas a meterte en ese charco" o "no creas que porque a ese niño le dieron permiso de meterse al charco tú puedes hacerlo también". Durante el resto de la tarde seguí siendo una de las dos madres que les permitieron a sus hijos mojarse libremente. Jason la pasó muy bien y jugo allí por una hora y media, con lo cual me demostró que la duración de la atención se relaciona directamente con el nivel de interés. A menos que afuera esté helando, ¿por qué no dejar a su hijo jugar en un charco si muestra interés en hacerlo? Los pies mojados no son ningún desastre en días cálidos, y estoy segura de que ese charco es tan educativo como cualquiera de los juegos que tiene el parque. Ser un buen padre de verdad significa darle estas oportunidades a su hijo y estar dispuesto a ofrecerle el apoyo que necesita para crecer. Algunas veces ser un buen padre puede resultar algo tan simple como estar dispuesto a cargar siempre un cambio extra de ropa seca y otro par de zapatos o estar dispuesto a secar el piso. Y esto hace toda la diferencia del mundo para su pequeño. Cuando vuelva a llover recuerde que una tarde con agua es un entretenimiento, y en lugar de esconderse tras las puertas de su casa salga con su hijo a dar una caminata, lave su pelo en la lluvia o quítese los zapatos para bailar. Use su

imaginación para planear otras variaciones del juego en el agua que estimulen también el interés del niño.

Por ejemplo:

1. Un "baño de autos" con esponjas, trapos, agua jabonosa, de ser posible una manguera y, por supuesto, todos los autos de juguete que pueda usted encontrar.

2. Agregue una gota de colorante para alimentos a la tina o a un lavabo lleno de agua. Tenga además dos tazas llenas de agua de diferentes colores para que el pequeño pueda experimentar mezclándolos.

3. Llene con agua el lavabo, un gran recipiente de plástico o cualquier otro recipiente de tamaño grande y agréguele una pequeña cantidad de jabón líquido. Después enséñele al niño cómo hacer burbujas con una batidora de mano.

4. Dé al chico embudos, regaderas y recipientes de diversos tamaños para permitirle experimentar con el volumen y las cantidades.

5. Dele muñecas para que las bañe, botes para que naveguen y otras cosas por el estilo.

6. Invite a un amigo, porque cualquier tarde de lluvia se pasará rápido si se está con un amigo en una tina llena de burbujas.

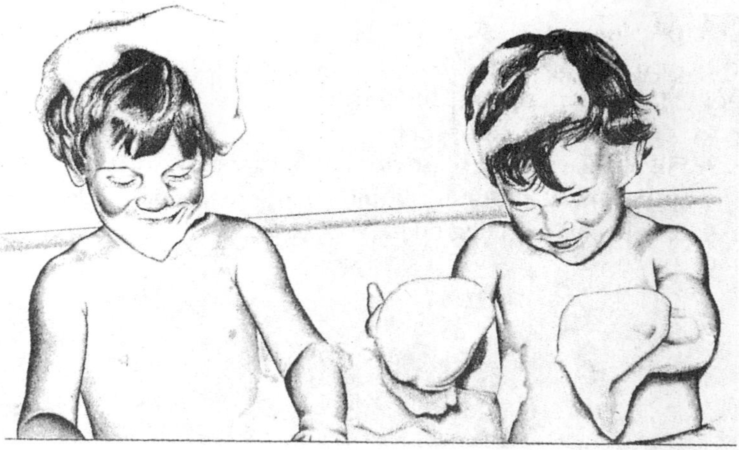

Puesto que se requiere de su supervisión para el juego en el agua, deberá ser creativa a fin de aprovechar bien su tiempo. Yo revisé mis cuentas, escribí libros y leí los periódicos sentada en el piso del baño mientras mi hijo jugaba en la tina. Hice muchas ensaladas picando las verduras en el lavabo del baño en lugar del de la cocina, y si alguna vez tengo otro hijo pienso instalar un teléfono en el baño. Si no se siente capaz de supervisar a su pequeño toda una tarde en el baño o en el lavabo, entonces llene una cubeta y póngala junto con los juguetes de agua cerca de donde usted se encuentre, cubriendo el lugar con un mantel de hule.

El mejor juego es siempre aquel que contribuye a ampliar nuestra comprensión del medio. ¿Cómo se ve el mundo a través de unos lentes de color rosa?, ¿o unos de color azul? ¿Cómo se verían unos pedazos de papel si se reflejan al mismo tiempo en dos espejos? Estas preguntas y muchas más son muy importantes para que los adultos las tomen en consideración y les dediquen tiempo y, de ser posible, su interés. Su hijo o hija se están preparando para el mundo de verdad y el tiempo de juego lo refleja. El pequeño

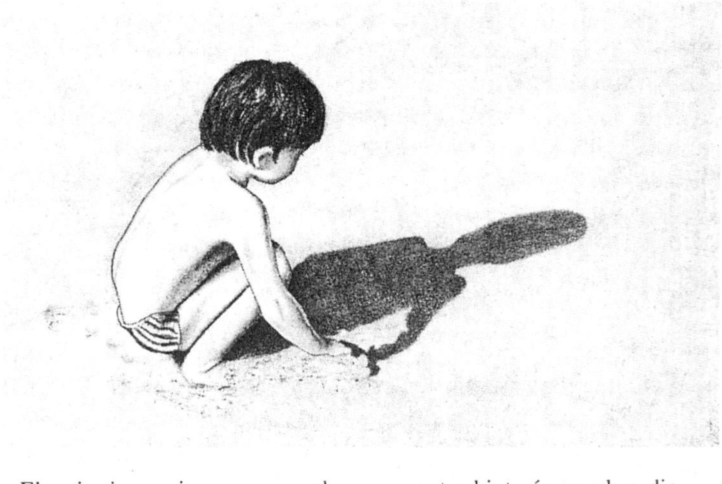

El mejor juego siempre es aquel que aumenta el interés por el medio.

se sentirá más feliz y aprenderá más si estudia las sombras en la arena que si juega con la mayoría de los juguetes.

Las lupas, los imanes, calidoscopios, semillas y acuarios ayudarán a su hijo a ver nuevos aspectos del mundo. Su pequeño puede ver el mundo a través de unos anteojos con cristales de color rojo, amarillo y azul, usando un solo color o experimentando con la mezcla de varios. Con pedazos de papel celofán de colores se puede lograr el mismo efecto. Nosotros utilizamos este tipo de cosas para ayudarnos a enseñar cómo mezclar los colores en nuestros programas en Jóvenes en el Arte. Un calidoscopio y un periscopio le fascinan al niño de dos años. Las palas, embudos, cernidores y cubetas son objetos que aumentan su comprensión del universo. Usted puede ayudarle a tener este tipo de experiencias significativas que estimulan su curiosidad y su cuestionamiento científico al tiempo que desalientan el tipo

Los juguetes, lo mismo que los niños, deberían empezar la vida con infinitas opciones y posibilidades de acción.

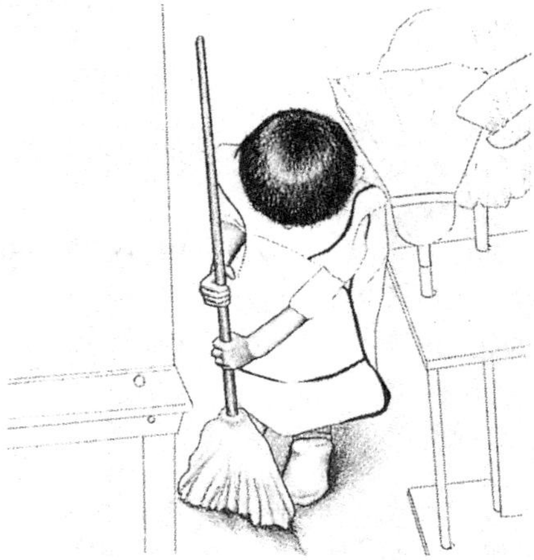

Los niños aprenden los trabajos de la gente grande a través del juego.

de juegos pasivos que lo obligan a estar sentado mirando cómo algunos objetos corren solos alrededor de un círculo haciendo ruidos y prendiendo sus luces. Los juguetes, como los niños, deben empezar la vida con una cantidad infinita de opciones y de posibilidades de acción.

Los juguetes vocacionales

Algunos juguetes y experiencias que se consiguen cuando se practica con "juguetes" para adultos ayudan al niño a comprender el trabajo de éstos. Mi hijo estaba fascinado con mi máquina copiadora, de modo que a los dos años de edad fue nombrado "el hombre de las copias" en la oficina y se sintió muy orgulloso con ese título. Él sabía que yo estaba escribiendo un libro, así que le propuse que hiciera lo mismo. Compramos un cuaderno de argollas con las páginas en blanco para que lo hiciera. Los garabatos que hizo en él son un importante registro de su desarrollo y crecimiento, y tienen tanto valor para nuestra familia como cualquiera de mis libros. Entre los juguetes vocacionales favoritos de los niños están los talleres con rampas, elevadores que se mueven a mano dando vuelta a las manivelas, casas de muñecas, estaciones de bomberos, autos y camiones, etc. Se deberá adquirir aquel que despierte el interés particular de su pequeño.

Los juguetes bélicos

Mi hijo sabía bien que a nosotros no nos gustan las pistolas puesto que se les usa para lastimar a la gente y a los animales. Desde el principio se le prohibió de la manera más estricta que pegara, pateara o mordiera a otra persona; así pues, ¿por qué habría de dejarlo disparar a alguien? Y aunque es cierto que en casa de sus amigos sí jugaba con pistolas, creo que mi prohibición fue una manera de ayudarlo a comprender la filosofía de nuestra familia respecto al trato que se le debía dar a otros seres humanos. El juego de fantasía es un ensayo para la vida adulta. Las pistolas y espadas dan oportunidades de representar soluciones aterradoras, agresivas y violentas para los problemas de la vida, y como ésas no son las soluciones que queremos que nuestros pequeños encuentren a las dificultades, entonces el juego con armas resulta algo peligroso. Sé bien que jugar con una pistola no significa que el niño cuando crezca será un asesino; pero puesto que el pequeño aprende de todas sus experiencias de juego, ¿qué sentido tiene estimularlo a aprender que puede ser divertido matar? Quizá no siempre podremos evitar este tipo de juego con armas, pero ¿para qué estimularlo? Cuando alguien le regaló a mi hijo una pistola espacial de pilas, la llevamos de regreso a la juguetería y le pedimos que escogiera cualquier otra cosa que quisiera en lugar de ese juguete. Es cierto que no cooperó en esto con mucho gusto, pero el hecho de que ese juguete costara doce dólares y él lo pudiera cambiar por cuatro cosas de tres dólares lo hizo muy feliz.

Un oficial de la policía de Nueva York, el señor Michael Cafarella, afirma:

> Los niños usan las pistolas para apuntarle a la gente. Muchos de los accidentes que encontramos tienen que ver con gente que con una pistola de verdad hace lo mismo que haría con una de juguete. Los policías y los soldados muchas veces tienen problemas para aprender a manejar armas de verdad porque la forma en que utilizaron las de juguete les resulta de lo más natural. Usar un arma de verdad requiere mucha habilidad.

Este señor, que por supuesto carga todos los días una pistola debido a su trabajo, afirmó también que jamás le compraría una de juguete a su hijo.

19. Las experiencias artísticas

Los niños entre dos y medio y tres años llegan a un punto en sus garabatos en que reconocen que, por puro accidente, las figuras que dibujaron parecen objetos reales. Entonces les dan nombres después de hacerlos. Y para la siguiente vez en que miran ese dibujo pueden tal vez hallarle una similitud con un objeto completamente diferente, y por tanto le darán un nuevo nombre. La mejor ayuda del adulto consiste en señalarle qué es lo que esas líneas tienen en común con los objetos. Por ejemplo: "Esto sin duda es redondo, como una rueda". Al día siguiente el comentario puede ser: "Veo que esta línea es redonda como el Sol". Las dos afirmaciones son igual de exactas y le ayudan al pequeño a comprender cómo todas las formas redondas están relacionadas entre sí. La redondez de las formas permanece igual pero cambian el título y la descripción. Algunas veces los padres y maestros aceptan el primer nombre como el "verdadero" significado del dibujo y lo escriben sobre el papel. Con ello le hacen un mal servicio al pequeño y reprimen el pensamiento flexible y fluido. Al poner por escrito las descripciones originales que hace el niño de su dibujo están sancionando una idea desde su poderosa posición de adultos, con lo cual muchas veces eliminan la posibilidad de que el pequeño vea después que puede ser apropiado otro título para ese dibujo. Un dibujo de un círculo como el que se muestra a continuación, hecho por Amanda, bien puede convertirse en el sol, en una flor y en una gran cantidad de otras cosas, pero si el maestro acepta inmediatamente el primer nombre que ella le puso, entonces ya no deja oportunidad para estas posibilidades.

Trate el arte de su pequeño como trataría el arte profesional en su hogar. Exhíbalo en marcos y no pegado sobre el refrigerador. Haga el esfuerzo

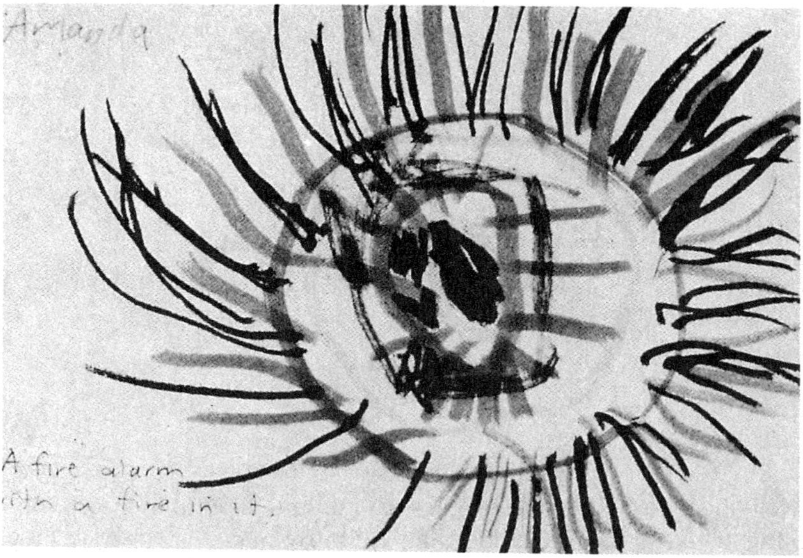

Una alarma de bomberos con el fuego dentro.

por elegir no aquellos dibujos que a usted le gusten más, sino los que el niño haya mostrado más interés en hacer. Es difícil no imponer los patrones del adulto sobre lo que es "bonito" en el arte infantil; los pequeños captan rápidamente lo que les gusta y lo que no les gusta a sus padres y pueden sacrificar su desarrollo a cambio de la aprobación. No se sorprenda si su hijo no recuerda si de verdad hizo tal dibujo o si lo tira a la basura, porque lo que es importante para él es el proceso y no el producto. Sin embargo, nunca sea usted quien tire a la basura el arte de su hijo. Le conviene invertir en una carpeta de 60 × 90 centímetros para guardar los dibujos. Nosotros usamos por lo general dos de éstas al año, o sea, tendremos unas cuarenta para cuando nuestro hijo crezca, y estoy segura de que le encantará enseñárselas a sus hijos; de no ser así, ¡lo que sobra es tiempo para tirarlas a la basura!

A los niños no los engañan los padres que cuelgan arte realista muy bien enmarcado en sus salas y pegan sus garabatos y primeros dibujos sobre el refrigerador. Nunca es demasiado pronto para darle al arte de su pequeño un lugar importante en su hogar. Se puede invertir una pequeña cantidad de dinero en marcos muy sencillos de tamaño estándar que se compran en las tiendas grandes y si compra el mismo tamaño de papel para dibujar, cuando su hijo le muestre muy orgulloso su obra de arte usted estará preparada para exhibirla tan profesionalmente como se hace en los museos. Pegarla en un marco de tamaño normal de 27.5 × 35 centímetros es tan sencillo como pegarla sobre la puerta del refrigerador, pero se ve más bonita. Y su hijo sabrá la diferencia. Darle un lugar en su hogar significa que para usted es importante y valioso.

Si desea que su hijo sienta confianza en el área artística, es importante reforzar la idea de que se aprecia y valora su arte. Su interés y el hecho de que lo exhiba con orgullo son cosas que nunca se pierden para el niño, y si otros lo critican, se burlan o no parecen apreciarlo, eso puede minar los esfuerzos de los padres. Un hermano mayor que se encuentra ya en otra etapa de su desarrollo artístico puede provocar un efecto terrible sobre un pequeño, así que parte de su trabajo como padre de familia es "protegerlo" de los comentarios de niños mayores que pueden herirlo y cuyo ejemplo puede confundirlo y hacerlo sentir mal.

"¡Mamá colgó el yeso con la huella de mi mano en la sala y no en el cuarto de juegos!"

Como maestra de arte, muchas veces pasé varias semanas trabajando con niños que con mucho esfuerzo y amor les hacían regalos a sus padres. "¿Qué es esto?" era la primera pregunta que muchos bienintencionados progenitores hacían. Pero si ni siquiera mamá sabe lo que es, quiere decir que no puede ser bueno, ¿no es cierto? O si el regalo era para mamá, y el papá lleva al pequeño de compras por otro regalo, le está comunicando que sus esfuerzos no son lo suficientemente buenos para ella y que "es mejor lo que se compra en las tiendas".

Cómo conservar el interés en el garabateo

Cuando su hijo no muestre interés en hacer garabatos, esto puede significar que está concentrado en otras áreas del desarrollo. Si se le ofrece algún utensilio nuevo para dibujar, o un papel de forma diferente o de textura distinta como cartón corrugado, lija, pergamino o tela se le estarán planteando cambios estimulantes y nuevos retos, lo cual podría renovar su interés en esta actividad.

Pintura de dedos

Si su pequeño apenas está empezando a pintar con los dedos en esta etapa, deberá ofrecerle solamente un color en cada ocasión y permitirle la libre manipulación del material. Sin embargo, si ya se trata de un experimentado pintor de dedos, puede darle rojo y amarillo para que mágicamente resulte el naranja, o azul y amarillo para hacer verde, o rojo y azul para que se convierta en morado.

Pintura

Entre los dos y tres años de edad, pintar con pinceles sigue siendo una experiencia kinestésica para un pequeño, de modo que ofrecerle demasiados colores podría distraerlo de lo más importante. Si lo que quiere es darle variedad, puede hacerlo ofreciéndole un día pintura negra sobre papel blanco y al día siguiente pintura blanca sobre papel negro. La variedad puede conseguirse mediante simples adiciones al proyecto principal, por ejemplo:

Rete a su pequeño ofreciéndole nuevos materiales.

tratando algunas veces de pintar sobre papel corrugado o lija. Definitivamente debe dejar que su niño indique su elección de color y proponga trasfondos nuevos, pero tenga siempre presente que lo más importante son los materiales básicos. Pablo Picasso pintó todos y cada uno de los días de su vida utilizando siempre los mismos materiales muy simples. Los artistas hacen su trabajo más creativo con aquellos materiales que mejor conocen.

El gis y un pizarrón son materiales maravillosos para esta edad. El contraste de un gis blanco sobre un pizarrón negro (que siempre es más divertido que la versión en verde, aunque más difícil de conseguir) le proporciona una imagen muy intensa en negativo, mejor que la de las líneas negras sobre una base blanca. Además es fácil de borrar y de combinar con los dedos. ¡Y a los niños les encanta borrarlo y lavarlo! Pero aunque los pizarrones son maravillosos, si no se tiene uno es igual de linda la acera. La próxima lluvia lavará el gis después de que el pequeño haya perdido interés en su dibujo, y no le entristecerá verlo desaparecer.

Las actividades previas a pegar

Las etiquetas engomadas que venden en las papelerías le ofrecen una maravillosa actividad previa a la de pegar. Los círculos de colores brillantes sobre papel contrastante refuerzan el aprendizaje de lo que es redondo sin necesitar la avanzada habilidad que requiere pegar. Lo mismo que con los colores, las figuras geométricas deberán ofrecerse de un solo tipo cada vez. Puede dedicar un día a trabajar con círculos y después, durante algunos

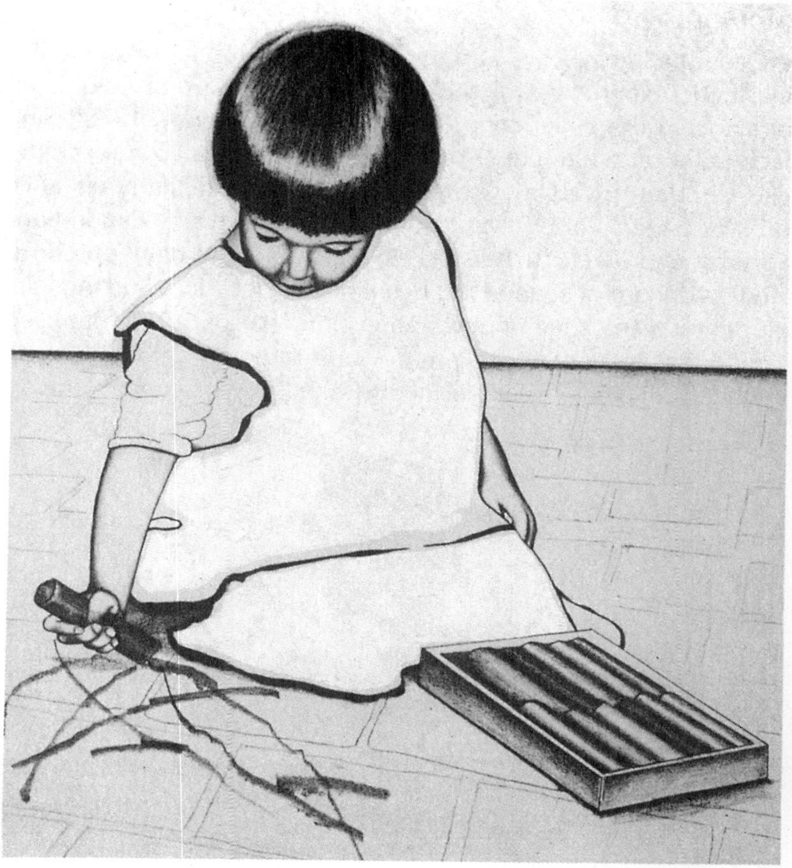

El gis que se puede mezclar, embarrar y borrar, es muy diferente de los crayones y lápices.

días, señalarle esa figura en los objetos del medio. Organice juegos de círculos, lea libros, cante canciones con este tema y reserve los cuadrados para la siguiente semana. Recuerde que no ganará nada demostrándole que los círculos se pueden convertir en pinturas, ruedas o paletas, porque el pequeño aún no hace la conexión mental entre hacer líneas y formas sobre el papel y hacer objetos realistas, a pesar del hecho de que puede entender muy bien (es decir, puede "leer") los dibujos en un libro.

No le ofrezca a su hijo las nuevas etiquetas que vienen en formas de arco iris, cerditos, etc., porque esas formas ya completas pronto se convierten en sustitutos de la actividad artística en lugar de estimularla. Las estrellas son quizá la forma más realista que yo le daría a un pequeño. Otra forma de introducirlo a la actividad de pegar y que no requiere de mucha habilidad y coordinación se halla en los pedazos de cinta adhesiva de colores. Usted tendrá que dárselos ya cortados para que él o ella los usen; pero es importante que le permita pegarlos libremente en la forma que quiera. Lo mismo que sucede con cualquier nuevo material artístico que se le enseña al pequeño, también las etiquetas se incorporarán a la decoración del cuerpo.

Pegar

Si su pequeño ha pintado con pincel y ha realizado las actividades previas a pegar que se describieron antes, a la edad de dos años y medio estará listo para dominar el pegado. Mezcle un poco de agua con goma y dele un poco en un recipiente bajo que no se voltee. Si le agrega colorante para alimentos se hará esa pasta para embarrar que en las primeras pinturas constituye un atractivo para el arte. Sin embargo, no olvide que el objetivo no es el "atractivo" ¡sino aprender, ensanchar la mente y crecer! La mayoría de los niños pegan en todo el papel como si estuvieran haciendo una pintura, pero no le diga "no" o "así no se hace", pues lo importante no es lo que resultará sino la manipulación de los materiales y el estímulo a la confianza en sí mismo del pequeño.

Las etiquetas que venden en las papelerías le ofrecen una maravillosa actividad previa al pegado.

Con diferentes tipos y colores de cinta adhesiva el niño puede comenzar a pegar sin requerir demasiada habilidad o coordinación.

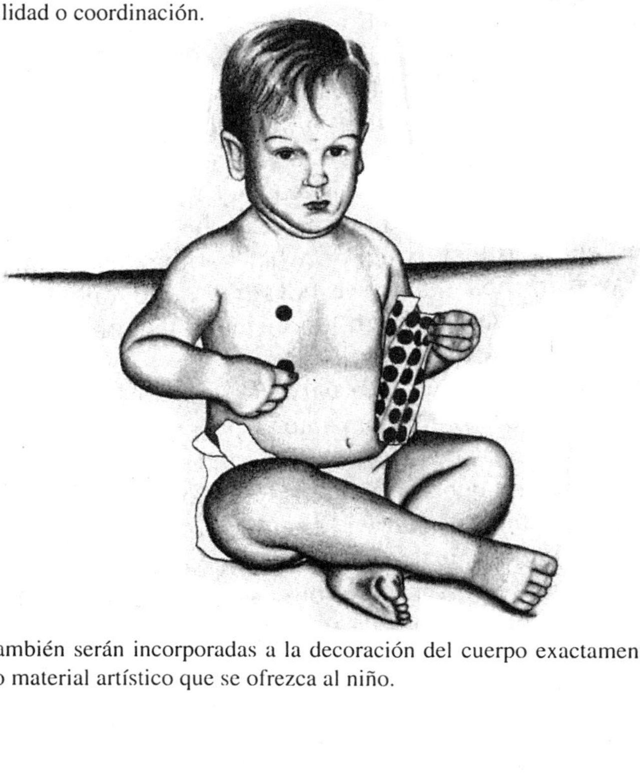

Las etiquetas también serán incorporadas a la decoración del cuerpo exactamente como cualquier nuevo material artístico que se ofrezca al niño.

Déle pedazos de formas ya sea libres o geométricas cortadas de un papel fuerte y enséñele cómo aplicar la pasta preparada, poniendo el pincel en el recipiente y después pegándolo por la parte de atrás. No le imponga sus expectativas y acepte que aprender esta actividad implica llenar de goma todo el papel.

La decoración del cuerpo

Decorar la cara y el cuerpo es un arte que se practica universalmente y que se convierte en femenino o masculino dependiendo de la sociedad de que se trate. Pertenecer a una que la considera como actividad femenina no niega de manera automática esta necesidad en los niños pequeños, y es mejor dejarlos salirse del sistema ahora, para no afectar su masculinidad después. Por ejemplo, a los dos años y medio Jason y Jeffrey, sentados afuera para no amenazar la limpieza del interior, desnudos y advertidos de que podían hacer lo que quisieran siempre y cuando no se levantaran de sus asientos, la pasaron sensacional y se veían maravillosos, y se divirtieron tanto lavándose como se habían divertido decorándose el cuerpo.

Usted puede fabricar su propio maquillaje fácil de quitar si pone dos cucharadas de crema para la cara en un vaso de papel o de hojalata, le agrega unas gotas de colorante para alimentos y lo mezcla. El niño se lo puede untar con los dedos y no se quedará pintado durante mucho tiempo, aunque sí se va a divertir mucho con un juego que es ideal porque la limpieza posterior es muy fácil. Ésta será además una valiosa experiencia para Halloween, en comparación con la tan común de disfrazarse con una réplica de alguna caricatura famosa, comprada en la tienda y que por lo general fue además elegida por un adulto. Un poco de crema para la cara seguida de agua y jabón deja al niño como nuevo, pero enriquecido por la experiencia.

Los tubos de hule

Estos materiales también son muy divertidos porque se pueden doblar, enrollar y hacer de muchas formas. No se necesita frustrar al pequeño dándole puras figuras duras. La diversión viene de la manipulación del

Si el adulto pone al niño el maquillaje "correctamente", se perderá todo el sentido de esta actividad. Los adultos nunca deberán hacerles a los pequeños lo que éstos prefieran hacer por sí solos.

Experimentar, y no verse bonito, es de lo que se trata y es más divertido.

material y la experimentación libre es la mejor forma de que aprenda nuevas habilidades.

El barro y la plastilina

Éstos son dos materiales favoritos de los pequeños de esta edad. Usted podrá comprarlos o prepararlos en su casa mezclando:

- 4 tazas de harina cernida
- 1 taza de sal
- 1 1/2 tazas de agua o más (mezcle despacio hasta lograr la consistencia deseada)
- 1 cucharada de aceite de cocina
- unas gotas de colorante para alimentos

Si usa un poco menos de la harina que se requiere y pone lo que sobra en el cernidor, el pequeño se divertirá mucho espolvoreándola sobre la plastilina. Agregue el colorante al agua antes de mezclar los ingredientes para conseguir un color más parejo. La arcilla para modelar, el barro y la arcilla del alfarero proporcionan variaciones interesantes en la textura y en el potencial de los materiales.

Los moldes que reproducen formas hechas por los adultos no tienen ningún valor y no deben ofrecerse ni para el barro, ni para la plastilina ni para la arena. No estimulan la manipulación de los materiales, que es la forma como los niños aprenden de este tipo de juego.

El arte espontáneo

Los niños pequeños entienden muy bien la concepción de vanguardia del arte conceptual, aunque muchas veces sus ideas se oponen a las que tienen los adultos sobre lo que debería ser el arte. En una ocasión en que mi hijo se subió al mueble de la cocina para pegar en el tostador unos pedazos de papel que había dibujado, lo felicité por haber inventado un objeto artístico original en lugar de señalarle los problemas de haber hecho semejante cosa (el peligro de quemarse por ejemplo), y lo único que hice fue desconectar el aparato y decirle que durante un tiempo no tostaríamos pan para no arriesgar su obra de arte.

Hasta un tostador puede estimular el arte conceptual.

Para estimular la creatividad

Es fundamental que los adultos reconozcan y estimulen las acciones creativas de sus hijos. Es difícil para aquellos adultos que no experimentan la inventiva en sus propias vidas, y que nunca trabajan con materiales artísticos, reconocer la creatividad en los niños. Con frecuencia consideran que la desviación de una norma es algo "equivocado" o "malo". Todos nacemos con mentes curiosas y con capacidad para la creatividad, pero para la mayoría esta habilidad se atrofia muy pronto porque a cada momento se le desalienta, y entonces el pequeño la abandona junto con el biberón y los pañales. Es difícil reconocer las acciones creativas cuando estamos acostumbrados a considerar como tales los dibujos de flores muy lindas, aunque hayan sido hechas siguiendo los números de las instrucciones.

Muchas veces la gente me ha dicho que les ofrece a los niños en edad preescolar actividades de mi *Anti-Coloring Books*, a lo que yo respondo que estos libros fueron planeados para niños mucho mayores. Entonces me dicen: "pero mi hijo es muy inteligente". La inteligencia no quiere decir que el pequeño se pueda saltar la necesidad que tiene ahora de hacer el arte adecuado para su edad. Si se le pone a hacer una tarea que es demasiado difícil sólo se conseguirá frustrarlo y provocar respuestas dependientes. Si el niño da señales de estar listo, preséntele entonces retos adecuados y razonables que estimulen su desarrollo. Que un pequeño de tres años sea inteligente no quiere decir que deba dibujar objetos realistas. He visto algunos niños de esta edad que dibujan personajes y objetos, y esa habilidad no significa mucha inteligencia ni talento artístico, sino más bien muestra el tipo de educación que se les dio. Los padres que no valoran los garabatos y que dan "instrucciones para dibujar" terminarán por influir en sus pequeños para que abandonen los garabatos y dibujen de manera tal que satisfaga a los adultos. Con esto se interrumpe la secuencia del desarrollo y es probable que nunca se recuperen completamente los adelantos necesarios. La pérdida se hará evidente después, cuando se abandone de plano el arte y se vuelva difícil la escritura.

> La creatividad es una manera de pensar
> y no es sinónimo de un IQ elevado.[1]

[1] Doctora Barbara Kuczen, *Childhood Stress*, Delacorte Press, Nueva York, 1982, p. 188.

Estimule al niño a encontrar nuevas formas de usar las herramientas.

El individuo creativo enfrenta los problemas con soluciones frescas y no tiene miedo de salir con nuevas ideas. No siempre es necesario conseguir pinturas, goma o barro para estimular el proceso de pensamiento creativo de su hijo, sino que bien puede hacerlo mientras maneja su automóvil o espera su turno en el consultorio del médico. Invente una canción tonta y después estimúlelo para que haga lo mismo. Pregunte cosas que tienen muchas respuestas correctas como: "¿Qué pasaría si...?" "¿Cómo podríamos...?" "¿Para qué más podríamos usar un...?" "¿Qué se sentiría si fuéramos unos...?" "¿De qué otro modo podrías hacer esto?" Y por supuesto, responda de manera positiva a las ideas nuevas de su hijo en lugar de señalar las dificultades que puedan tener.

Encontrar nuevas formas de usar las herramientas puede ser algo muy creativo. Por ejemplo, parar de cabeza un rodillo que se usa para amasar y hacer agujeros con uno de sus lados muestra un proceso de pensamiento abierto que debe ser elogiado y estimulado. La intervención para mostrar la forma "correcta" de usarlo detiene la experimentación y, por lo tanto, el aprendizaje. Esta acción es la que se debe subrayar, y no dar tanta importancia a que la escultura salga o no "bonita". La regla a seguir es hacer énfasis en el proceso y no en el producto.

Una razón por la cual el arte ha sido dejado de lado en el desarrollo de la primera infancia es porque no es una profesión muy respetada en nuestra sociedad. Se piensa de muchos artistas que están "locos" y económicamente a muy pocos de ellos les va bien. De ahí que los padres que no desean que sus hijos sean artistas cuando crezcan dejan de lado la educación artística. Sin embargo, el arte es "una manera de aprender, no algo que se aprende".[2]

Platón describió un sistema completo para enseñar a los niños a través del arte. El alto valor que se concede a reconocer objetos reales en el trabajo artístico de los chicos dice mucho más sobre nuestras incapacidades que sobre las habilidades del pequeño. Los padres que reconocen el hecho de que hacer garabatos es un trabajo difícil que conduce hacia un objetivo importante les están ayudando a sus hijos a crecer y a desarrollarse.

Ronald Lee Rubin, asesor del Departamento de Educación de Vermont, escribió las siguientes seis justificaciones para la educación artística:

1. Las artes son fundamentales sobre todo para desarrollar el pensamiento sensorial-perceptual que, a su vez, será determinante para aprender habilidades de comunicación y desarrollar las capacidades verbales, matemáticas y de razonamiento.

2. La educación artística es necesaria para aprender las habilidades de procesamiento conceptual –como secuencia, equilibrio y analogía– que se requieren para aprender efectivamente la lectura, el lenguaje, las matemáticas y otras capacidades básicas.

3. La educación artística proporciona a los estudiantes oportunidades para entender y utilizar las formas simbólicas. La idea de casi todos los programas por área se basa en formas simbólicas cognoscitivas.

4. La educación artística es un medio efectivo para mejorar el desarrollo conceptual de los estudiantes, que es básico para todos los tipos de comunicación expresiva y receptiva, así como para la habilidad de interpretar efectivamente la realidad.

5. Las artes son un medio fundamental para educar a los estudiantes a fin de que sean inventivos, autodisciplinados, constructivos, imaginativos, dirigidos por sí mismos y capaces de resolver problemas difíciles.

[2] Viktor Lowenfeld y W. Lambert Brittain, *Creative and Mental Growth*, 6a. ed., Macmillan, Nueva York, 1970, p. 53.

6. Y, por supuesto, la educación artística es uno de los principales métodos por medio de los cuales las sociedades desarrollan y comunican su herencia cultural.[3]

En un "Museo de bomberos" observé a una madre con su hijo pequeño. Me dijo que iban mucho a ese lugar pues el niño no se cansaba de ver los camiones de bomberos. Su emoción era obvia para todo el mundo. En un momento dado se acercó a ella y le dijo: "Cuando lleguemos a casa, ¿me dibujarás un camión de bomberos?" El interés natural es la mejor motivación para la expresión creativa. Pero una vez que mamá le dibuje un lindo camión de bomberos, él ya nunca dibujará uno por sí solo. Y si deja de dibujar lo que más le gusta, dejará de dibujar por completo. Porque cualquier niño se da cuenta de la diferencia que hay entre su dibujo y el de un adulto, y lo más natural es que suponga que la manera de hacerlo del adulto, sobre todo si se trata de su madre, es superior. Nunca se debe reprimir el estilo de expresarse de un niño. No encuentro ninguna justificación para hacerle los dibujos a un infante. Los pequeños que hacen solos sus dibujos, y que saben que sus padres verdaderamente aprecian sus esfuerzos, son los más afortunados. Hacerle los dibujos a su hijo sólo refuerza su sentimiento de que los trabajos realistas de un adulto son más valiosos mientras que sus esfuerzos infantiles pero sinceros no tienen valor. Dibujar y solucionar los problemas que ello implica es fundamental para el desarrollo intelectual y emocional del niño, tanto como lo es el alimento para su desarrollo físico. ¿Comería usted por su hijo sólo porque usted es más limpia que él y lo hace mejor?

El arte en grupo

Si unos pocos niños trabajan juntos en un gran mural de papel podrán recibir una valiosa experiencia social en cuanto a la interacción en grupo y la cooperación, porque los murales presentan un problema: ¿quién se lo llevará después a casa? En una de las clases de mi hijo, los niños trabajaron en una enorme pintura de grupo en la cual cada uno de los participantes se involucró en una verdadera actividad creativa. Y sin embargo, al final de la clase la maestra cortó el mural en partes iguales y a cada niño le dio una para que la llevara a su casa. Esto no es más que un recuerdo de la experiencia, porque al dividirlo en partes la maestra no les estaba enseñando

[3] Ronald Lee Rubin, "Six Basic Reasons", en *Arts and Activities*, febrero de 1983, p. 28.

nada del verdadero significado de la actividad en grupo. Al contrario, negaba la importancia del todo unificado como algo que refleja más que la suma de partes individuales. Existen algunas soluciones alternativas a este problema: se puede dejar que el mural se quede en donde se hizo, ya sea en la escuela, el parque o la casa de uno de los niños. O, en lugar de hacer un mural, se puede hacer que el grupo haga un rompecabezas gigante y que cada niño trabaje en una parte separada del mismo mientras que el grupo completo hace los fondos. Los niños que quieran llevarse a casa sus partes podrán hacerlo sin destruir la integridad de la experiencia.

Los materiales y el espacio de trabajo

Afortunadamente muchos materiales artísticos interesantes no cuestan casi nada. Guarde por ejemplo viejos papeles para envolver, lijas, listones, servilletas y el papel celofán o el material con el que vienen envueltos muchos objetos que de todos modos usted tendrá que comprar. Pero compre siempre pintura, papel y pinceles de buena calidad, porque es difícil pintar con tranquilidad cuando las cerdas se caen, o pegar a gusto cuando el papel se dobla todo el tiempo.

Un pequeño que acaba de aprender a diferenciar entre el rojo y el azul no necesita para nada sesenta y cuatro colores diferentes. La máxima cantidad de colores que se necesita comprar de cualquier utensilio de dibujo es ocho, y yo ni siquiera le ofrecería todos éstos en una sola sesión. Aunque su niño sea muy inteligente, no se gana nada si se le ofrece un número de colores que lo confunda. El niño tendrá que pasar mucho más tiempo eligiendo cuál usar del que pasará pintando o dibujando. Una sola excepción: invierta en una caja de veinticinco gises que incluya cuatro tonalidades diferentes de varios colores. Dé primero al niño un solo color hasta que se acostumbre al material, y después dele los cuatro tonos. Mientras él o ella dibuja, usted podrá hacerle comentarios sobre lo más claro, lo mediano, lo oscuro y lo más oscuro.

Usted puede ayudar a su hijo a sentirse libre si le proporciona un lugar de trabajo adecuado. La creatividad no puede florecer cuando mamá y papá se enojan por el desorden. Y eso no quiere decir que el arte necesariamente signifique "desorden" o "suciedad". Si se planea con cuidado y se comprende el desarrollo normal, es posible evitar la destrucción tanto de su hogar como de la autoestima de su hijo.

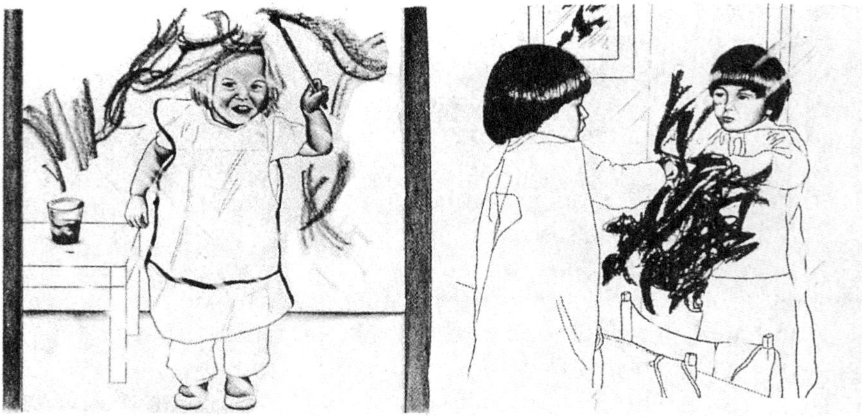

Pintar sobre superficies nuevas y poco comunes puede ser una manera de revivir el interés por la pintura y puede también producir sorpresivos efectos visuales.

> Nunca pensé que trabajar con materiales artísticos fuera algo "sucio", aunque sin duda es posible que lo sea. Cuando se sienta uno a una mesa que ha sido puesta de manera muy bonita, es imposible comer sin provocar algún desorden. Los tenedores y cuchillos se revuelven, los platos y vasos necesitarán lavarse y pueden caerse algunas migajas. De la misma manera, cuando se pinta, corta, pega o usa barro, las cosas se revolverán. Pero eso no equivale necesariamente al caos si planifica y establece con cuidado el lugar de trabajo.[4]

Separe en su hogar un lugar para el trabajo artístico. Puede estar en la habitación del niño, en el cuarto de juegos, en alguna esquina del sótano, en el cuarto de lavado, en la cocina, en el baño o en cualquier otro lugar al que el pequeño tenga acceso siempre. Cubra el piso con una jerga, coloque los materiales de manera conveniente y deje de preocuparse. Casi todo es lavable. Yo pude incluso quitar del tapete de mi sala el plumón permanente, lavándolo con un desmanchador especial. También es buena idea tener a la mano un bote grande con removedor de pintura. Sobre todo, recuerde que los niños son completamente lavables y que lo mejor es vestirlos con ropa vieja, con una bata o de plano sin nada.

[4] Muriel Silberstein-Storfer con Mablen Jones, *Doing Art Together*, Simon and Schuster, Nueva York, 1982, p. 22.

Cómo limpiar las manchas difíciles

¿Chicle pegado en la colcha? ¿Pintura en las paredes? ¿Crayón por todas partes? Seguramente usted tiene niños pequeños en casa, pero no se desaliente. Los pequeños accidentes no tienen que convertirse siempre en desastres totales. He aquí una forma de enfrentarse a ellos:

- El chicle pegado en la colcha, el cojín, el tapete o cualquier otro lugar se quitará más fácilmente si le pasa encima varias veces un cubo de hielo y luego lo arranca. Las manchas que deja desaparecerán si se frotan con algún líquido limpiador.
- La pintura en las paredes, sea de dedos, de agua o de cualquier tipo, se quita más fácilmente si antes que el pequeño la use le echa la cuarta parte de una cucharadita de detergente líquido para lavar platos. Si las paredes tienen pintura, frote esa zona con un trapo húmedo limpio tratando de quitar lo más que se pueda y después dele una tallada con polvo para hornear sobre un trapo húmedo. Las marcas de pintura sobre el papel tapiz poroso o sobre madera cruda son prácticamente imposibles de quitar.
- Los garabatos con plumón son un verdadero problema en cualquier parte. Para hacerlos se usan tantos tipos de fórmulas químicas diferentes que no existe un removedor útil para todos. Quizá lo mejor es escribir al fabricante dándole la información sobre el tipo de plumón y la superficie de que se trata. Sin embargo, son pocas las oportunidades de efectivamente quitar los garabatos con plumón de la tela, el papel tapiz, el yeso y la madera cruda. Como una medida ya desesperada, pase sobre las marcas un trapo limpio mojado con detergente líquido y agua tibia, y luego frote ligeramente la mancha con alcohol. (Pero tenga mucho cuidado porque este procedimiento podría echarle a perder la superficie de que se trata.)
- Las marcas de crayón en un pizarrón se pueden quitar poniéndoles encima un pedazo de papel secante (se puede pegar si así lo desea) y aplicando una plancha caliente. Repítalo cuantas veces sea necesario. O también talle con un trapo limpio mojado con spray para el cabello.
- Las marcas de crayón sobre el papel tapiz son difíciles de quitar. Intente primero con un "borrador de migajón" de los que venden en las tiendas especializadas en materiales artísticos, pasándolo suavemen-

te sobre ellas. Si eso no funciona, aplaste un poco de gis blanco y agréguele solvente del que se usa para el lavado en seco hasta formar una pasta que se deberá aplicar sobre las marcas sin tallar. Cuando dicha pasta esté seca, quítela con un trapo limpio. Si el papel es lavable podrá terminar la operación con un lavado de agua y jabón suave. Como último recurso en papeles no lavables, talle suavemente con polvo para hornear sobre un trapo húmedo limpio.

- Las huellas de grasa sobre el papel tapiz no tienen que quedarse ahí para siempre. Para quitarlas aplíqueles una pasta hecha de almidón y algún líquido limpiador. Déjela secar y después cepille. Repita la operación si es necesario y después quite las últimas huellas tallando suavemente la zona con un trapo limpio mojado en bórax.
- Las marcas de tinta sobre la pintura de las paredes o sobre la madera se quitan frotando (no tallando) con un trapo limpio mojado en vinagre blanco. Séquelo continuamente.
- Las marcas de tinta sobre el papel tapiz se deben frotar con un trapo húmedo hasta que toda la zona se humedezca y entonces, poniendo un trapo seco debajo para recibir lo que escurra, se rocía el área con un spray para pelo que contenga alcohol. Espere un minuto y luego seque la zona con un trapo limpio y seco.
- Las manchas de sangre en los colchones y cojines se quitan aplicándoles encima una pasta gruesa hecha de almidón y agua fría. Cuando esté completamente seca pase un cuchillo debajo de la masa endurecida que para entonces ya habrá absorbido toda la sangre. Con la aspiradora quite cualquier residuo y termine limpiando la zona con un trapo mojado en agua fría. Repita la operación si es necesario.[5]

[5] Lois Libien y Margaret Strong, "How to", *New York Daily News*, febrero 14, 1982.

20. El movimiento

El pequeño de dos años está lleno de energía y arde en curiosidad. Camina ya muy bien y está listo para poner a prueba su agilidad física. Quizá usted quiera inscribirlo en alguna clase organizada de gimnasia. Ésta puede ser una excelente salida para la energía, un vehículo para la expresión personal y una maravillosa introducción al juego en grupo. La mejor supervisión en este tipo de clases es la que confía en la reflexión verbal de las acciones y motivaciones del niño. Debe crearse un ambiente de alegría y diversión para estimular a los pequeños a participar. El maestro debe reconocer la importancia del descubrimiento por sí mismos y estimular la improvisación y la experimentación. Una estimulación útil es aquella que hace comentarios positivos y que en ocasiones ofrece una mano para ayudar pero nunca empuja a los niños a hacer cosas que no quieren hacer. "Mira, estás caminando sobre tus dedos. Esto se llama caminar de puntas y es una manera de caminar en silencio." A esta frase la puede seguir otra que diga: "¿Te gustaría ahora caminar haciendo ruido?"

El maestro debe ser flexible y guiarse por los intereses que muestran los chicos. Lo que importa es que se diviertan, no que adquieran habilidades. Y es muy prematuro establecer cualquier tipo de competencia. La mejor clase será aquella que proporcione formas de exploración y estimulación y no aquella que establezca objetivos o que marque expectativas. Un maestro verdadero entiende lo que pueden hacer los cuerpos de los niños y les da las palabras necesarias para describirlo. Un pequeño que tuvo un maestro así sale con un fuerte sentimiento de confianza y con la idea de que es muy divertido intentar las cosas.

Los niños siempre deben fijar sus propias metas. En esta edad están aumentando sus habilidades y ya son capaces de expresarse de manera consciente a través del movimiento. Es importante abstenerse de "enseñarles" pasos particulares de baile o formas de hacer las cosas. No se ganará nada positivo si se intenta enseñarles habilidades antes de que puedan lograr el éxito. Aprender a sentirse bien respecto al propio cuerpo es el mejor objetivo. Hay tantos bailarines que no pueden bailar, es decir, son capaces de hacer un *plié*, un *relevé*[1] y otros pasos, y lo hacen muy bien, pero son incapaces de improvisar o de crear bailes. Y es que las necesidades creativas con que nacieron fueron reprimidas con mucha efectividad.

> Creo que hay una relación muy clara entre empezar clases formales de música o de baile demasiado pronto y la inhibición musical.[2]

Los aparatos de gimnasia motivarán de manera natural al pequeño para aprender varias habilidades: las escaleras le enseñarán a trepar, la viga a equilibrarse, la percha a brincar, etc. Además del equipo en el gimnasio, hay algunos aditamentos domésticos que lo motivarán para usar al máximo su cuerpo. Todos estos enseres resultarán más efectivos si hay un adulto cerca que le proporcione al pequeño el lenguaje y el estímulo además de ayudarlo cuando sea necesario. Es absolutamente fundamental que los adultos no le presenten al niño maneras preconcebidas y aprobadas de utilizar estos aditamentos; serán mucho más efectivos si su presencia inspira al infante a intentar cosas nuevas y a inventar nuevos juegos o bailes. Algunos de estos aditamentos pueden incluso tener el efecto de agregar interés a los juegos de movimiento abriendo nuevos caminos para el aprendizaje. Por ejemplo, los listones o las banderolas de papel crepé ayudan a aumentar la conciencia que tiene el pequeño del espacio en torno a él y además le agregan gracia a sus movimientos. Las pelotas permiten ejercicios que fortalecen los músculos de las manos y los dedos y le agregan una nueva dimensión a los tradicionales juegos de dedos. Las burbujas son un estimulante muy popular de la actividad. Ese mismo niño que el año pasado sólo las podía ver flotar, hoy puede correr detrás de una de ellas, subirse encima

[1] En francés, pasos de baile en los que se doblan las rodillas o se ponen los pies de puntas. (N. del T.)

[2] Emma D. Sheehy, *Children Discover Music and Dance. A Guide for Parents and Teachers*, Henry Holt and Co., Nueva York, 1959, p. 21.

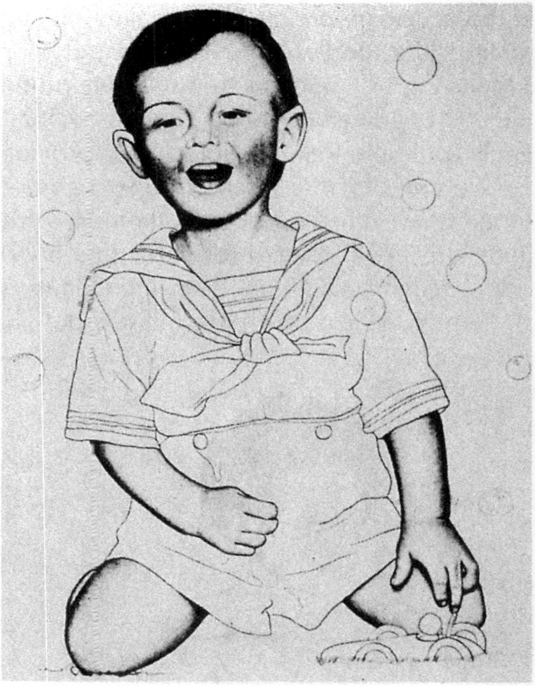

Las burbujas son un estimulante muy popular de la actividad.

de algo o agacharse para alcanzarla, y acostarse sobre su espalda para romper una con los pies. El adulto puede hacer algunas sugerencias y también preguntar cosas como: "¿Con qué otra parte del cuerpo podemos romper una burbuja?" (con los hombros, la nariz, las rodillas, etc.). Por supuesto que ningún pequeño que se respete permanecerá viendo al adulto que sopla burbujas sin querer hacerlo él también, y aunque eso ocasionará que se derrame algo del líquido, además de que el control de la respiración necesario para esta tarea requiere de mucha práctica, de todos modos deje que el pequeño lo intente. Un poco de jabón mezclado con agua logrará hacer suficientes burbujas como para durar toda una tarde. ¡Esperar a que el pequeño pueda hacer las cosas con limpieza es esperar demasiado!

Un aro es un objeto que se ve muy sencillo pero que ofrece una gran variedad de posibilidades para el juego. Se puede brincar hacia adentro, saltar de uno a otro, gatear por en medio, pasárselo a un amigo, lanzarle una bolsa llena de alubias para que caiga adentro, hacer una marometa a través de él y mil cosas más. Se pueden usar para alcanzar lo que está muy arriba o muy abajo, se puede pasar por en medio, brincar para adentro y afuera, para arriba y abajo. Se puede meter en él una oreja, la mano, la nariz, el pie, el hombro y las nalgas. Se puede explorar el concepto de espacio metiéndose, saliéndose o caminando alrededor de su perímetro. Los aros de diferentes medidas ayudarán a los pequeños a distinguir los tamaños, y los de distintos colores se pueden usar para enseñarles a identificar los colores. "Brinquemos hacia el aro amarillo", "Tommy, ¿es éste el aro más pequeño?" son juegos que permiten al mismo tiempo diversión y aprendizaje. Se pueden hacer imitaciones usando preguntas como: "¿Cómo pasaría una rana (canguro, pájaro, víbora, etc.) a través del aro?"

El adulto que supervisa no debe ser el único que haga las preguntas. El lenguaje mejora por medio de saltos y correlaciones y en esta edad los pequeños ya tienen la capacidad para relacionar los símbolos de las palabras con sus actividades. Todo niño debería recibir una retroalimentación positiva de cualquier movimiento que pueda crear. Aquellos a quienes no les gusta tomarse de la mano con otros en un círculo bien pueden estar dispuestos a unirse a uno que se haga sosteniendo aros. Al hacer esta actividad se refuerza el concepto de lo redondo. ¡No hay que dar gracias de que todavía a nadie se le haya ocurrido hacer un aro de pilas!

Las mascadas ayudan a los pequeños a explorar más completamente el campo de los movimientos corporales. Los niños pueden ver los efectos de sus propios movimientos reflejados en la manera en que esa prenda se

¡No hay que dar gracias de que todavía a nadie se le haya ocurrido hacer un aro de pilas!

mueve. Un movimiento rápido y brusco del brazo se reflejará en la forma saltarina en que se mueve la mascada; en cambio, se producirá una suave ondulación si se controlan con cuidado el ritmo, el arco del brazo y su movimiento. Los músculos se estiran para controlar el movimiento de la mascada en tanto que se va desarrollando una comprensión de los efectos del movimiento. Además, las mascadas inspiran el juego de la fantasía, pues al flotar evocan las alas y el viento.

Las canciones y la música siempre se pueden usar para estimular el movimiento. Patinar, bailar, por ejemplo, son actividades que por lo general se acompañan con música y una parece ser parte de la otra. Ponga música y deje que su pequeño improvise. Dele pelotas, aros, mascadas y otros aditamentos que puedan enriquecer la experiencia.

Hay diversos tipos de flotadores que dan tranquilidad a los padres respecto a las actividades en el agua y que a los niños los divierten mucho. Sin embargo, también les dan a éstos una falsa impresión de cómo trabaja el cuerpo en el líquido, de modo que su uso debe limitarse a no más del cincuenta por ciento del tiempo en que se juega con agua. La mayor seguridad para el pequeño será cuando aprenda a nadar solo.

Los flotadores le dan una falsa impresión de cómo trabaja el cuerpo en el agua, por lo que su uso deberá limitarse.

21. La música

Todas las formas de arte —las artes visuales, la música, el baile y el movimiento— ofrecen formas particulares para que el pequeño se exprese de manera creativa. Así como cada niño puede hacer sus propios dibujos y pinturas, también puede improvisar sus propias canciones y bailes.

> El propósito principal de la educación musical en la infancia es el darle una salida efectiva a los sentimientos. La vida de un niño está tan llena de restricciones, regulaciones y frustraciones que las formas para sacar los sentimientos se vuelven fundamentales. La música es uno de los mejores caminos para ello porque le da sonido a la furia, forma a la alegría y alivio a la tensión.[1]

Los niños que practican las escalas, que aprenden las letras de canciones escritas por otros, y que hacen "demasiado ruido", no están convirtiendo la música en una salida para sus sentimientos. En lugar de eso, se les está arrebatando uno de los más importantes dones con los que nacieron, que es la capacidad para sentir y hacer música. Los pequeños aman la música de manera natural, y quitarles esa dicha para sustituirla con un trabajo arduo ha apartado a más niños de esta actividad que cualquier otra cosa. Niños que siendo bebés adoraban la música encuentran las clases de música y la práctica de un instrumento como un horror en años posteriores. El error radica en nuestra percepción de adultos de aquello que deberían hacer los chicos en lugar de permitirles expandir lo que ya les gusta hacer. ¿Cuándo

[1] Haim C. Ginott, *op. cit.*, p. 95.

Los niños que se sienten bien con la música que ellos mismos hacen seguirán haciéndola.

fue que "tocar" piano (o violín, trompeta, batería, etc.) se convirtió en "practicar" el piano? ¿Por qué los padres y maestros le quitaron a la música su parte de "juego"[2] y la convirtieron en una "práctica" y en un "trabajo" que parecen más bien un castigo? Las exigencias poco realistas de los padres y maestros, así como sus expectativas prematuras, son la causa principal de que generación tras generación los niños se nieguen a tomar una sola clase más de música, para lamentarlo cuando crecen. Pero para entonces repetirán el ciclo insistiéndoles a sus pequeños para que tomen a su vez clases de música. En algún lugar a lo largo del camino, hacer música se convirtió en una tarea desagradable en vez de ser la alegría natural que comenzó siendo y que debería ser. Estimule, no critique; enseñe, pero no obligue. Los niños que se sienten bien con la música que ellos mismos hacen seguirán haciéndola.

[2] Juego de palabras: en inglés la palabra *play* significa tocar un instrumento y también jugar. (N. del T.)

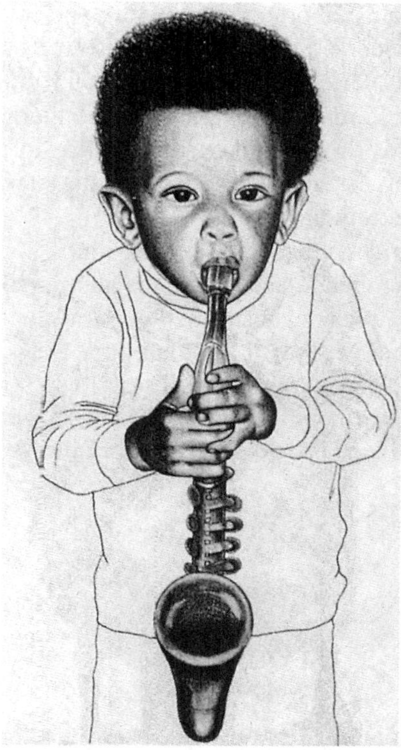

Enseñarles instrumentos reales en lugar de los de juguete ayudará a los niños a apreciar los sonidos que pueden hacer los buenos instrumentos musicales.

Para apreciar los sonidos particulares de cada instrumento y su potencial de belleza, el niño deberá escucharlos. Un paseo a la tienda de música puede convertirse en una aventura musical muy excitante. Si se tiene suerte, los posibles clientes podrían ser músicos talentosos que prueban allí sus instrumentos. Se les puede enseñar que los instrumentos más grandes hacen sonidos más profundos mientras que los más pequeños hacen sonidos más agudos. Si se le enseñan las cajas forradas en que se guardan, el niño aprenderá además que se les debe tratar con mucho cuidado pues son frágiles. En cuanto le sea posible, cómprele instrumentos musicales de verdad en lugar de los de juguete. Piense en hacer esa compra hoy mismo. Un xilófono tiene todos los tonos de la escala musical. Una flauta dulce de madera es un buen instrumento para comenzar. No espere que el pequeño toque melodías o escalas; ahora es tiempo de experimentar: ver lo que el instrumento puede hacer será por el momento su mejor maestro.

El niño que tiene la suerte de poder observar a un adulto importante para el que hace y disfruta la música lleva mucha delantera. Claro que ese pequeño no tocará el saxofón tan bien como su padre, que es un músico profesional conocido, pero éste no desea ni espera que su pequeño de tres años toque como si tuviera treinta.

Mirar a papá tiene sus ventajas, pero los niños aprenden mucho más haciendo las cosas que viéndolas. Si sólo los adultos tocan el piano o sólo a ellos se les permite tocar el instrumento, será menos probable que el pequeño desarrolle una verdadera afinidad por él. Lo mismo que sucede con la pintura, si usted espera hasta que él sea "lo suficientemente grande" para manipular "correctamente" el instrumento, habrá esperado demasiado; para entonces la intensa curiosidad se habrá ido y la espontaneidad se habrá perdido.

Aunque el sistema Suzuki produce resultados muy impresionantes desde muy pronto, ignora el objetivo a largo plazo de establecer una relación personal con la música y con los instrumentos.

Si bien los sonidos que produce un pequeño pueden no ser muy melodiosos, la exposición a instrumentos reales es algo invaluable. La experimentación deberá incluir muchísimos sonidos terribles antes de que un niño pueda reconocer los sonidos bellos. La lección, cuando se aprendió por sí solo, nunca se perderá. Este juego temprano, que les encanta a todos los niños, les proporciona de verdad los fundamentos de los cuales dependerá después su educación musical. No confunda la exposición temprana a los instrumentos con el método de clases Suzuki. El método Suzuki estimula a que se toquen desde muy corta edad los instrumentos verdaderos, pero lo hace sin permitir la tan necesaria experimentación. La estructura rígida de las clases en este sistema de enseñanza musical es totalmente inadecuada para niños muy pequeños, y la naturaleza misma de su modo de enseñar puede ser muy frustrante. Aunque el sistema Suzuki produce resultados muy impresionantes desde muy pronto, ignora el objetivo a largo plazo de establecer una relación personal con la música y con los instrumentos.

A esta edad el vocabulario de su pequeño está aumentando, por lo cual usted deberá utilizar los términos musicales correctos siempre que sea posible. Por ejemplo: "le pegaste al xilófono con una baqueta no con un palo" o "el diapasón está para marcar los sonidos agudos y los graves". Verbalizar le ayuda al niño a adquirir vocabulario y a clarificar y reforzar el aprendizaje. "Cuando rascas el tambor con las uñas suena muy diferente que cuando le pegas con el puño." "Las teclas más pequeñas hacen sonidos más altos y las más grandes los hacen más bajos." "Cuando pegas en el escritorio suena muy diferente que cuando lo haces en el tambor." Una escala se puede entender como "unas escaleras que muy despacio suben y suben".

Con su estímulo se puede mantener el interés y aumentar, en vez de suprimir, la sensación de aventura. "¿Cómo suena el tambor si usas una baqueta en lugar de tu mano?" "¿Qué pasa si le pegas con tu nariz o con tu zapato?" "¿Qué más se te ocurre que puedes hacer con un tambor?" No hay solamente una manera correcta de tocar un instrumento ni hay sólo un tipo de sonido que éste puede hacer. Usted puede ayudar haciéndole al niño preguntas sugerentes en lugar de darle las respuestas, y si lo estimula en lugar de controlarlo. Como siempre, los límites que usted establezca no deberán entrometerse demasiado con la capacidad del pequeño para experimentar libremente con el instrumento o con los sonidos. Usted sabrá reconocer la diferencia entre curiosidad y descuido.

> Se dará cuenta de que sentarse sobre los tambores, aventar las baquetas o pegar a los demás son cosas que deberán estar prohibidas, pero llevar los tambores a la casa sobre el árbol, llenar de bellotas el ukelele para ver cómo suena o dar a las cuerdas del arpa con las baquetas son experimentos legítimos y no destructivos... En cada caso, la pregunta es si el niño está siendo descuidado o destructor o si está experimentando con su pensamiento e imaginación.[3]

Al principio deberá aceptar el ruido, porque los niños aprenden a diferenciar los sonidos haciendo ruido y haciendo música. Comuníquele al pequeño su apoyo a sus esfuerzos aun cuando éstos no produzcan lo que a usted le parece el sonido del éxito. Sólo la confianza en sí mismo estimula la originalidad.

Además de ofrecerle instrumentos musicales de calidad, quizá también quiera ofrecerle otros objetos productores de sonidos para que experimente. Un niño debe tener un tocadiscos, y es lógico que raye unos cuantos discos antes de entender su uso adecuado. Un aparato de pilas eliminaría el peligro de experimentar con contactos y clavijas. Si además es portátil, el pequeño lo podrá llevar a cualquier lugar en donde se encuentren otros miembros de la familia, porque a esta edad a la mayoría no les gusta jugar solos en su cuarto. Continúe ayudando a ampliar el gusto musical de su hijo comprándole toda clase de discos y no sólo los que tienen canciones "para niños". Use música adecuada para acompañar algunas actividades: la clásica es agradable para la hora de la comida, las marchas pueden acelerar el tiempo de limpieza, las canciones sobre conceptos artísticos pueden inspirar las actividades en este campo. A los pequeños les encanta usar audífonos, y esto puede ser muy conveniente para usted si no tiene el mismo gusto que él en cuanto a la música.

Con una grabadora podrá registrar la música que haga su hijo, y después, cuando él o ella la escuche, le ayudará a entender el proceso de producir sonidos de una manera organizada. Si usted toca algún instrumento podrá acompañar a su pequeño mientras él ejecuta su obra. La felicidad de expresarse a través de la música es algo que les viene de modo natural a todos los niños.

Se pueden organizar juegos musicales que no sólo enseñan música sino que también refuerzan otros conceptos que esté aprendiendo el niño. Por

[3] Elizabeth Jones, *What is Music for Young Children?*, National Association for the Education of Young Children, Washington, D. C., 1969, p. 4.

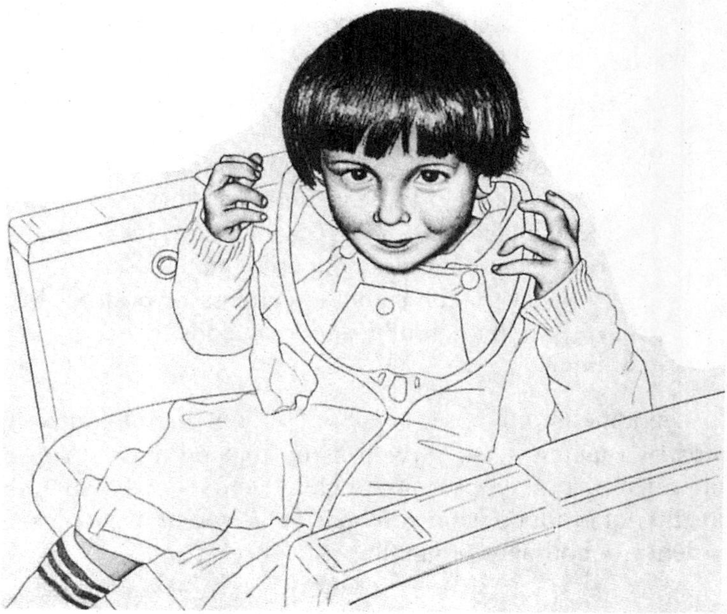

Los niños aprenden sobre la música tanto escuchándola como haciéndola.

ejemplo, si se está estudiando el concepto de lo redondo le puede dar instrumentos redondos, como tambores y címbalos, y el pequeño podrá descubrir o hacer otros por sí solo. Siga este juego pintando sobre papel redondo, haciendo juegos en círculo, como "Doña Blanca", comiendo galletas redondas y otras cosas así. Aprender a apreciar y a entender la música es algo que viene de las fuentes más diversas, como escuchar música y ruido, hacer música y ruido, jugar ciertos juegos y observar las actitudes de los demás.

Cuarta parte

El niño entre los tres y los cuatro años

22. El cuarto año

Para el momento en que llega el tercer cumpleaños, parece como si de repente la vida se convirtiera en algo muy fácil. El mismo niño que el año pasado no se subía en su carriola ni siquiera en caso de huracán ahora se sube inmediatamente cada vez que se le pide. Los pañales desaparecen como por arte de magia. Limpiar es un placer en lugar de ser una pesada tarea. El lenguaje mejora de manera significativa y se pueden disfrutar verdaderas conversaciones. "Por favor", "gracias" y otras delicadezas de ese tipo ya no necesitan ir precedidas de un recordatorio por parte de la madre.

Pero no se sienta demasiado segura. En unos seis meses se preguntará a qué horas desapareció ese pequeño angelito, porque en torno a los tres años y medio resurgirá la testarudez que bien puede ser señal de una nueva sensación de inseguridad. Ahora su pequeño angelito dirá "¡Mierda!" cuando se sienta defraudado y estará pendiente de cuál es la reacción de su madre a esa palabra. Aquel lenguaje que más le moleste a usted será puesto en práctica en un elevador lleno de gente y en las visitas sociales. Si su familia se habla entre sí con respeto y cortesía, también su niño lo hará. Por supuesto, si de vez en cuando usted lanza algún insulto, también el pequeño lo hará. Esto siempre fue un problema para mí cuando era yo maestra. Es difícil decir: "Ésa no es una manera linda de hablar", cuando el chico escucha que su madre y su padre hablan así. Los niños a esta edad comienzan a utilizar el lenguaje de una forma muy creativa si bien no muy cortés. Por ejemplo, inventan insultos atroces y entonces usted escuchará: "Te odio", "eres un tonto" o "cabeza de bobo", siempre enfrente de público. Pero lo mejor es no enojarse demasiado. Le irá mejor si responde a un lenguaje de este tipo con otro más fuerte (pero sin insultar) que si se enoja. Un juego del tipo de "¿puedes superar esto?" resultará divertido y pondrá la situación en su debida perspectiva. Así, a "tú tienes una cabeza de chorlito", usted podrá responder: "tú tienes una cabeza de porlito y yo tengo cabeza de morlito y papá tiene una cabeza de lorlito", todo lo cual hará que su pequeño de tres años haga un esfuerzo por no reírse y olvide la razón de su enojo. En una ocasión mi hijo me dijo frente a treinta invitados: "Mami, eres una ton-ton-tona", a lo que yo respondí: "No, no lo soy. Ayer me dijiste que era yo una tontísima y prefiero ser tontísima y no tontontona". Así, en lugar del regaño que esperaba recibir de mi parte, lo que obtuvo fue una carcajada de todo el grupo. Otro truco que utilicé con bastante éxito fue el de fingir inocentemente que no entendía yo ni una palabra. La primera vez que llegó a casa con una palabra en verdad muy fuerte le pregunté qué quería decir y, por supuesto, no lo sabía. Le dije que yo jamás había escuchado esa palabra y que tal vez era en otro idioma. Y como él no quería usar una palabra que nadie entendería, la sacó de su vocabulario. El propósito de estas palabras es el de impactar, y si eso no sucede, pues no las volverá a utilizar. Quizá esto parezca una manera de darle la vuelta al problema en lugar de enfrentarlo, pero durante esta edad de lucha permanente una bandita será sin duda más efectiva que una curación a fondo. Y el ejemplo de los padres será el mejor maestro. Uno de los mayores errores que se pueden cometer en este momento es el de creer que debe usted ganar siempre en todas las cuestiones. No convierta cada enfrentamiento en una prueba de que su palabra es la ley. Permítale al pequeño que se vista con ropas que no combinan o que desayune chuletas de cerdo si eso es lo que quiere hacer. Si la hora de la comida se ha convertido en una competencia de voluntades, invite a algún amigo del niño para una de las comidas de cada día, ponga los alimentos en la mesa y salga de la habitación. Es muy probable que los dos disfrutarán mucho comiendo juntos y seguramente hasta comerán más que si usted está allí presionando y rogando.

Los problemas de poder surgen principalmente en casa, y esa competencia de voluntades entre la cuidadora principal y el niño no será un problema en la relación de éste con la maestra del jardín de niños o con otra gente que lo cuide. Y si usted sabe esto y lo aprovecha puede facilitarse la vida y al pequeño le ampliará sus experiencias. De modo que así como le aconsejé que a los diez meses no dejara a su pequeño colgado de una gente que lo cuidara, ahora le aconsejo hacer exactamente lo contrario con su hijo de tres años y medio —sobre todo si aún no va a la escuela—, es decir, déjelo con alguien que lo cuide.

Si se preocupa usted demasiado por los hábitos alimenticios de su pequeño, organice alguna alternativa para la hora de la comida.

Hacia el final del tercer año, los niños empiezan a entender algo sobre la muerte, el dolor, la enfermedad y la pérdida, y sus sentimientos de miedo y desprotección se expresan muchas veces a través del interés en los superhéroes que viven eternamente y nunca nadie los puede lastimar. Quizá conforme su pequeño aprende que sus padres no son dioses, tiene necesidad de reemplazar a sus ídolos caídos con otros nuevos. Los disfraces desempeñan un importante papel en su vida. Las capas de superhéroe, las coronas, sombreros y otras cosas por el estilo, que son símbolos de poder o autoridad, se vuelven muy importantes. Respete el deseo del niño de vestirse con estas ropas simbólicas; es parte de una fase que no dura demasiado y no quiere decir que su hijo sea un excéntrico.

El superhéroe original fue Supermán y todos los demás parecen basados en él. Supermán, Batman, la Mujer Maravilla, Acuamán, Flash y el Hombre Araña son personajes que usan sus poderes especiales para ayudar a la gente y están dedicados a la verdad y la justicia. A mí me parecen buenos modelos, pues no se meten en violencias innecesarias y el tipo de juego que inspiran hace hincapié en el rescate de personas en peligro. Son benévolos, y creer en ellos no me parece más amenazador que creer en Santa Claus. Pero hay otras figuras de héroes que a mí no me parecen aceptables; su razón de existir son las guerras, las luchas y el poder, por lo que el juego que inspiran se puede convertir en algo feo y peligroso. *La guerra de las galaxias*, los *Señores de la guerra* (*Warlords*) y los *Amos del universo* (*Masters of the Universe*) son en mi opinión antihéroes, y por ello limité a mi hijo para que los viera mientras que lo estimulé a que conociera a los otros, dándole siempre que así lo deseaba libros, ropa y juguetes que tuvieran los símbolos de los superhéroes buenos y expresándole mi desagrado por aquellos personajes sedientos de sangre. Siempre hay una razón de por qué generación tras generación amamos al mismo tipo de héroes, y los padres no deben considerar que el interés en estos juegos es amenazante, aunque deben controlar cuidadosamente la clase de personajes a los que está expuesto su pequeño.

En sus juegos los niños exploran las ideas de poder, autoridad y mortalidad.

Todos somos buenos para abrazar la filosofía de que "los niños son el futuro", pero en realidad utilizamos la mayor cantidad de energía tratando de llenarles la cabeza con datos, sentimientos y reglas que pertenecen al pasado. Si los niños van a crecer para tener alguna influencia sobre el futuro de la raza humana, eso será sólo porque sean capaces de encontrar soluciones *nuevas* a los problemas viejos. Y para poder hacer esto, necesitan adquirir mucha práctica en resolver problemas y muchos elogios por las respuestas con las que salgan. Los errores deben verse como oportunidades para el aprendizaje y no como causa de crítica o castigo. Se le debe dejar al pequeño la libertad de experimentar con valores que le son ajenos a usted, lo cual significa que en ocasiones él o ella se portará de manera que a usted le parezca inaceptable. Pero si la primera vez que sucede esto se recurre inmediatamente a la disciplina autoritaria, el pequeño se dará bien cuenta de que su libertad es una mera ilusión y ello dará lugar a una rebelión mucho mayor y a dificultades en la familia. El chico entre tres y cuatro años es más individuo que nunca, y por ello tendrá en ocasiones ideas y sentimientos diferentes de los de sus padres. Pero recuerde que usted tuvo un hijo, no un muñeco, y dé las gracias por cada diferencia sin caer en la trampa de sentirse aliviada cuando él sale pensando igual que usted o de sentirse amenazada cuando no lo hace. Un niño cuyo guardarropa, alimentos, juguetes y horario siempre son decididos por un adulto no será el que al crecer haga grandes descubrimientos ni tome decisiones ni pueda resolver los problemas de su generación.

Muchas veces pensamos que para guiar a nuestros hijos necesitamos darles respuestas, pero somos mejores maestros cuando les hacemos preguntas y los dejamos que encuentren sus propias respuestas. El niño debe saber que sus padres respetan sus sentimientos y necesidades. Y no es nada dañino que aprenda que si es expresivo y persuasivo puede cambiar la decisión de mamá y papá respecto a algún asunto. Lo que puede ser peligroso es establecer un patrón de aceptación permanente de la autoridad de los adultos, pues un pequeño acostumbrado a obedecer siempre las órdenes tiene más probabilidades de obedecerlas incluso si se trata de un extraño y aun cuando no sea lo más seguro. Los niños que aprenden a no manifestar sus necesidades crecen permitiendo que las necesidades de los demás tengan preeminencia por encima de las suyas. Aquellos que fueron educados para ser "vistos pero no escuchados" simplemente crecieron,"para obedecer órdenes" en la Alemania nazi.

Y sin embargo, esos mismos adultos que se impresionan y enojan por esta defensa de las conductas indefendibles durante la Segunda Guerra

Mundial siguen enseñándoles a sus hijos que jamás deben cuestionar la autoridad de sus padres y maestros. El triste lamento que tantos padres repiten cuando sus hijos están ausentes es: "Ojalá no le hubiera yo enseñado a obedecer siempre a los adultos". Es sano permitir que un niño aprenda que sus necesidades despiertan un interés genuino en todos los miembros de la familia y es igualmente importante permitirle que sienta la emoción del triunfo cuando eventualmente puede convencer a sus todopoderosos padres de cambiar de idea. Esto, por supuesto, no es lo mismo que aquellos padres intimidados por chicos caprichosos o que hacen enormes berrinches, ni tampoco aquellos que ceden porque en realidad no les importa. Cuando los progenitores se sienten seguros de decir de vez en cuando "está bien" al pedido de un niño, eso significa mucho para los sentimientos del pequeño respecto a su propio valor.

> ¿Qué quiere decir ser permisivo y qué significa ser demasiado permisivo? ¡La permisividad es una actitud que acepta el infantilismo de los pequeños, es decir, significa aceptar que "los niños se comportarán como niños", que una camisa limpia en un niño normal no puede durar mucho tiempo, que correr en lugar de caminar será su modo normal de locomoción, que un árbol es para subirse en él y un espejo es para hacerle muecas. La esencia de la permisividad es la aceptación del niño como persona que tiene el derecho constitucional a tener todo tipo de sentimientos y deseos. La libertad de desear es absoluta e irrestricta; todos los sentimientos y fantasías, todos los pensamientos y deseos, todos los sueños y anhelos, independientemente de su contenido, son aceptados y respetados, y además se permite su expresión a través de los medios simbólicos adecuados. Lo que no se permite es la conducta destructiva, y cuando ésta ocurre los padres deben intervenir para redirigirla por salidas verbales y otros canales simbólicos. Las salidas simbólicas que sí se permiten son por ejemplo hacer pinturas "malas", tirarle dardos a un objetivo, serruchar madera, boxear contra muñecos de hule, grabar malos deseos en una cinta, componer poemas irónicos, escribir cuentos sobre asesinatos misteriosos, etc. En síntesis, la permisividad es la aceptación de las conductas imaginarias y simbólicas; el exceso de permisividad es permitir los actos indeseables. La primera produce confianza y aumenta la capacidad para expresar los sentimientos y los pensamientos, mientras que la segunda provoca ansiedad y un aumento de las exigencias de privilegios que no podrán ser concedidos.[1]

[1] Haim G. Ginott, *op. cit.*, p. 110.

Uno de los dilemas a que se enfrentan todos los padres de los pequeños de tres años es el surgimiento de las mentiras. Esto no es señal, aunque algunas veces lo parezca, de que su pequeño se encamina a una vida criminal. Si usted pregunta: "¿Quién derramó la leche?" y él responde: "¡Fue un dragón!", no piense que un castigo es la única manera de terminar con la discusión. Mentir es una expresión temprana de la creatividad, pues ¿qué es la gran ficción sino mentiras gloriosas y muy bien dichas? Usted puede estimular al pequeño a que relate historias al tiempo que le enseña que deberá enfrentar las consecuencias de su conducta mala o descuidada. Hacer algunas preguntas puede estimular el aspecto creativo de la historia: "Ah, ¿sí? ¿Y a quién se parecía el dragón?" "¿Cómo se metió a la casa?" "¿Por qué tiró la leche?" "¿De dónde venía?" Y después podrá agregar algunos comentarios como: "Puesto que el dragón no limpió la leche que tiró, ¡creo que tú tendrás que hacerlo!" Así su pequeño sabrá que usted se dio cuenta de que él mintió, pero sin convertir esto en el aspecto central del intercambio. Tomar decisiones juntos le ayudará al niño a ver que debe enfrentar las consecuencias sin sentirse avergonzado: "Como el dragón se fue sin limpiar, ¿quién crees tú que debería pasar un trapo?" "¿Qué podemos hacer si el dragón ya se fue y el piso quedó tan sucio?" Ayúdele a su hijo a desarrollar aún más la idea y escriba un cuento sobre esto para luego volvérselo a contar. Es decir, haga hincapié en los aspectos creativos de la mentira y no en la deshonestidad. Un niño puede salir de esta experiencia con nalgadas o con un fuerte sentimiento positivo para relatar historias, que más adelante lo podría conducir a la creación literaria. La elección es de los padres. Es muy posible educar a una generación de individuos honestos y altamente morales tolerando las "mentirillas" y los "embustes" de la infancia.

Muchos padres sienten el deseo de que sus hijos empiecen a leer pronto. Algunos hasta les enseñan cartoncillos con letras haciendo un esfuerzo que asegure la lectura. Lo que sin embargo cuenta no es qué tan temprano aprende un niño a leer, sino cuánto disfruta haciéndolo. Antes de que pase mucho tiempo, se probará su IQ, se medirán sus habilidades para dibujar según la cantidad de detalles que él o ella incluya en una pintura, se evaluará la adquisición del lenguaje, y las calificaciones en la lectura precederán al nombre del niño en la lista de asistencia. Entre más pruebas y ejercicios le hagan en la escuela, menos la gozará y menos aprenderá. La ansiedad de los padres es comprensible, porque la competencia por los espacios disponibles en algunos jardines de niños puede ser muy feroz, y muchas veces se "ponen a prueba" las habilidades verbales del pequeño cuando se le "entrevista" para su admisión. Yo conozco a muchos padres inteligentes que creen de verdad que ciertos jardines de niños son los que "alimentan" a las "buenas" escuelas primarias públicas y privadas, las cuales a su vez "alimentan" a las mejores universidades. Y por eso los avances en algunos puntos son cosas que les preocupan o de las que hacen alarde aquellos padres y maestros que parecen olvidar que un niño es un ser humano sensible. Olvide las calificaciones y los números, pues hay un solo factor importante que se debe tomar en consideración al juzgar la habilidad de lectura del niño, y éste es el siguiente: "¿Le gustan al pequeño los libros?" De ser así, entonces él leerá. Y de no ser así, ¿por qué debería hacerlo? Enseñarle demasiado pronto las letras le hace más daño que beneficio, porque las copiará cuando le beneficiaría crear y explorar formas por medio de su propio garabateo libre.

> En realidad no se puede enseñar a leer como si fuera una ciencia, porque aquí el amor se mete y se mezcla.
>
> —Theodore Seuss Geisel (doctor Seuss).[2]

Los niños necesitan aprender literatura y hay dos formas de estimular su interés en este tema. Primero, que escuchen las historias que usted les relate (a partir de libros, de la memoria o de la imaginación), y segundo, que usted escuche las historias que ellos le relatan. En algún momento vamos a enseñarles a nuestros pequeños a leer, pero también les queremos enseñar a escribir. La actividad precursora para después escribir creativamente es la de contar historias inventadas. A los bebés les encanta mirar libros con imágenes y necesitan que los siente usted en su regazo y les señale lo que hay en esas imágenes, mientras que a los niños mayores hay que leerles todos los días aunque muchas veces desean que se les lea la misma historia una y otra y otra vez. Pero esta paciencia suya se verá recompensada años después cuando su pequeño se convierta en un ávido lector.

Los niños también necesitan poseer algunos libros propios y participar en su elección. Llevarlos a las librerías a que hagan sus compras o a las bibliotecas a que pidan sus préstamos deberá ser parte de las actividades habituales del pequeño. Un buen jardín de niños deberá tener una amplia selección de libros a nivel preescolar y un tiempo especial diario dedicado a "los relatos". Mi jardín de niños favorito es uno que tiene su propia biblioteca para preescolares con todo y bibliotecario. Los pequeños son libres

[2] Herbert Kupferberg, "A Seussian Celebration", *Parade Magazine*, 2-26-84, p. 6.

Lo que cuenta no es qué tan pronto se puede leer sino cuánto se disfruta haciéndolo.

para visitarla cuando lo deseen, escuchar historias, mirar libros, oír grabaciones y participar en otras actividades. Los niños necesitan "tiempos de reunión" especiales tanto en la casa como en la escuela, en los cuales se les dé la oportunidad de escuchar y de ser escuchados. En estos momentos, ellos no deberán sentir ninguna preocupación sobre si lo hacen "bien" o "mal", sino que deberán sentirse libres para expresar sus ideas, opiniones y sentimientos y para sentir que sus compañeros los aceptan. Los padres apoyadores son fundamentales para que se desarrolle la capacidad del niño para expresarse, y además se requiere de un maestro sensible que sepa establecer en la escuela el tono de aceptación.

Para promover la seguridad

Los sentimientos de incomodidad e inseguridad producen una ansiedad que evita que el pequeño realice al máximo sus potencialidades. Una de las formas más comunes de hacer que él se sienta no querido a esta edad es irse al hospital y regresar con alguien que va a competir por el tiempo y atención de mamá. Eso no significa que no pueda tener otro hijo, sólo que deberá, en este tiempo tan extenuante, dedicarle mucho más energía que de costumbre a su hijo mayor para asegurarle que lo quiere. Después de ser el centro del universo en su familia, el "bebé" habrá ya crecido oficialmente y deberá hacerle lugar a uno nuevo. Pero por supuesto que lo último que usted deberá decirle es que lo quiere a él o a ella más que al nuevo ser, porque eso significa que algún día podría llegar a querer más al nuevo hijo, y la idea puede ser bastante aterradora. No espere que estos dos hermanos se quieran entre sí muy pronto, así que decirle al mayor cuánto debería o cuánto va a amar algún día a su hermanito sólo aumenta sus sentimientos de culpa y de incomodidad. Lo mejor es aceptar los sentimientos del hermano mayor, aunque sean negativos. También usted puede admitir que el nuevo bebé a veces la hace sentir molesta. Todos queremos gustar, y cada gesto podrá ser interpretado por usted como muestra de afecto para el hermano mayor: "¡Mira! El bebé te sonrió. Creo que le gustas". Una frase así puede significar mucho a esta edad.

Afortunadamente (a menos que tenga usted gemelos) sus hijos no tendrán las mismas necesidades al mismo tiempo, así que le podrá dar a su bebé mucho cariño y atención mientras el hermano o hermana mayor está en la escuela o visitando amigos, y también podrá planear un tiempo especial para el mayor cuando el pequeño esté dormido, mientras llega el momento en que se puedan llevar entre ellos. Se puede ayudar al mayor a entender las necesidades del pequeño enseñándole fotografías de sus propias exploraciones y aventuras, pero es necesario ayudarle también a "salvar del bebé" sus juguetes importantes y sus trabajos en proceso. El nivel más alto de una litera es un lugar agradable para armar un rompecabezas de cien piezas, porque está suficientemente cerca y al mismo tiempo a prueba del bebé.

Si va a quedarse en el hospital, no deje que ésa sea la primera vez que se separe de su hijo durante toda la noche. Haga esto mejor en una situación menos amenazante. La mayoría de la gente está de acuerdo en que al recién nacido no le hace daño si su esposo, su amiga, su mamá o una enfermera lo sacan del hospital y lo llevan a la casa para que el niño mayor, al ver a su madre después de esta ausencia, pueda encontrar sus brazos libres para abrazarlo. Poco después de la llegada del nuevo bebé, los amigos aparecerán con sus elogios extravagantes y sus regalos muy bien envueltos, lo cual servirá para agravar los celos del mayor. Cuelgue una nota en la puerta de su casa en la que les informe a las visitas en dónde se encuentra una caja de regalos hechos o comprados por usted para que tomen uno y se lo den al mayor de modo que se evite la rivalidad entre hermanos. De todos modos, algunos amigos cuidadosos ya habrán traído consigo algo para el mayor cuando le lleven su regalo al recién nacido.

No se puede usted permitir ser supersticiosa en lo que se refiere a prepararse para su segundo hijo. Necesitará todo el tiempo que pueda encontrar para pasarlo con el mayor, de modo que haga sus compras, limpiezas y preparativos de todo tipo cuando esté en el séptimo mes de embarazo. Y no espere que el mayor done para su hermano una habitación, cuna, carriola o cualquier otro objeto que tenga relación con su propia infancia. Cualquier cambio o mudanza en su hogar deberá hacerse con bastante anticipación al nacimiento. Si se va a tomar un permiso en su trabajo para dedicarlo al recién nacido, trate de tomarse unas semanas antes del parto para pasarlas con su hijo mayor haciendo cosas especiales juntos.

Promover un sentimiento de individualidad es tarea difícil cuando se tienen varios hijos y todos piden la atención de su madre. Y ser justo no siempre quiere decir tratarlos a todos de manera idéntica. Cada miembro de la familia tiene cualidades especiales y diferentes que deberían ser observadas y elogiadas. Los gemelos idénticos presentan problemas especiales. Nunca se les deberá vestir igual no importa lo adorables que se vean. Se deberán acentuar las diferencias que se puedan identificar, y provocar otras, por ejemplo: que uno lleve el pelo largo y el otro corto. La ropa deberá tener su nombre o inicial, porque es muy desmoralizante escuchar siempre la misma pregunta: "¿Cuál de los dos eres tú?"

23. El ambiente en el hogar

El hogar ejerce más influencia sobre la vida de un niño que cualquier otro lugar. Pero muchas de esas influencias son inconscientes. Yo siempre he defendido la arquitectura moderna, en parte porque no creo que el progreso se pueda estimular en un ambiente que resucita el pasado. Los materiales y la decoración de tiempos anteriores requieren más cuidados y restringen la libertad mucho más que los diseños modernos. Los marcos y los aditamentos decorativos en las paredes, muebles y accesorios terminan por convertirse en rincones en donde se esconden la mugre y otros gérmenes. Y de todos modos, cuando se les utiliza, como por lo general se hace, para esconder los cables telefónicos, pierden su atractivo visual. Las líneas simples y limpias de la arquitectura moderna no trastornan nuestras vidas con objetos poco saludables ni nuestras mentes con chatarra visual innecesaria.

Si la casa de uno parece museo, el pequeño aprenderá a valorar los objetos más que a la gente. Y si todos esos objetos son del pasado, cuando queramos saber nuestro lugar en el mundo la tendencia será a mirar hacia atrás y no hacia adelante. Usted jamás tendrá que decir: "¡No toques! " a un niño si vive en una casa bien diseñada. Las líneas limpias del ambiente contemporáneo ideal no nos distraen del verdadero significado de nuestras vidas. Cuando uno se encuentra totalmente rodeado de buen diseño, la comprensión de la vida viene como por ósmosis. No hay mejor manera de aprender sobre la belleza que si se vive en ella y, sobre todo, no será necesario pasar la infancia de puntas, siempre con miedo a romper o ensuciar alguna cosa. Si su idea de la belleza mira hacia el pasado, trate de estudiar su hogar desde la perspectiva de un niño y sáquele el mayor provecho a su estilo particular.

Los lugares desde donde brincar, colgarse o esconderse y todos los que permiten ver el ambiente desde un nuevo y ventajoso punto de vista, proporcionan experiencias muy enriquecedoras.

Un niño debe saber también que tiene un lugar especial en el mundo que es completamente suyo. Puede ser una cama o sólo un pequeño sitio donde guardar sus juguetes; eso no importa, lo que vale es el hecho de que ese espacio es verdaderamente suyo. A esta edad usted va a empacar las cosas de bebé, lo que le permitirá al niño de entre tres y cuatro años tener una opinión sobre la forma de reorganizar y redecorar el espacio. Ya no hay preocupación por los dibujos y pinturas en la pared, así que es un buen momento para pintar su hogar. Lo que hasta hace poco se consideraba la habitación del bebé es ahora y muy claramente el dominio de un individuo con fuertes opiniones propias respecto a cómo se deben ver las cosas. Las paredes, el piso y las colchas de la cama deben ser elegidas por él, y aunque este santuario bien puede ofender la fina sensibilidad de sus padres o chocar horriblemente con el resto de su hogar, es necesario aceptarlo porque no es suyo sino del niño. El hecho de que él pueda ejercer control sobre este espacio lo convierte en la representación física de su gusto, estilo y sentido de organización. El espacio se convierte en una extensión del niño y en él éste se sentirá tan cómodo como se sienta consigo mismo. Ningún esquema de decoración es más importante que la autonomía y autoestima de un infante.

Si los objetos que se exhiben en su hogar han sido todos hechos por adultos, el pequeño empezará a sentir que mientras dure la infancia, los productos que él o ella haga no tienen ningún valor. Una vez que ese niño se convierte en miembro de la familia, el arte que haga en ese momento deberá exhibirse en la casa con la misma importancia que se les da a las pinturas y esculturas compradas. Las obras maestras que hace tres años colgaba usted en la habitación de su bebé deberán ser reemplazadas por pinturas y dibujos hechos por él. Trate de colgar aquellos que le gustan más al niño y no los que le gustan a usted. Un tablero de corcho puede servir para colgar los productos de cada día, así como fotografías de la familia y amigos, invitaciones a una fiesta, fotografías del circo cuando se está pensando en ir a una función, catálogos de juguetes con aquellas cosas que el pequeño desea y algunos impresos de sus visitas al museo, y también puede funcionar como caballete.

24. Los paseos

Cómo elegir un jardín de niños

Es muy probable que el paseo principal a los tres años de edad sea la escuela. Los efectos del jardín de niños sobre el futuro del niño pueden ser muy profundos, de modo que la decisión de cuál escoger no debe ser tomada a la ligera. Las primeras experiencias de su hijo en este lugar son mucho más importantes para moldear su futuro que la elección de la universidad, por la que tanto sufren en los años posteriores. La gente tiende a pensar que la educación no es demasiado importante en esta etapa, puesto que son "apenas bebés". Pero es ahora cuando se forman las actitudes y se establecen los hábitos de trabajo. Recuerdo una ocasión en una reunión social cuando alguien me preguntó cuál era mi trabajo, a lo que respondí: "Soy jefa del departamento de arte". "¡Ah! —respondió admirado mi interlocutor—, ¿en la universidad o en la preparatoria?" Cuando le contesté que en la escuela primaria, no pudo controlar un ataque de risa. Todo el respeto que sintió por mí después de mi primera respuesta desapareció cuando supo que yo "simplemente" trabajaba con niños pequeños. Y sin embargo, las experiencias de juego en el jardín de niños influyen sobre el futuro de un pequeño mucho más que las largas horas de exámenes y las infinitas tareas de los años escolares posteriores.

Las escuelas deberían ser lugares en donde los niños descubren cosas por sí mismos y aprenden cómo usar sus cerebros. Pero en lugar de eso, la mayoría se ha convertido en sitios en donde los pequeños aprenden cosas que otras personas han descubierto y memorizan el año en que se hicieron tales descubrimientos. Un efecto colateral de este tipo de educación es que mientras conocen los datos también están aprendiendo a aprender, y si las experiencias se las sirve el maestro en cuchara los pequeños pronto aprenderán a no pensar por sí mismos. Hay muchas cosas sutiles que hacen los maestros y que determinan los métodos de aprendizaje. Los chicos aprenden la autoestima cuando reciben estímulos por hacer su propio trabajo, pero cuando la gratificación sólo viene si se hace lo que pide el maestro, los niños comprometen sus propias necesidades a fin de conseguir la aprobación de los adultos. Y este compromiso resulta en pequeños temerosos de responder a las preguntas en el salón de clases por miedo a no estar en lo "correcto", o en niños que dicen "no sé dibujar" porque sus propios esfuerzos no se ven como si los hubiera hecho un adulto, o niños que sólo leen para estudiar y nunca porque lo disfrutan.

Yo nunca pensaría siquiera en mandar a un niño a un jardín de infantes o a un campamento que pusiera en exhibición proyectos hechos por los alumnos que se vieran todos iguales. Esto es señal de una total falta de comprensión de las capacidades del niño e indica un tipo de expectativas poco realistas. He encontrado que la actitud que tienen las escuelas hacia el arte de los niños es muy representativa de lo que piensan sobre éstos en general. Los maestros que dan patrones para completar a pequeños que se encuentran en la etapa de hacer garabatos, en realidad no entienden ni respetan al niño, ni se dan cuenta de lo importante que es que cada quien trabaje a su propio ritmo de desarrollo. Como padre de familia, la educación de su hijo es, en última instancia, su responsabilidad, y puesto que la mayoría de las escuelas no alientan a los padres a que pasen tiempo suficiente en los salones de clase, es difícil saber sobre la calidad del aprendizaje que está teniendo lugar allí. Hay una sola cosa que regularmente el niño de preescolar trae a casa: sus obras de arte. Si el maestro respeta su necesidad de crecer y aprender a través del desarrollo normal en las empresas artísticas, entonces es muy probable que le permita desarrollarse bien también en otras áreas. Lo que yo he encontrado es que cuando los niños llegan a casa con obras de "arte" que parecen hechas por una persona de treinta años en lugar de por una de tres, es seguro que al maestro no le gustan de verdad los niños o que no los entiende. Éstos son casi siempre maestros que ven su trabajo como una forma de controlar a los pequeños en lugar de guiarlos. Los niños aprenden a través del arte exactamente como aprenden con las experiencias de juego, es decir, aprenden las habilidades que usarán durante toda su vida y, lo que es más importante, aprenden la manera de obtener esas habilidades. Cuando adultos interesados alientan a los niños a participar en el tipo de experiencias artísticas que no implican la solución independiente de problemas o la originalidad, están produciendo mentes jóvenes que pronto serán incapaces de pensar por sí mismas.

> Los problemas que tienen las escuelas públicas con los niños que no aprenden se podrían reducir mucho con reformas en la educación artística.[1]

Si el maestro estimula la expresión individual en el arte, es muy probable que también escuche las sugerencias verbales. En muchas escuelas se malentiende el arte; puede ser la manera más efectiva de enseñar a un niño a pensar y a resolver problemas, pero en lugar de eso se le trata como algo inútil. Con demasiada frecuencia se le ve como algo puramente decorativo y a los niños que lo producen se les considera "muñecos". Algunos maestros hacen pinturas de los estereotipos de las fiestas para que los pequeños los copien o los coloreen, y de ahí resultan treinta calabazas idénticas de color naranja, treinta tréboles verdes o treinta conejos de pascua colgados en infinidad de tableros escolares durante todo el año de clases sin que se deje lugar para la expresión personal o para las diferencias individuales. En algunas escuelas los maestros enseñan por mes: en octubre los niños hacen calabazas anaranjadas y negras, en noviembre entrenan sus brazos para dibujar colas de pavo, en diciembre hacen árboles triangulares de Navidad, y así durante todo el año escolar. En lugar de trabajar para enriquecer la vida y avanzar conforme el pequeño se desarrolla hasta hacer proyectos que requieren habilidades cada vez más avanzadas, se marca el tiempo en un calendario hasta el día del padre (sin fijarse siquiera cuántos niños tienen padre) dirigiendo la producción de decoraciones no pensadas, hechas en serie.

Este arte-orientado-al-tema ignora por completo el hecho de que lo que estimula a los niños pequeños a trabajar es ver los materiales (y que son los adultos y no los niños quienes están motivados-por-el-tema). El maestro que trata a los infantes como si fueran adultos pequeños sabe muy poco de lo que es una buena enseñanza, y usted no tiene que ser ningún experto en arte infantil para saber si una obra de arte fue creada por un niño o si sólo siguió un patrón hecho por el maestro.

Cuando el arte se vuelve una actividad reglamentada y dirigida por el maestro, aquellos niños que tienen problemas serios en sus vidas persona-

[1] Rhoda Kellogg, *op. cit.*, p. 142.

les pierden una oportunidad para trabajarlos y para expresarse a través de él. Cuando para un maestro el producto —por ejemplo, un árbol de Navidad de color verde— se vuelve más importante que la expresión del niño, éste aprende a reprimir sus propias necesidades. La expresión puede venir entonces de maneras menos deseables —como pintar las paredes, pelear, robar, etc.—. Muchas veces este tipo de conducta antisocial se podría evitar si los niños aprendieran cómo expresarse y canalizar su coraje o desilusión hacia el trabajo verbal o gráfico.

En una ocasión visité una escuela que tenía fama de ser una de las mejores de la ciudad de Nueva York, pero algo había que me molestaba en el arte que vi exhibido allí. Puesto que no parecían ser copias ni estar hechos con patrones tuve problemas para identificar qué era lo que estaba mal. En todos los tableros escolares, uno tras de otro, vi una serie de dibujos pequeños, constreñidos y que parecían hechos con mucha autoconciencia. Después observé una clase de siete niños de tres años de edad y sus dos maestras en un salón de clases muy pequeño. En ningún momento durante mi visita de una hora y media, alguno de los infantes eligió su juguete o su actividad. Los niños permanecían sentados lo mismo que las maestras. Cuando uno de los que hacían garabatos anunció que había terminado su dibujo, la maestra le respondió: "No, no has terminado; quiero que sigas dibujando", ¡y el pequeño siguió! Cuando por accidente otro niño dejó caer al piso una caja de pequeños juguetes recibió un regaño de las dos maestras, se ruborizó intensamente y recogió cada uno de los objetos sin la ayuda de nadie. Un tercero expresó interés por ir al rincón de muñecos, a lo que la maestra respondió: "Ya sabes que los viernes nunca jugamos en el rincón de muñecos". La maestra principal me informó después que era ella quien decidía lo que los niños debían hacer cada día y mientras hablábamos me señaló a un pequeño en la clase y dijo en voz alta para que todos la escucharan: "¿No es precioso? ¿Ha visto usted alguna vez un muñeco así?" Durante todo el tiempo de mi visita no escuché ningún ruido ni una sola risa, y es obvio que elegir y tomar decisiones no eran parte del programa en esa escuela.

En uno de los tableros había collages pequeños hechos por los niños. Cada uno de ellos consistía en seis formas hechas por las maestras, armadas de manera siempre idéntica siguiendo la forma de una persona geométricamente perfecta:

- Un círculo perfecto
- Un torso

• Dos rectángulos para los brazos
• Dos rectángulos para los pies

Sólo variaban en una cosa: los que tenían el nombre de un niño usaban pantalones, y los que tenían el nombre de una niña usaban falda. Las formas obviamente habían sido hechas por adultos, y supuestamente armadas por los niños, pero no se salía nada de goma detrás de las formas pegadas. El proyecto coincidía con el momento cronológico en que los niños normales están saliendo de la etapa de hacer círculos-mandalas y empezando a intentar hacer mandalas-en-forma-de-humanos (véase el primer capítulo). Pero no había ningún caballete a la vista y, cuando pregunté por él, la maestra me dijo que hacía todo lo posible por instalarlo unas dos veces por semana.

Al tiempo de trabajo le seguía una clase de música con una especialista. Los niños se sentaban en un círculo en el piso a esperar que ella entrara, y aunque en esa ocasión llegó con ocho minutos de retraso los pequeños esperaron tranquilos, con las manitas sobre sus regazos. Su lección consistió en pedirles a los pequeños que imitaran los sonidos de diversos animales y objetos, y más seguido de lo necesario los corregía mostrándoles cuál era su interpretación de dichos sonidos, la cual se consideraba como la única respuesta aceptable a sus preguntas.

Con los puros proyectos de arte me hubiera bastado para saber que los maestros en esta escuela ejercían un control total sobre la clase. No tenían ningún respeto por los pequeños como seres humanos y los veían como "lindos muñecos" sin sentimientos reales e incapaces de entender sus verdaderas necesidades. Según la maestra, lo que cada niño necesitaba debía ser lo mismo que todos su compañeros y lo más parecido posible a los adultos. Podría yo agregar que el catálogo de la escuela no mencionaba esto para nada, y en la entrevista que tuve con la directora me aseguró que se estimulaba la libre expresión artística. Pero con una rápida mirada al tablero escolar se veía que ella y yo teníamos muy diferentes definiciones de lo que quería decir "libre expresión".

El mismo día en que visité esta escuela, también aproveché para visitar otra. Ahí entré en un cuarto muy grande que se abría a una zona de juegos al exterior. El salón tenía por lo menos cuatro veces el tamaño del de la otra escuela, pero los pequeños tenían el control total. Las dimensiones de un salón de clases muchas veces dan cuenta de qué tan restrictiva es la atmósfera. Algunos niños jugaban en el arenero y otros pintaban en un caballete o trabajaban con plastilina, cubos y juguetes. En el rincón de lectura había una maestra que les leía a un grupo de pequeños y había un niño que no participaba en ninguna actividad y a quien la segunda maestra hacía lo posible por interesarlo en algo. Uno de los pequeños abandonó el arenero, fue al baño y regresó con una cubeta llena de agua que virtió en la arena. La maestra se dio cuenta inmediatamente, me miró y entornó los ojos. Le pregunté si lo permitiría y me dijo: "Sí. Ya sé que se hace una porquería, ¡pero los niños pueden hacer tantas cosas nuevas con la tierra mojada!" Y siguió explicándome que creía que ningún niño había hecho eso antes en el año, pero que para la primavera de cada año siempre había alguien que invariablemente lo descubría. Para ella era señal de un pensamiento sano, sólido e innovador, por lo que estaba dispuesta a soportar la suciedad que se hiciera. "Quizá ya es la primavera", me dijo mientras se dirigía hacia el caballete a pedirle al pequeño que pintaba allí que sólo lo hiciera sobre su propio papel, que era muy grande, y por favor sin pasarse al de sus vecinos.

De paso debo decir que este caballete era uno de los dos aditamentos fijos que había en la habitación. La pintura y el papel se ponían antes de que la escuela se abriera y los niños eran libres para usarlo cuando quisieran durante el tiempo de juego. La frase *tiempo de juego* se oponía de manera definitiva a la frase *tiempo de trabajo* que se usaba en la otra escuela para describir las mismas actividades. Todo el arte en exhibición era adecuado a la edad de los niños; era de tamaño muy grande y se veía muy libre. En algún lado encontré un enorme cajón de pinturas dividido en secciones marcadas para cada niño de la clase. Cuando empecé a meter mano en él se me acercó la maestra y me preguntó qué era lo que buscaba. Le contesté que sólo sentía curiosidad de saber si el arte incluía calabazas, árboles de Navidad y conejos, a lo que me contestó: "No veo cuál es el valor de ese tipo de actividad para los niños de tres años". También me dijo que guardaban las obras de arte en la escuela hasta que se llenaban los arcones, y después las mandaban a las casas. Esto lo hacían con el fin de no hacer demasiado énfasis en el arte como un producto que los niños debían llevarle cada día a mamá, y así podían mantener la atención de todos los proyectos en el proceso del trabajo. Los pequeños hablaban entre sí todos muy tranquilos siempre que lo deseaban y se escuchaban muchas risas. Las maestras sabían bien dónde se encontraba cada niño o niña y qué hacían en ese momento, de modo que obviamente tenían control sobre la situación aunque cada quien estuviera haciendo "sus propias cosas". Además tenían la opción de salir del cuarto para irse a otro en donde había una biblioteca muy bien surtida de libros, discos y cintas adecuadas a su nivel. Ahí se encontraba un bibliotecario que los supervisaba en cualquier actividad en que decidieran participar. Más tarde, todo el grupo (incluyendo a las maestras) se sentó en un círculo en el piso para conversar sobre cómo ayudaban a sus padres en las tareas domésticas. Cada niño recibió oportunidad de hablar y cada uno de los trabajos que describían como su cooperación en el hogar recibía un comentario positivo por parte de las maestras. Era obvio que no había una respuesta "correcta" a sus preguntas y que ellas estaban verdaderamente interesadas en lo que cada uno de los pequeños podía aportar a la discusión.

Sólo porque los niños no están bajo el control total de un adulto, eso no quiere decir que las cosas están fuera de control. Establecer el hábito de la libertad dentro de una estructura básica proporciona el ambiente en el cual es más probable que se promuevan la creatividad y la independencia. La base de la fundación de nuestro país fue la libertad para elegir, y no se puede esperar que se les enseñe el concepto de democracia a niños que han sido criados y educados en un ambiente de dictadura de adultos. El control total de los adultos es como el fascismo... es decir, invita a la rebelión.

> El adulto que ofrece arte debe proporcionar un marco o estructura dentro del cual el niño se sienta libre para moverse y para fantasear, no una estructura que imponga, controle y convierta al pequeño en un ser dependiente...[2]

Aunque vi poca enseñanza positiva en la primera escuela y mucha en la segunda, aquélla tiene mejor reputación en Nueva York que ésta. Creo que la razón es que los padres quieren mantener a sus hijos bajo control. Los quieren limpios y callados como el resto de la gente. Demasiadas veces nuestros criterios para juzgar los programas educativos se basan en qué tan bien se controla a los niños en lugar de ver qué tan bien están aprendiendo a vivir en el mundo. En una escuela en la que los infantes no saben qué hacer o qué pensar hasta que se los dice la maestra, se produce la confusión y el caos en el momento en que ella no puede dar la respuesta. Esto es en parte la razón por la cual los niños se portan muy mal cuando falta su maestra y una sustituta se hace cargo del grupo. En aquellos salones de clase en donde los pequeños tienen algún control sobre sus propias actividades y sobre su conducta, no se rompe el control si la maestra no está, porque ese control viene de ellos mismos y no de afuera, de modo que no requiere de

[2] Judith Rubin, *Child Art Therapy*, Van Nostrand Reinhold Co., Nueva York, 1978, p. 30.

la presencia de una maestra para continuar. Los niños aprenden a través del juego, así que si la mayor parte de éste lo dirige la maestra, ellos aprenderán a confiar en la aprobación de los adultos en lugar de pensar por sí mismos.

> La mejor herencia que se le puede dejar a un niño es la de permitirle hacer las cosas a su manera, completamente sobre sus propios pies.[3]

Es imposible juzgar a una escuela sólo por las afirmaciones que se hacen en el catálogo de promoción, por su apariencia, por las discusiones con los directores o por las conversaciones con los padres de los pequeños que asisten a ella. Es importante pedir permiso para observar una clase y comparar por lo menos dos o tres escuelas antes de elegir una. Lo que más se debe mirar es si los niños están contentos. Pero como a los pequeños les gusta estar con amigos, muchos se ven contentos en escuelas muy malas. Vea también si se ven relajados y cómodos. ¿Se les permite elegir en sus juegos? Usted puede aprender mucho sobre el enfoque general de la escuela en lo que se refiere al trato con los niños si observa los proyectos artísticos en exhibición. Las ferias, las representaciones y los bazares escolares también reflejan la filosofía de la escuela. En una ocasión visité una feria para recaudar dinero para una escuela privada, en la cual toda una cuadra estaba dedicada a entretenimientos para los niños. Así, para ayudar a juntar fondos las casillas aprovechaban los intereses de los pequeños. A la vuelta de la esquina se llevaba a cabo otra actividad con el mismo fin, en la que se vendían productos hechos por los adultos. En la primera, las actividades incluían decorar su propio pastel, hacer un prendedor, pintar un globo, decorarse las uñas y maquillarse. En la segunda se vendían ropa, plantas, libros y discos. Me imagino que ni los administradores ni los padres se propusieron ofrecer actividades que reflejaran la filosofía educativa de sus escuelas y, sin embargo, lo hicieron. La primera escuela parecía un lugar que valoraba a los niños mientras que la segunda valoraba los bienes de este mundo.

Aunque es imposible hablar en favor o en contra de alguna escuela en particular, yo diría que se deberían evitar las escuelas con el sistema Montessori, puesto que para María Montessori el garabateo es una activi-

[3] Isadora Duncan, *My Life*, Liveright Publishing Corp., Nueva York, 1927, reeditado en 1955, p. 21.

dad inaceptable y según ella las escuelas deberían enseñar a los niños "cómo dibujar".[4]

Desgraciadamente, la influencia de esta educadora aún se refleja en los proyectos de arte que ofrecen muchas escuelas hoy, a pesar de que la mayoría de los educadores reconocen que este enfoque es equivocado. El método Montessori demanda hacer varias tareas de maneras muy específicas, según como lo muestre la maestra. Un salón de clases Montessori es descrito de este modo:

> Siempre había una manera correcta de enfrentar cada problema, y ninguna pieza de ningún aparato debía ser manipulada por el niño de manera libre o en el juego. Tampoco se estimulaba el juego dramático libre o el juego de la fantasía en ninguna parte del programa.

Periódicamente se produce en la educación un movimiento llamado de vuelta a las bases. Los padres exigen que se enseñe a leer, a escribir y aritmética en grados anteriores a los de costumbre, con la esperanza de que si estas materias se enseñan suficientemente pronto, sus hijos de algún modo resultarán más inteligentes. Se olvida que los pequeños aprenden mucho del juego y que las verdaderas bases incluyen actividades divertidas que hacen que los pequeños quieran aprender. Jugar, imitar, pintar, hacer garabatos, soñar despiertos y hacer amigos son actividades que establecen los fundamentos y preparan para después realizar el trabajo escolar y funcionar en el mundo. Si le quitamos tiempo a estas verdaderas bases para dárselo a la introducción prematura del trabajo avanzado, estaremos arrebatando a nuestros hijos un tiempo necesario para desarrollar una base firme que les permita enfrentarse a la información. Estamos pues complicando el problema al asegurar una pérdida del interés y la motivación. Cada vez son más bajas las calificaciones en la lectura y las escuelas dedican más tiempo a las pruebas y exámenes que alejan a los chicos de ella, y aun así no se quiere reconocer que el problema radica en que nos hemos olvidado de transmitirles a nuestros hijos un sentido de entusiasmo y de infundirles la felicidad del aprendizaje. Esos mismos niños que hace dos años estaban tan ansiosos por saber, que hasta hacían berrinches si no los dejábamos detenerse a mirar o a tocar alguna cosa, ahora empiezan a contar el tiempo para ver cuándo podrán abandonar la escuela.

[4] Claudia Lewis, *The Montessori Method: Education Before Five. A Handbook on Preschool Education*, Bank Street College of Education, Nueva York, 1977, p. 7.

> Evite la compulsión y deje que las lecciones que toman sus hijos adquieran la forma de juegos.
>
> —Platón.[5]

Cuando busque escuela para su hijo, averigüe aquello que la administración considera como lo fundamental. "Leer, escribir y aritmética" constituye una base poco realista para el aprendizaje en los niños muy pequeños, pues mucho antes de que ellos adquieran esas habilidades, incorporan las formas de pensar. ¿Van a usar la palabra escrita para escribir o para copiar? Un pequeño que durante todo el día copia del pizarrón las palabras del maestro no está aprendiendo cómo escribir. En la mayoría de las escuelas en las que he trabajado, las primeras habilidades de escritura se enseñan de esa manera. El maestro escribe algo en el pizarrón y todos los niños lo copian. Se califica la limpieza y la exactitud. Y este método, que solamente enseña a copiar en lugar de enseñar a escribir, ¡también provoca sin duda un aburrimiento mortal en el pequeño! Una de las razones principales por la cual elegí la escuela a la que mandé a mi hijo fue que cuando visité el primer grado todos los pequeños habían escrito *sus propias historias*, y ésa es en mi opinión la única forma de captar su interés y de motivarlos a aprender las enormes posibilidades de la letra escrita.

Pregunte cuántos maestros se toman el tiempo para leer cada día en sus clases no como preludio a un examen, sino como una parte relajante y disfrutable de sus actividades cotidianas. Una de las más entusiastas y estimulantes maestras que jamás he conocido les leía todas las tardes a sus alumnos un capítulo de alguno de los clásicos para niños, aunque esta actividad no apareciera por ninguna parte en el programa educativo y aunque sus estudiantes fueran niños de once años y no de jardín de infantes. Sobra decir que a los chicos les encantaba esta actividad y que hacían todo lo posible por apurarse en su trabajo para llegar "al momento del cuento". En una ocasión en que se desató una pelea en el salón en donde comían su refrigerio, el castigo que les puso fue cancelar el cuento de ese día. Uno de los muchachos más rudos del grupo me dijo entonces, con lágrimas en los ojos, que le parecía que ese castigo era "malvado e injusto". ¡Y es que estaba muy ansioso por saber qué sucedía después en la historia!

¿Quién habla más, el maestro o los niños? ¿Recuerda usted a partir de su propia experiencia escolar qué poco aprendía de aquellos maestros que

[5] Citado por Herbert Reed en *Education Through Art*, Random House, Nueva York, 1948, p. 6.

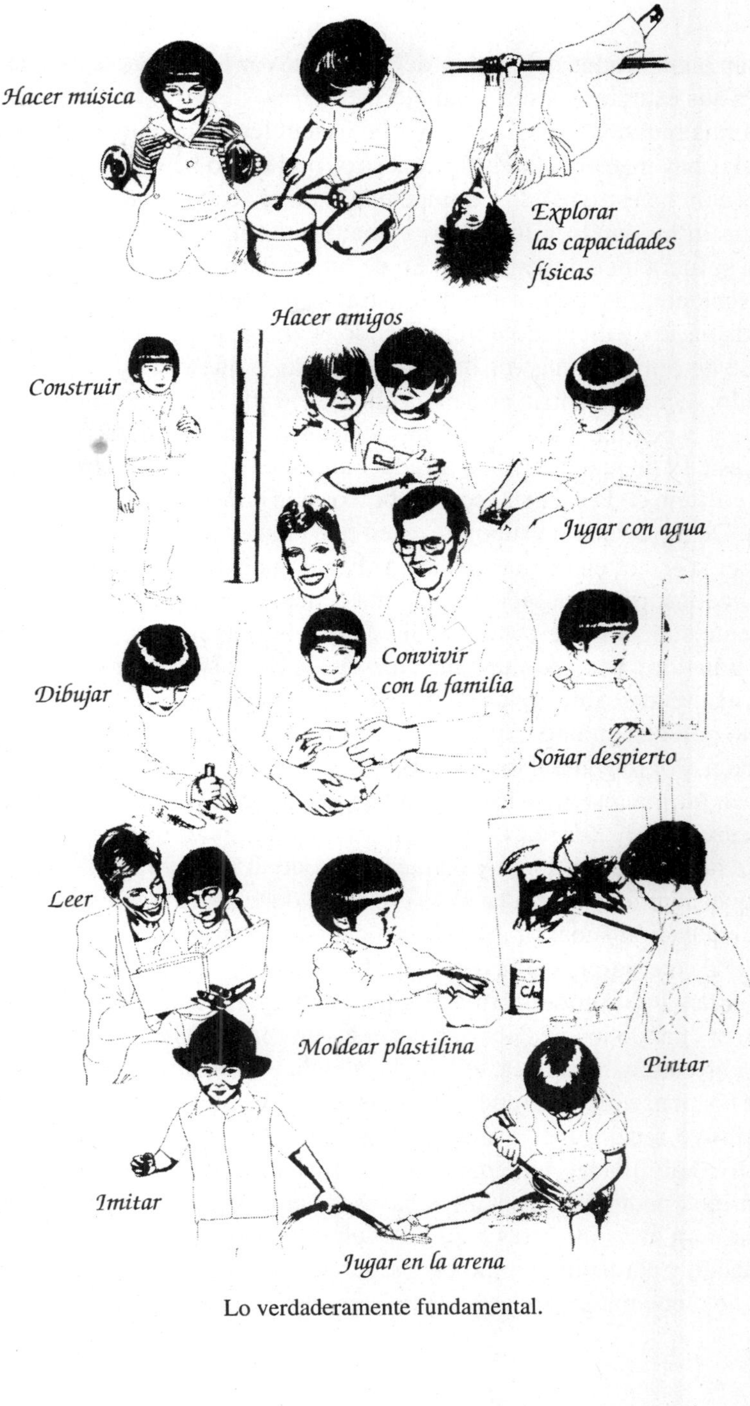

Lo verdaderamente fundamental.

estaban enamorados del sonido de su propia voz? Los maestros que escuchan a sus estudiantes son los mejores.

En mis muchos años de enseñar he descubierto que aun en las mejores escuelas hay maestros buenos y maestros malos. Yo he visto en un salón de clases a un maestro cálido y competente y en el de al lado a uno que gritaba y rugía intimidando a los niños y manejando a su grupo de pequeñitos como si fuera un campo militar. Sé de un maestro que, en una escuela que era excelente, castigaba a algún niño travieso metiéndolo toda la tarde en el bote de basura y diciéndole frente a todo el grupo que él también era "basura". Sé de otro que una vez detuvo a un niño —que siempre era muy bien portado— cuando corría por un pasillo, y le dijo: "Entra al salón, cruza los brazos y espérame allí". Y después de decirlo se olvidó del asunto y se fue a su casa. El pequeño fue encontrado, bañado en lágrimas, solo y encerrado en el edificio de la escuela, con los brazos aún cruzados, hasta las seis de la tarde. De modo que no suponga usted que cuando manda a su hijo o hija a la escuela estará en buenas manos. Hay sin duda muchos maestros buenos y dedicados, pero también hay algunas "manzanas podridas". No es nada prudente suponer que es imposible que su hijo se encuentre en una mala situación porque asiste a una buena escuela. Si a usted le preocupa su hijo, debe mantenerse informada sobre lo que sucede dentro del salón de clases. Y si lo colocan en uno con el que usted no está de acuerdo, busque que lo cambien. Por lo general los directores aceptarán esta petición si se les hace, pues en última instancia usted es responsable de la educación de su hijo, y su futuro está en *sus* manos y no en las de algún maestro.

Ir a la escuela desde muy pequeño introducirá a su hijo a la alegría y al reto que significan aprender. Pero eso no se debe hacer siguiendo el modelo de la educación superior. Meterles muchísima información y hacer que la repitan de memoria resulta contraproducente. Demasiados maestros les dan a los niños hojas con información para subrayar, encerrar en un círculo o colorear cuando lo que deberían hacer es enseñarles a los pequeños el amor por la literatura, la música, el arte, la ciencia y la historia. Aprender a organizar los pensamientos (contando cuentos) o los objetos (con los juguetes) contribuye mucho más a darles a los niños una posición ventajosa para adquirir habilidades matemáticas que machacarles los números a niños demasiado pequeños. Contar los pasos al caminar, las galletas en el recreo, contar para atrás mientras baja en el elevador, son juegos que a los niños les gustan y al mismo tiempo los preparan para las matemáticas. Es importante no preocuparse demasiado por la exactitud, es decir, alguien que cuenta "uno-dos-tres-once" muestra que tiene una familiaridad suficiente con el sistema numérico, considerando que tiene tres años de edad, y por ello merece apoyo y no críticas.

Cuando elija una escuela para su hijo, dese una vuelta el primer día de clases, pues algo muy importante es ver cómo se maneja la separación. En una ocasión en que visité un programa de verano para pequeños de tres años, encontré que en la recepción había todo el ruido y la confusión lógicos del primer día. Luego escuché al director que les decía a las madres: "No se preocupen por sus hijos, los llevaremos en el elevador hasta su salón de clases". Y sin más advertencia metían a los pequeños en los elevadores atestados. Una chiquita empezó a gritar cuando las puertas se cerraron, y no había ningún maestro adentro del elevador que supiera a dónde le correspondía ir a esa pequeña. Este tipo de experiencia inicial en la escuela produce un daño irreparable. Mi hijo fue a un programa de dos veces a la semana cuando tenía dos años, en el que, a pesar de que el catálogo hacía referencia a cómo separarse poco a poco, el director me propuso que lo dejara solo desde el primer día. ¡Y me negué! Muchos padres abandonan a sus hijos aunque estén llorando porque alguien les dice: "¡No se preocupen, sabemos lo que hacemos y el pequeño estará bien!" Pero yo he visto a una niña que lloró durante dos horas y media y nadie llamó a su mamá. Durante las primeras tres semanas (es decir, seis sesiones), yo me quedé durante toda la mañana, mucho tiempo después de que las demás madres se habían ido. Y fue hasta que mi hijo se me acercó y me dijo: "Mami, vete", que lo hice y nunca me volví a quedar. Puesto que mi hijo tendría que quedarse en la escuela por los próximos veinte años de su vida, yo quería que desde el principio se sintiera bien en ese lugar, y a esta edad la presencia de su cuidadora principal le da seguridad y es la mejor forma de suavizar la transición del hogar a la escuela.

Cuando busque un jardín de niños para que su pequeño asista a él con regularidad, elija uno donde los maestros no se sientan amenazados por la relación del infante con sus padres. La escuela que yo elegí mandaba al maestro a visitar al pequeño a su casa unos días antes de que empezaran las clases, porque pensaban que éste se sentiría mejor si se familiarizaba con el importante desconocido en su propio hogar. Para cuando llegaba el primer día de clases, el niño ya había pasado momentos jugando solo con el maestro, y además se le dedicaba más tiempo de calidad porque se organizaba que sólo una mitad del grupo entrara en esa ocasión y la otra mitad al día siguiente. Además la escuela insistía en que por lo menos uno de los padres se quedara con su hijo durante los primeros diez días, en que las clases sólo duraban entre sesenta y ciento veinte minutos. Se les pedía que permanecieran en la parte de atrás mientras los maestros se iban ganando la confianza de los niños a través de juegos y de ayudarlos a relacionarse con los demás, así como atendiendo sus necesidades físicas y emocionales. Cuando alguna madre o algún padre salía para "tomar una taza de café", el maestro llevaba al niño por el pasillo hasta donde estaba la cafetería y le decía: "Mientras mamá toma su café puedes venir conmigo si necesitas alguna cosa". Y si un niño o niña preguntaba por su madre o padre cuando estaba fuera del salón, inmediatamente se le mandaba llamar. De modo que ningún pequeño lloró durante las dos semanas que duró el periodo de transición.

Después de la primera semana, los dieciséis niños del grupo empezaron a llegar a la escuela al mismo tiempo. Claro que con los padres ahí presentes era poco ideal para los maestros, pero estábamos de acuerdo en que era lo mejor para los niños, que se iban conociendo entre sí y con sus maestros, y se estaban adaptando a un nuevo ambiente siempre bajo la mirada tranquilizadora de sus madres o padres. Y a su vez, también los progenitores se sentían bien al ver lo competentes que eran los maestros. Al año siguiente, cada uno de los pequeños de cuatro años tuvo su sesión de treinta minutos con el nuevo maestro el día anterior a que empezaran las clases. Ese tiempo se usaba para jugar con él y conocerlo dentro del nuevo salón. La escuela empezaba siempre con un horario reducido y con no más de la mitad del grupo por días alternados, de manera que se pudiera dedicar tiempo a las nuevas relaciones y ningún niño se perdiera en el desorden. A los padres se les pedía que permanecieran en el edificio durante los primeros dos días escolares de noventa minutos de duración, luego de lo cual se evaluaban de manera individual las necesidades de los pequeños. Se esperaba que los padres se quedaran ahí si el niño aún los necesitaba. El tiempo que algunos de ellos tuvieron que quitarle a su trabajo, o a los otros miembros de la familia, fue una inversión muy pequeña a cambio de la actitud positiva de su hijo frente al lugar en el que pasaría los siguientes veinte años de su vida.

Las opciones son muchas y van desde escuelas en las que los padres jamás ponen un pie en el salón de clases hasta aquellas que les exigen permanecer en él durante dos semanas, y hay algunas que esperan que los padres se organicen por turnos para ayudar al maestro. Mi opinión sobre esto es que la escuela debe darse cuenta cabal de la importancia que tiene la relación padre-hijo y debe hacer todo lo posible para facilitarle al pequeño la separación. Éste se debe sentir cómodo, seguro y protegido en el ambiente antes de que su padre o madre se vaya. Si usted invierte en ese momento dos semanas de su tiempo para quedarse con su hijo en la escuela, eso le ayudará al pequeño a sentirse bien durante muchos años en sus experiencias escolares. Y no se sorprenda si después de una enfermedad o unas vacaciones largas de nuevo sea necesario cooperar para facilitar la transición del hogar a la escuela. Jamás se debe dejar en la escuela —ni en ningún otro lugar— a un niño de esta edad que llora por su madre.

Hay algunas formas en las que usted como progenitor puede contribuir para facilitarle a su hijo la transición de la casa a la escuela. Por ejemplo, todos respondemos positivamente si se nos llama por nuestro nombre. Como maestra yo sabía lo difícil que es aprenderse al mismo tiempo los nombres de tantos niños, pero como madre sabía también que quería que mi pequeño se sintiera lo suficientemente importante para la maestra como para que ella recordara su nombre. Por eso siempre lo vestí con ropas que lo llevaban visiblemente escrito durante la primera semana de clases, y lo seguí haciendo en todas las situaciones nuevas, por ejemplo: las fiestas de cumpleaños. Esto se puede hacer con pinturas para tela o con "plumones mágicos" de tinta permanente, con letras que se pegan o con letras bordadas.

Algunas escuelas exigen que los niños usen uniformes. Se puede apostar a que en un lugar en donde se pide que todos los niños se vean iguales, también se les pedirá que piensen igual. Y esto va en contra de la naturaleza humana. David K. Shipler cuenta que en Rusia las niñas deben llevar uniformes castaño y moños de igual color en el cabello, pero usan calcetas que tienen suaves dibujos "como una forma de manifestarse, aunque sea tímidamente, en favor de la expresión individual".[6]

Algunas escuelas no exigen uniformes, a pesar de lo cual los niños se los hacen solos como reflejo de su hábito de conformidad. En una escuela en la que verdaderamente se alimente la expresión individual, la ropa y los peinados de los niños deberán mostrar gran variedad y reflejar el gusto personal más que la presión de los compañeros o las reglas de la autoridad.

Algo que encontré es que los campamentos de verano ofrecen más programas negativos que las escuelas. La filosofía que los preside es que las mentes de los niños están de vacaciones, de modo que incluso algunos

[6] "Russia, A People Without Heroes", *The New York Times Magazine*, octubre 16, 1983.

campamentos afiliados a escuelas que tienen buenos programas de arte perdonan sus programas positivos de creatividad y mandan a los chicos a casa con Snoopys recortados en algún material cualquiera y con figuras de Miss Piggy hechas en molde. Los jóvenes encargados que no tienen ningún entrenamiento en arte o creatividad son los que "enseñan" artes y trabajos manuales, que es una manera elegante de llamarle al "tiempo de tranquilidad". La idea de un maestro de piano o violín que no sepa tocar su instrumento seguramente provocaría risa, y sin embargo aceptamos que suceda esto en el área del arte, tanto en las escuelas como en los campamentos. En cuanto empieza a llover salen los libros para colorear, como si los pequeños se convirtieran en robots con la primera gota de agua.

Es muy común encontrar que en los campamentos se hace un hincapié exagerado en la competencia. "La guerra de los colores" enfrenta a un niño con otro y le quita toda la diversión a los juegos. La actividad física está llena de esta competitividad poco sana. A los niños que les encanta jugar y que adquieren lo esencial del ejercicio físico mientras lo hacen les sucede que descubren de repente que son "perdedores", y dejan de interesarse en esas actividades. Y si bien sus habilidades podrían mejorar poco a poco hasta hacerlos "ganadores", prefieren quedarse tristes y callados mientras a otro pequeño se le da alguna medalla o certificado. ¿Por qué los adultos bienintencionados se empeñan en quitarle lo divertido al hecho de ser joven cuando los pequeños aprenden mucho más y de manera más entretenida si se les quita uno de encima? Un niño de cuatro años muy atlético me dijo una vez que "siempre perdía" en las competencias de los campamentos. Ya para entonces tenía un certificado que afirmaba que era un "joven campeón olímpico de natación" en el campamento, pero aun así se sentía perdedor. Y es que a pesar de haber ganado algunas competencias, también había perdido otras. Las derrotas se le habían fijado en la mente mucho más que los triunfos porque los que pierden muchas veces terminan por perder también los incentivos. En las competencias, hasta los ganadores pierden. Adquieren una idea poco realista de sus propias capacidades que se acompaña de una tendencia a "descansar en sus laureles".

> La autoestima es la única ganadora en los juegos de cooperación cuyo propósito es lograr un objetivo común en lugar de derrotar a un oponente.[7]

[7] Susan D. Shilcock y Peter Bergson, *Open Connections: The Other Basics*, Open Connections, Bryn Mawr, Pa., 1980, p. 67.

He preparado la siguiente lista para que la lleve consigo cuando busque escuelas y campamentos de verano:

1. ¿Los trabajos que se exhiben son típicos estereotipos de los adultos o es arte hecho por los niños que refleja su desarrollo normal?
2. ¿Es todo el arte "bonito" o también es expresivo?
3. ¿Toman los niños las decisiones sobre las actividades de juego o hacen lo que se les dice?
4. ¿Tienen todas las preguntas una sola respuesta "correcta"?
5. ¿Pueden los niños, si así lo necesitan, hacer actividades sucias?
6. ¿Están los materiales artísticos, sobre todo el caballete y las pinturas, accesibles para los niños y los pueden usar a voluntad?
7. ¿Es la lectura una actividad placentera o penosa?
8. ¿Es la ropa diferente y refleja las distintas personalidades de los niños?
9. ¿Qué preparativos se toman para facilitar la separación con los padres?
10. ¿Hay especialistas para enseñar música, artes y educación física?
11. ¿Se estimula a los niños a competir entre sí o trabajan para lograr sus propios objetivos?
12. ¿Se introducen prematuramente conceptos de letras o de números?
13. ¿Se ve como un lugar divertido?

25. Juguetes, objetos para jugar y compañeros de juego

Los niños aprenden de varias maneras: solos, con otros niños y con adultos. Las habilidades motoras finas se desarrollan a través de la manipulación de materiales diversos. Las actividades pueden ser específicas o abiertas, y las últimas contribuyen más a la confianza en sí mismos, la dirección propia, la independencia y el pensamiento creativo. Construir con cubos, por ejemplo, es algo que contribuye a este fin, mientras que armar rompecabezas enseña que solamente existe una respuesta "correcta" para cada problema. El juego de cubos que compró para su pequeño cuando tenía un año de edad debe aumentarse con más piezas conforme las construcciones se vuelven más elaboradas y las estructuras empiezan a recibir nombres y a ser más relevantes en los juegos de fantasía.

Fantasear y simular forman parte importante del tiempo de juego en un niño entre los tres y los cuatro años, pues le ayudan a desarrollar el pensamiento simbólico y abstracto, y le proporcionan una comprensión más rica y significativa del mundo que lo rodea. El juego de fantasía cobra mayor importancia que nunca en esta etapa y es una manifestación temprana del verdadero pensamiento creativo. Una imaginación activa es el más maravilloso de los dones y debe ser nutrido y estimulado en todo momento, mientras que los juguetes y los juegos que la desalientan deberán desempeñar una parte muy limitada en la vida de su hijo.

En este momento se desarrollarán importantes relaciones entre su hijo y sus muñecos y juguetes de peluche. Usted puede estimular esto invitando a una muñeca a cenar, trayéndole obsequios, aceptando el papel que su pequeño le asigne y en general tratándola como a alguien importante. Cuando la Kitty de Jason volvió a casa después de un olvido accidental en un museo, le compramos un pastel, prendimos velitas y cantamos "Bienvenida a casa". Sobra decir que pudo volver al hogar porque yo le había cosido el nombre y dirección de su dueño en cuanto me di cuenta de que Jason la amaba tanto. Estos símbolos tan significativos de la gente y los animales pueden ser muy útiles para resolver ciertos problemas y para tratar de entender el mundo.

Cuando observe que su pequeño convierte cada lápiz, palo o dulce largo en un avión y lo acompaña de efectos de sonido, no decida que es el momento de salir corriendo a comprar un hermoso y brillante avión de color plateado, pues estos objetos que lo representan señalan el inicio del pensamiento abstracto y del uso creativo de la fantasía, que es tan importante para desarrollar la capacidad del niño para la invención y la creatividad. Usted puede ayudarlo si también "ve" el lápiz como si fuera un avión, o si "compra" un boleto imaginario, o "va" a dar un paseo en ese artefacto. Estimule el pensamiento del niño con preguntas adecuadas como: "¿En dónde va a aterrizar el avión?" "¿Qué servirán hoy de comer a bordo?" "¿Qué se ve desde tu ventana?" En esta etapa se necesitarán menos juguetes que durante los dos años anteriores, puesto que entre los tres y cuatro años el pequeño se involucra cada vez más en el juego de imaginación. Encontrará un palo tirado en el parque y lo convertirá en una varita mágica, espada, bastón o muchas otras cosas maravillosas a lo largo del día. Al creer usted en todos los nuevos papeles que se le asignan al palo y al estimular el pensamiento del pequeño por medio de preguntas, lo ayuda a enriquecer su juego.

Usted podrá enriquecer el juego de fantasía de su hijo con una participación activa y con preguntas estimulantes.

Usted puede ayudar a estimular el pensamiento creativo con el juego de simulación. Casi todo lo que se hace en casa se puede convertir en juego. La hora de la comida se puede convertir en una visita imaginaria a un restorán, con usted y su hijo desempeñando los papeles del dueño y el mesero. Mientras lo peina, puede simular que es una estilista en un gran salón; amarrar los zapatos se puede convertir en una visita a la zapatería; un viaje en el elevador puede ser un viaje en un cohete espacial. Un nuevo miembro de la familia inspirará al niño a regresar a sus costumbres de bebé, y usted le puede ser útil si se une al juego y le ofrece cambiarle un pañal, prepararle un biberón o darle de comer un puré. Este juego servirá para recordarle que los pequeños no pueden hablar, comer galletas, jugar o ir a la escuela, lo cual seguramente le hará sentirse muy satisfecho de "ya ser grande".

Disfrazarse —sobre todo con la ropa de mamá y papá— es algo que a esta edad les encanta hacer. Los disfraces se convierten en una extensión del cuerpo y ayudan a ampliar su comprensión del mismo. El juego de

Procure obtener objetos para "disfraz" que ofrezcan varias posibilidades.

papeles estimulado por los disfraces ensancha el entendimiento del niño sobre el mundo de los adultos. De esta manera los niños hacen algunas exploraciones sobre el papel de los sexos, por lo que necesitan tener la oportunidad de ponerse vestidos de hombres y de mujeres. El momento de vestirse con esta ropa debe ser libre para la fantasía, así que no encierre a su hijo en los papeles sexuales. Los niños podrán tener ganas de pintarse los labios o las uñas y a las niñas les podría gustar verse con corbata. Puede usted tener la absoluta seguridad de que un niño de tres años que quiere pintarse las uñas de color rojo no querrá hacerlo cuando cumpla los doce. Guarde algunos vestidos viejos y accesorios en un rincón o caja de "disfraces". También se pueden encontrar algunas cosas muy interesantes en las tiendas de saldos, que a su pequeño le encantaría usar. Mantenga los ojos abiertos en busca de viejos velos de novia, uniformes, cuellos de piel y cosas por el estilo, y recuerde que:

> Un sombrero transforma al que lo usa como ninguna otra cosa puede hacerlo.[1]

[1] John y Elizabeth Newson, *op. cit.*, p. 111.

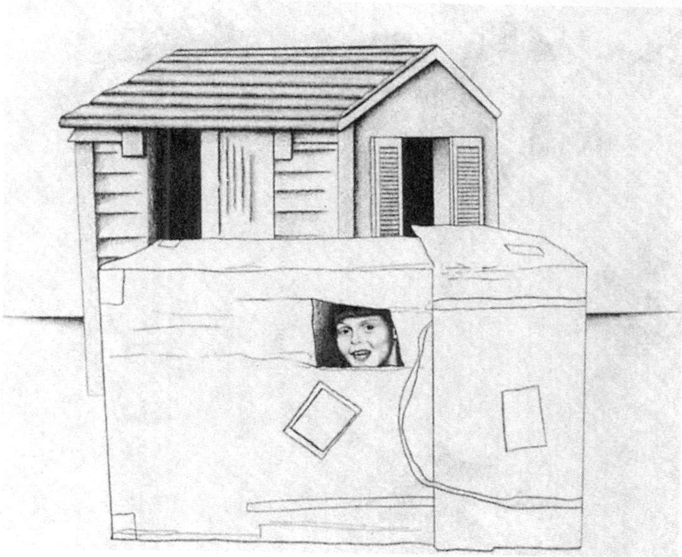

Una caja de cartón puede ser más excitante para jugar que una casa de juguete.

Cuando escoja los objetos para "disfraz" trate de que ofrezcan varias posibilidades. Un saco azul con una cinta color oro puede ser un uniforme de policía o de soldado, mientras que un traje de soldado de verdad sólo podrá ser usado para ese personaje. Un metro de tela puede servir para hacer la capa de un superhéroe, el velo de una novia o un turbante, mientras que una capa verdadera de Supermán lo aburriría y en muy poco tiempo estaría pidiendo una de Batman, Acuamán o del Hombre Araña. Y es que todo niño que se respete sabe bien que estos personajes no usarían la capa de otro, de modo que sólo compre algo que le sirva para los cuatro.

Los objetos para jugar que no son juguetes y que pueden usarse con distintos propósitos inspiran el juego más creativo. Por ejemplo, una colección de cajas y cartones viejos puede ser un regalo maravilloso. Si a su niño le interesan los trenes, puede aprovechar las cajas de cartón del supermercado tanto como cualquier tren muy caro y de autopropulsión que le llame la atención en una juguetería. Pero las cajas son de verdad más valiosas, porque un tren sólo puede ser un tren mientras que las cajas se pueden convertir mañana en un camión, un edificio, un avión o un cohete a la Luna. He aquí la fotografía de un niño jugando en su propia casa hecha de cartón en la que trabajó sin parar durante varios días, ¡y eso frente a una

casa de juguete de trescientos dólares! Su madre le había comprado la de juguete; en cambio, la de cartón fue su propio descubrimiento. Es fácil darles a los niños muchas cosas equivocadas. Los juguetes caros se anuncian mucho y ellos los piden, pero comprarlos rara vez satisface sus necesidades durante experiencias de juego amplias, crecientes y siempre cambiantes.

Debemos darles a nuestros hijos tiempo —nuestro tiempo—. Cuando los observamos jugar y ampliamos sus horizontes con preguntas difíciles, estamos abriendo sus mentes. También debemos mostrar interés en su juego, puesto que esto le da valor a lo que están haciendo y así se incrementa su confianza en sí mismos. No estoy recomendando que sacrifique toda su vida por su hijo, pero no es posible ser padre de fin de semana y no se puede tampoco esperar que un niño juegue siempre solo o con otros niños.

También toma tiempo ayudarlos a desarrollar amistad con otros niños, pero es a través de estas relaciones que se expanden sus horizontes. Muchas veces sin darnos cuenta los aislamos de la gente que es distinta de nosotros, aunque tratemos de enseñarles con las palabras la tolerancia y la comprensión. Estos discursos sin sentido son aburridos, mientras que si les presentamos niños de diferentes raíces culturales y de distintas estructuras familiares sí aprenderán la lección.

Lo más efectivo es que su hijo tenga tiempo a solas con usted, tiempo con amigos (tanto bajo supervisión rigurosa como bajo una más suelta), tiempo para ellos solos y tiempo con otros adultos significativos. Un chico que sólo está expuesto a las ideas y al sistema de valores de sus padres difícilmente crecerá siendo un individuo con amplios horizontes.

26. Las experiencias artísticas

Para este momento, su hijo ya ha desarrollado una fuerte actitud hacia el arte. Si éste ha sido impulsado en la casa y ha sido una experiencia disfrutable, entonces el pequeño o la pequeña estarán bien encaminados para conservar durante toda su vida un interés en él, así como un estilo de pensamiento que podrá contribuir a muchos otros de sus esfuerzos. Pero si sus garabatos y embarradas de pintura se toparon con el desinterés de los padres o con las reprimendas por el desorden y la suciedad, entonces a esta edad el pequeño ya se estará retirando del arte y será difícil, aunque no imposible, revertir la tendencia.

El chico de tres años muestra un interés cada vez mayor por hacer las cosas correctamente. Si el año pasado lo que decía es: "Quiero hacerlo yo solo", ahora lo que dice es: "Enséñame cómo" o "¿así está bien hecho?" Por ello es importante tener clara conciencia de que no hay una forma "correcta" de dibujar. Hágale saber a su niño o niña que usted de verdad aprueba sus esfuerzos. Dele tiempo para trabajar y materiales, pero *no* le dé instrucciones sobre lo que debe hacer. Éste es el momento en que la curiosidad y la creatividad se pueden reprimir con mucha facilidad. El infante que ahora está usando libros para colorear o armando proyectos artísticos hechos por los adultos no es aquel que crecerá con confianza en sus capacidades artísticas. Trate de poner usted misma el buen ejemplo. Si usted borda, ¿lo hace siguiendo un patrón hecho por otro? Su propia falta de confianza le está dando a su hijo un modelo significativo. Y si le es tan difícil sobreponerse a una vida entera de inseguridad respecto a sus propias capacidades artísticas, ¿por qué no tratar de usar los garabatos de su hijo como patrón? Quizá eso pueda evitarle la ansiedad y al mismo tiempo será un motivo de orgullo para su pequeño.

Nunca le dé al niño tres triángulos para que los pegue en los lugares "correctos" sobre una calabaza, o cuatro círculos para pegárselos como ruedas a un automóvil. Este tipo de proyectos artísticos tan trillados sólo perpetúan la inseguridad en las propias capacidades, debido principalmente a que no son lo que debe ser el arte para un niño de tres años. Pero si su propio pasado le hace necesario insistir en que su hijo haga proyectos artísticos para las fiestas, entonces dele pintura negra y papel anaranjado en octubre y cuelgue lo que resulte en su puerta, y no un espantapájaros o una bruja comprados en la tienda, y jamás le proponga al pequeño que pinte una calabaza o un esqueleto o cosas de ésas. Para la época de Navidad permítale que corte libremente sus formas en un papel duro ("libremente" no quiere decir que van a verse como los adornos navideños tradicionales, sino que se verán como los recortes de un niño de tres años). Después hágales unos hoyos ¡y cuélguelos en su árbol! Los garabatos de colores, sobre todo si se hacen en un papel grueso de buena calidad, se pueden convertir en hermosas tarjetas de felicitación.

Los proyectos artísticos adecuados para esta edad nunca deben ser dirigidos por los adultos. Dé tiempo al niño para que aprenda manipulando

los materiales. Tenga mucho cuidado de aquellos centros de atención diurna, escuelas, campamentos de verano o grupos de scouts que mandan a los niños a casa con dibujos que parecen calabazas, pavos, robots, cajas de pascua o árboles de Navidad. Cualquier proyecto hecho con sopa de pasta o macarrones, semillas, lentejas y otros materiales por el estilo que se pegan sobre una forma cortada por el maestro tendrá efectos negativos en el desarrollo artístico de su hijo. Las experiencias que satisfacen a los maestros alejan cada vez más a su hijo del verdadero significado del arte.

Demasiados padres y maestros de jardín de niños ofrecen este tipo de actividades debido a su propia inseguridad sobre su capacidad artística. El esqueleto anatómicamente "correcto" que se presenta en el dibujo anterior fue pegado por el pequeño Jeffrey de tres años de edad en Halloween. En realidad, cada parte del mismo fue hecha por su maestra, y el niño lo armó bajo su cuidadosa supervisión. Muchas veces los maestros son alentados a hacer este tipo de proyectos por aquellos padres que esperan demasiado y muy pronto de sus brillantes retoños. El primer dibujo que hizo Jeffrey de un humano tardó todavía seis meses más en llegar, y obviamente no recibió ninguna influencia de esa lección de "anatomía" de su maestra. Este niño

El primer humano de Jason.

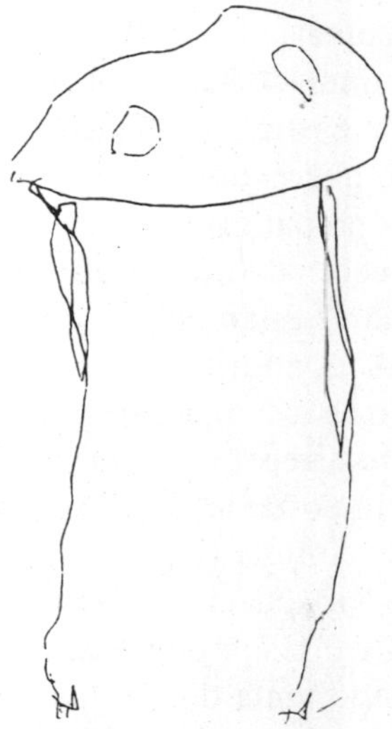

El primer humano de Jeffrey.

tuvo muchas de esas lecciones en su escuela mientras que mi Jason no tuvo ninguna. Si compara sus primeros dibujos de un humano en la figura anterior, podrá ver que dichas enseñanzas no tuvieron ningún efecto sobre su desarrollo para dibujar, pero es posible que sí lo hayan tenido sobre su autoestima. Era tan obviamente inadecuado que el niño a esta edad hiciera ese esqueleto tan correcto, que probablemente sólo lo hizo para agradarle a la maestra y lo olvidó inmediatamente. En cambio, si los experimentos en dibujo evolucionan de manera natural hasta llegar a un humano, las técnicas que se han aprendido se agregan al banco de memoria del pequeño y se retienen para siempre, y sobre ellas se irá construyendo lentamente y expandiendo cada vez más.

Una amiga mía que de verdad no podía soportar la "suciedad" que dejaban en su casa los proyectos artísticos de su hijo de dos años me dijo: "Ya tendrá tiempo suficiente para pintar en el jardín de niños". Por supuesto, dado que para los cuatro años de edad un pequeño habrá aprendido el cincuenta por ciento de todo lo que aprenderá, la carencia total de arte hasta los tres años le enseñará mucho también. La misma madre me dijo, dos años después, cuando ya su pequeño asistía a la escuela, que durante la primera reunión para padres y maestros, éstos le informaron que su hijo no manifestaba ningún interés en hacer las actividades artísticas. Siempre que se le proponía que hiciera alguna, se negaba. Así la madre se dio cuenta, aunque demasiado tarde, que por llevar a su hijo diariamente al parque había estimulado su actividad física, y por no ofrecerle ninguna actividad artística y castigarlo cuando ensuciaba o pintaba en las paredes le había enseñado que el arte no tenía ninguna importancia en sus vidas. Si no se hacen los preparativos necesarios para las actividades artísticas, los pequeños, por necesidad, se verán obligados a pintar en las paredes; sin embargo, pocos padres están dispuestos a reconocer su responsabilidad cuando esto sucede. Al contrario, castigan al pequeño, que inmediatamente empieza a tener sólo asociaciones negativas con el arte. Esta madre, sin darse cuenta, no sólo le arrebató a su pequeño el mundo del arte sino que también lo privó de importantes medios de aprendizaje. El niño no había nacido con la predisposición de rehuir el arte. Yo personalmente puedo dar fe de que tampoco había nacido con una falta de talento o de interés. Recuerdo muy bien a él y a Jason juntos haciendo preciosos dibujos libres con gis en mi sala cuando tenía dieciocho meses de edad. Cuando su madre lo vino a recoger me dijo que yo "debía estar loca" para permitir esa conducta —que no sólo permití sino que fotografié para la posteridad—. En menos de un año, ese pequeño ya no hacía actividades artísticas, ni siquiera cuando venía a mi casa, porque después de todo su propio hogar era el factor más influyente.

La ignorancia respecto al arte no es excusa. No se puede esperar a que un "experto" se lo enseñe a su hijo. En lo fundamental, un pequeño formará sus actitudes e intereses como los de sus padres. Así pues, ya es tiempo de terminar con el círculo de padres desconocedores de arte que crían hijos exactamente iguales a ellos, quienes a su vez seguirán produciendo generación tras generación de gente que tendrá un gran vacío en sus vidas allí donde debería estar el disfrute del arte, además de una desventaja en su aprendizaje en otros campos.

Desgraciadamente, los jardines de niños no son garantía de experiencias artísticas válidas. En algunos estados del país, los maestros hasta pueden adquirir sus certificados sin jamás tomar ni un solo curso de educación artística. Si a esto se le agrega el hecho de que dicha persona tendrá que atender al mismo tiempo a diez o más pintores de tres años de edad, resultará muy posible que los niños sólo reciban de la escuela experiencias artísticas negativas. Yo visité muchos jardines de niños, como parte de mi trabajo o en relación con mi hijo, y en toda la ciudad de Nueva York sólo conocí dos que pudiera decir que tenían en exhibición únicamente el arte apropiado para esa edad (a uno de ellos envié a mi pequeño).

Muchas escuelas utilizan mal el arte en el intento —poco efectivo— de enseñar a reconocer los números o a contar, y lo que consiguen —eso sí de manera efectiva— es sofocar la creatividad. En una de las escuelas que visité con Jason cuando tenía dos años y medio, él se sentó en una mesa, cogió un crayón de color rojo y empezó a hacer garabatos. La maestra se le acercó y con toda su ignorancia le preguntó: "¿Qué estás dibujando?", a lo que él, después de pensarlo por un momento, respondió: "Un número dos". "Pero ése no es un dos", le dijo entonces ella, cogiendo inmediatamente un crayón de color azul para dibujar encima de su garabato un número dos. Mi hijo se levantó de la mesa, se me acercó y me dijo: "Ya me quiero ir a la casa", ¡y eso hicimos! Es obvio que esa maestra no sabía que lo más importante es *cómo* dibuja un niño y no *qué* es lo que dibuja, además, claro, de que era absolutamente insensible frente a los sentimientos del chico.

Se podrá usted preguntar entonces: ¿cómo debe ser el arte en preescolar? A lo que yo le respondo: consiste en las varias etapas de garabateo que ya mostré en las páginas anteriores y en combinaciones como las siguientes:

Y si parece cualquier objeto real, no es un arte adecuado para esta edad.

La hoja de árbol y el pavo que muestro en los dibujos que siguen son ejemplos típicos de proyectos no-arte impuestos a los niños en edad de garabatear por los programas demasiado estructurados de los jardines de niños.

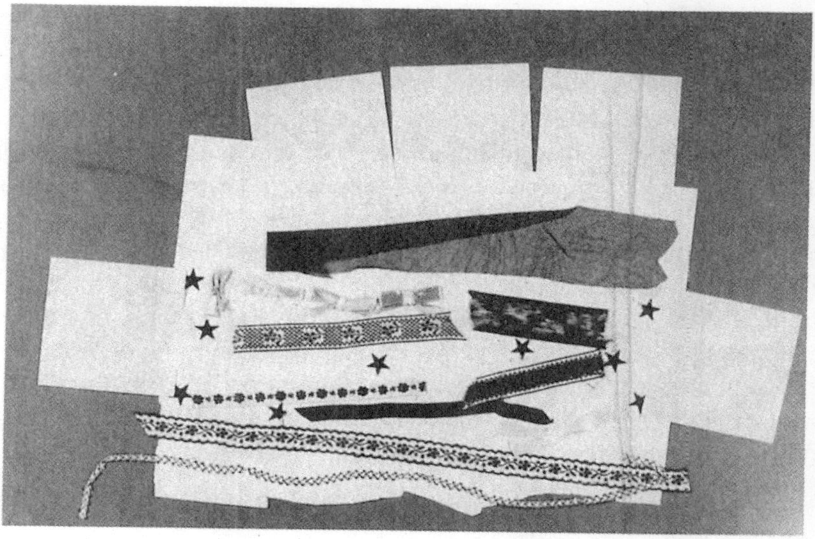

La hoja fue pintada de manera libre por el pequeño, pero después la maestra la recortó en una forma más "aceptable", además de que le dibujó y escribió encima violando totalmente la integridad del trabajo. Los dos dibujos fueron hechos por el mismo niño dentro del mes anterior a su tercer cumpleaños. Fuera de eso, su desarrollo artístico era normal. La maestra me dijo que nunca había tomado un curso de arte para pequeños; no obstante, diariamente les ofrecía proyectos de arte a estas personitas tan impresionables y en un momento crucial de su desarrollo artístico, es decir, en el tiempo preciso en que están empezando a entender que sus garabatos se pueden convertir en dibujos. Véase en la pág. 351 un collage libre hecho por el niño en comparación con el collage de banderas que hizo bajo la supervisión de su maestra. Los dos utilizan el mismo tipo de materiales, pero en uno se reconoce la dirección de la maestra y en el otro su libertad.

En un jardín de niños pude observar, ya avanzado el mes de noviembre, el dibujo de un pavo enorme, obviamente dibujado por la maestra. Los

La fiesta de acción de gracias no sólo tiene que ver con pavos.

pequeños habían pintado sobre él ignorando completamente las líneas. Los chicos sabían que se les pedía colorear dentro de las líneas, pero no podían hacerlo, y ya con esto se introducían a sentimientos de incompetencia en relación con el arte. Por lo demás, la fiesta de acción de gracias no sólo tiene que ver con pavos, sino con dar las gracias. El "arte" que muchos maestros se sienten obligados a hacer por esta fiesta se podría convertir en algo mejor si se hicieran proyectos artísticos adecuados a la edad de los pequeños y al mismo tiempo se ahondara el significado de la fiesta a través de la experiencia personal y la discusión. La reflexión personal, las comparaciones y los comentarios que hacen los compañeros del salón les permiten a los niños entender sus privilegios y les dan idea de lo mucho por lo que tienen que estar agradecidos.

> Los maestros observadores y bienintencionados que empujan a los niños muy pequeños a dibujar objetos de la vida real no les están ayudando; es más, sus esfuerzos pueden aplastar su orgullo, el placer y la confianza que son tan necesarios para el crecimiento del espíritu creativo.[1]

Si su pequeño ya asiste a una escuela que hace proyectos de arte inadecuados, hágale saber a su maestra que usted valora el trabajo del niño y que lo prefiere a los modelos hechos por ella. Las expectativas de los padres son muy importantes, y usted podrá ayudar si le comunica sus deseos a la escuela. Los padres sí tienen influencia en las escuelas. Yo sé de una maestra, cuyos alumnos hacían arte libre y precioso adecuado a su edad, a quien el director le dijo que aunque él entendía lo que ella quería hacer, los padres esperaban realismo, de modo que mejor debía mandar a las casas unos cuantos árboles de Navidad.

Ni los padres ni los maestros deberían jamás considerar darles a los niños mapas u otros dibujos hechos por adultos para que los coloreen, con el supuesto fin de enseñarles matemáticas, lectura o historia. Yo he visto muchos niños de preescolar a quienes les dan páginas de libros y dibujos hechos por las maestras para que los coloreen, lo cual muestra la más completa ignorancia de lo que es un niño a esta edad. Todos los maestros de preescolar, sea en guarderías o jardines de niños, tienen la obligación, por el bien de sus alumnos, de tomar algunos cursos de arte de la primera infancia antes de empezar a dar clases.

[1] Rhoda Kellogg y Scott O'Dell, *The Psychology of Children's Art*, CRM-Random House, San Diego, 1967, p. 17.

Algunos maestros que les dan a los chicos libros para colorear o dibujos de línea punteada para formar letras o números afirman que lo que pretenden es enseñarle a su hijo "conceptos de números o letras", o usan esa vieja muletilla de que le están "estimulando la coordinación ojo-mano". ¡Esto es basura! Es fácil entender por qué los niños cuyos maestros son tan insensibles a su arte terminan por abandonar el dibujo después de un tiempo. Hace mucho que se ha demostrado que los libros para colorear y para pintar por número, pintar con agua o seguir puntos trabajan en contra y no a favor del aprendizaje y son dañinos para el desarrollo y la autoestima de un niño.

> Una tesis de Johnson (1936) señalaba que pasar el lápiz diez veces sobre una letra no tenía ningún valor para reconocerla después. No hay evidencia de que esos globos y esos cometas coloreados con tanto trabajo de verdad ayuden a desarrollar conceptos numéricos o habilidades de lectura. Y aunque nadie lo admite, una de las principales razones para usar estos libros bien puede ser que ellos le dan al maestro la oportunidad de un descanso mientras los niños rellenan el número adecuado de pájaros o colorean de verde los cometas.[2]

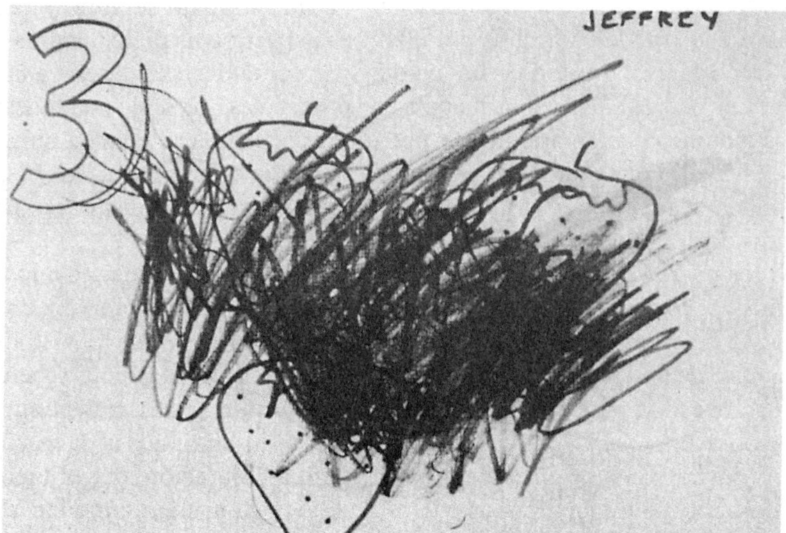

[2] Viktor Lowenfeld y W. Lambert Brittain, *op. cit.*, p. 110.

En el dibujo anterior, la maestra de Jeffrey dibujó el número tres junto a tres fresas. El niño, como correspondía a su edad, garabateó libremente sobre toda la página. Pero si hubiera rellenado cuidadosamente cada una de las fresas, lo único que habría aprendido es cómo suprimir sus propias necesidades para satisfacer a los adultos. Cualquier maestra que trate de introducir el concepto "tres" y de familiarizar a los niños con las fresas lo único que necesita es llevar al salón tres fresas naturales, frescas y deliciosas para cada uno de los pequeños y que se las coman. El concepto numérico se aprenderá cuando el niño mastique una, luego dos, y por fin tres fresas. La motivación para contar es mayor cuando el chico quiere "una más", y no cuando sin poner atención mueve las manos de adelante para atrás dentro de los confines del dibujo de un adulto. Estas actividades "artísticas" crean respuestas dependientes que, demasiado rápido, forman hábitos. Los niños que experimentan demasiadas de estas actividades pasarán la vida sentados humildemente, esperando instrucciones cuando se les den crayones, y repitiendo la frase: "No sé dibujar".

En un esfuerzo por contrarrestar las pobres actividades artísticas que Jeffrey tenía en la escuela, sus padres hicieron todo lo posible por estimu-

Jeffrey, de tres años y medio, posando con sus obras de arte.

lar su creatividad en la casa. Una de las cosas más interesantes que hicieron fue organizar una exhibición artística de trabajos originales del niño en una prestigiosa galería de arte en Nueva York, cuando el pequeño tenía tres años y medio. Se enviaron invitaciones a la familia y a los amigos, la mayoría de los cuales se presentó llevándole regalos muy bien envueltos. Los dibujos y pinturas estaban todos enmarcados y se exhibían de la mejor manera posible. Sobra decir que no se exhibió ninguna de las pinturas que hizo la maestra del pequeño; en ningún momento, mientras seleccionaba cuáles quería llevar a la exposición, él propuso que se incluyera una de ésas.

Si bien ésta es una oportunidad que no todos tenemos, hay muchas otras formas de estimular a su hijo en sus empresas creativas.

Es difícil encontrar un centro, guardería, jardín de niños o campamento que no ofrezca algún tipo de coloreado de dibujos hechos por adultos. Cuan-

Los adultos que les dan a los niños libros para colorear les comunican así su preferencia por el arte de los mayores y su desprecio por las empresas infantiles.

do mi hijo tenía tres años y medio sucedió lo inevitable: después de un día lluvioso llegó a casa de un campamento con la página del libro para colorear sobre la que había dibujado sus garabatos. Si hasta entonces todos sus esfuerzos por producir su propio arte se habían encontrado siempre con comentarios positivos y estímulos, entonces me enfrenté con el dilema de si debía yo mostrar satisfacción por sus esfuerzos o disgusto por la elección de proyecto que había hecho el joven guía encargado de su grupo. Lo que le dije fue: "Seguramente tu guía no sabe lo buen artista que eres. Tal vez él piensa que no eres lo suficientemente inteligente para hacer tus propios dibujos y por eso te dio éste para colorear. Pero nosotros sí sabemos. ¿Quieres que le escriba una nota diciéndole que tú ya sabes dibujar o preferirías decírselo tú mismo?"

En algún momento durante el tercer año, los garabatos del niño se convertirán en formas bien delineadas. Harán las mismas formas que habían incluido hasta ahora en los garabatos pero separando cada una y repitiéndola conscientemente. Ahora se observará un cambio en los garabatos, que ya no serán tan lineales y se volverán formas cerradas. El principio de la

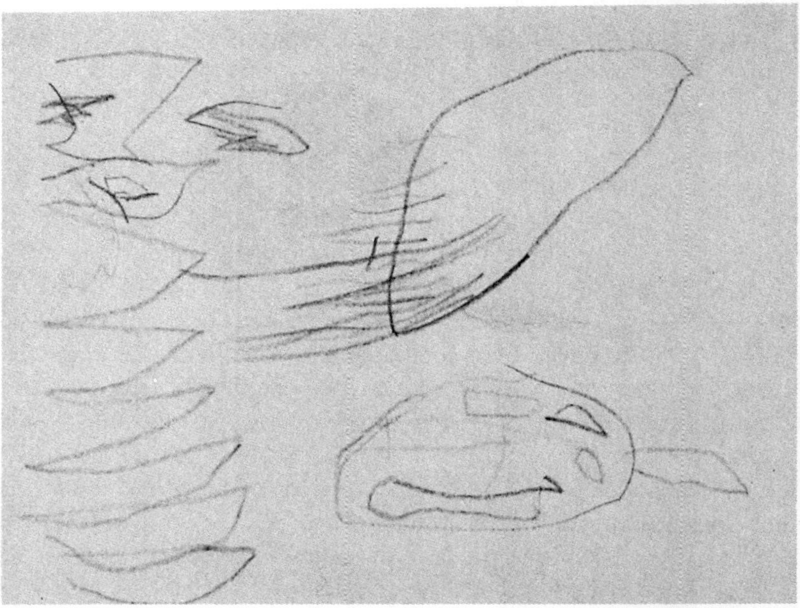

En algún momento durante el tercer año, los garabatos de su hijo se convertirán en formas bien delineadas.

Las formas circulares de las que irradian líneas se convertirán después en formas corporales con brazos y piernas que salen de ellas.

simbolización viene cuando el pequeño observa lo que dibujó y advierte alguna similitud con objetos reales. Muchas de esas formas tienen líneas que irradian de ellas. Es muy posible que para fines de este año aparezcan en los dibujos objetos realistas, y se derivan directamente de estos círculos tipo mandala con líneas irradiadas; las líneas se convierten en brazos y piernas que salen desde el cuerpo y éste se representa con el círculo o el óvalo básicos. Dibujar personas son los primeros intentos más comunes de realismo, seguidos por animales, edificios y vehículos.

Espero que este acontecimiento no se marque con un entusiasmo mucho mayor del que se había venido mostrando hasta ahora por los logros artísticos del pequeño, pues el hecho de que usted lo entienda y lo relacione con dibujos de representación no quiere decir que sea más importante. Todas las etapas artísticas son importantes y requieren de su interés y apoyo. Después de descubrir que pueden hacer una imagen, los niños van y vienen entre hacer las imágenes y seguir garabateando. Si usted expresa preferencia por el realismo, desalentará este ir y venir que es tan necesario. Los pequeños deben explorar y entender completamente cada una de las etapas antes de abandonarlas, y es muy importante apoyarlos en sus esfuerzos por dominar líneas y formas. Los niños necesitan bases sólidas de estas experiencias abstractas de dibujo antes de pasar a la representación. Si abandonan la experimentación personal y pasan directamente a copiar estereotipos, se perderán una etapa importante del desarrollo mental.

Hay muchos padres que orgullosos me enseñan el arte temprano que sus hijos ya mayores hicieron hace varios años. Invariablemente esos dibujos muestran la figura humana, algo que no se hace sino en torno a los cuatro años. Nadie recuerda qué les pasó a los dibujos de los tres años, antes de que apareciera la inevitable figura humana. Y es que ellos no se interesan ni aprecian de verdad el trabajo de sus hijos hasta que lo pueden entender y relacionarse con él. Incluso los educadores artísticos difícilmente reconocen la significación de esta etapa temprana en el arte. Los garabatos son en sí mismos un lenguaje y revelan mucho sobre el individuo así como sobre el desarrollo, de modo que les corresponde a los padres aprender el lenguaje gráfico de sus hijos tanto como comprenden su lenguaje de bebés. Las

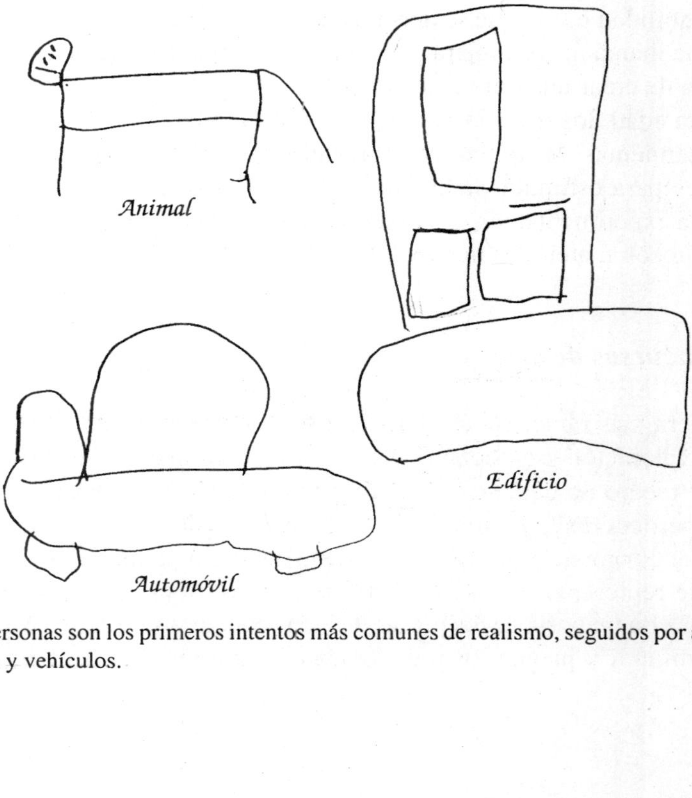

Hacer personas son los primeros intentos más comunes de realismo, seguidos por animales, edificios y vehículos.

madres entienden lo que dicen sus hijos mucho antes de que puedan hablar como adultos. A fin de mantener abiertas las líneas de la comunicación y de ayudar a nuestros chicos a desarrollar su potencial, es igual de importante que las madres, los padres y los maestros entiendan el lenguaje visual de los garabatos, que los niños usan durante muchos años antes de poder dibujar representacionalmente y de escribir. Resultará pues contraproducente que usted le haga interpretaciones representacionales a los dibujos de garabatos del niño.

Para esta edad, su hijo ya habrá dejado atrás el impulso de dibujar en las paredes (a menos que eso se haya convertido en el perfecto acto de rebelión en su hogar). Los materiales artísticos deberán estar a la vista y a su disposición. El caballete deberá estar situado de manera permanente en un área amplia, con los utensilios para dibujo, las pinturas, el papel y los pinceles listos para usarse. El papel deberá ser de por lo menos 35 × 42.5 centímetros. Los crayones, plumones, pedazos de papel y el pegamento se pueden guardar en un anaquel, sobre la mesa de trabajo del niño o en una caja, pero siempre el pequeño deberá tener acceso a ellos. Una esponja o toallas de papel deberán formar parte de la caja de arte para que el chico asuma la responsabilidad por lo que se derrame. Él o ella siempre deberá estar seguro de que mamá no se enojará si ve un poco de pintura que se cayó al piso a la hora de crear una obra maestra.

A esta edad, los materiales simples y los colores limitados son todavía las herramientas de aprendizaje más efectivas. Los proyectos más importantes para estimular la creatividad y el desarrollo intelectual siguen siendo la experimentación en el garabateo libre, la pintura independiente y el trabajo con materiales manipulables de tres dimensiones.

Los concursos de arte

La manera más rápida de arrebatarle a su hijo el verdadero valor del arte como exploración y autoexpresión es creando competencias entre los niños por medio de concursos. Para tener un "ganador", tendrá usted que tener "perdedores", y siempre habrá más perdedores que ganadores en cualquier concurso. ¿Qué propósito tiene decirle a un niño que su obra de arte, que representa tantas cosas de su desarrollo y de sus sentimientos, "perdió"? La mayoría de los jueces de estos concursos no saben nada sobre el arte infantil y juzgan los trabajos con los patrones de los adultos; por consiguiente, la que triunfa invariablemente es aquella pintura que más se parece a la de un adulto. Cuando mi hermana era pequeña, su programa favorito de radio patrocinó un concurso de dibujo dando como premio una cámara. Mi madre se sentó, dibujó un perfecto Pato Donald y entró a competir en nombre de mi hermana. Por supuesto que Gail ganó, y se demostró a sí misma que el arte adecuado a su edad no valía nada y que los adultos valoran a aquellos niños que más se les parecen.

Los concursos artísticos no son la única manera en que se obliga a los niños a entrar en competencias que tanto daño les hacen. Muchas veces los adultos señalan a un niño al que le dan el honor de ser "el artista de la clase" o "el mejor artista en la familia". El trabajo de ese niño será elogiado y exhibido más a menudo y se convertirá en la medida con la cual los demás deberán comparar sus trabajos. ¡Con frecuencia reprimirán sus propias necesidades para imitar a estos artistas favoritos! Esto, desde luego, no ayuda a los niños a aprender y muchas veces los aleja para siempre del arte.

27. El movimiento

Los pequeños de tres años y medio están ya seguros de su cuerpo, y pueden explorar las cualidades del movimiento y encontrar sus propias maneras de hacer las cosas. Puesto que la imaginación está en su momento más rico, se le puede incorporar al repertorio de movimientos del niño. La imitación inspira el uso del cuerpo cuando se le presenta de manera adecuada. Las especialistas en movimiento Cynthia Olivera y Patty Caplan usan algunas de estas ideas con sus grupos de niños de tres y cuatro años: "Ahora vas a ser una escultura de barro" (un niño es el barro y otro el escultor), "ahora vas a bailar como en un anuncio de televisión" (moviendo tus pies, piernas, caderas, brazos, etc., exactamente como lo hacen los personajes). Les piden a sus alumnos que entren a un túnel como si fueran un cierto objeto o criatura, y que salgan convertidos en otra cosa, o les dicen que "vean por la ventana e imiten a lo primero que pase por la calle". Cuelgue una sábana, prenda una luz por detrás y deje que los chicos se entretengan haciendo espectáculos de siluetas. Las sombras exageradas estimulan el movimiento corporal experimental.

Otras ideas estimulantes son: "¿Cómo se movería una naranja?" "¿Qué pasaría si fueras un globo?" "¡Finge que eres una burbuja!" "Muévete como si estuvieras triste, cansado o contento." "¿Cómo crees tú que es un canguro?" Puesto que los animales también representan características humanas, como el poder o la ternura, actuarlos ayuda a los niños a entender y aceptar esas características en sí mismos. Tenga cuidado de que estos ejercicios dancísticos nunca pierdan su espontaneidad. El maestro de danza creativa y autor de libros John Wiener advierte: "Es muy probable que un maestro demasiado estructurado use las frases 'sé un caballo, flor, tren, etc.' como

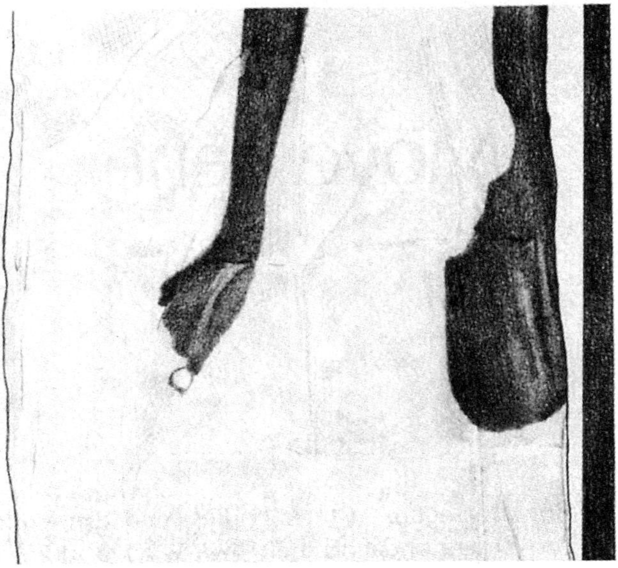

Las sombras exageradas pueden estimular el movimiento corporal experimental.

pretexto para hacer actividades creativas que se convierten en ejercicios de habilidades". Nunca habrá ninguna razón que justifique corregir al pequeño. La expresión personal de cada individuo se debe respetar siempre, incluso si difiere de la nuestra. La cuestión aquí no es estar en "lo correcto", sino simplemente hacer que el niño use y disfrute su cuerpo. A través de estos experimentos de movimiento, los niños adquieren la capacidad para desarrollar la confianza en sí mismos y para lograr su dominio personal del movimiento en el universo físico.

Algunas veces la música es todo lo que se necesita para inspirar movimiento. Los niños de tres años pueden fácilmente moverse para interpretarla o para expresar sus sentimientos. Póngale música "alegre" o "triste" y déjelo que invente sus bailes. La próxima vez que la vida en su hogar sea un suplicio, convierta el berrinche en una "danza de guerra"... ¡es muy probable que así hayan sido sus orígenes! Utilice artefactos como los tambores para hacer énfasis en el ritmo, y deje que el niño se aplique "maquillaje aterrador" para aumentar el efecto y hacerlo que se dé bien cuenta de su cara enojada. Cualquier actividad que provoque sentimientos se puede expresar a través del vehículo de la danza. No hay nada que apague más el interés en ésta que la mayoría de las clases de baile para pequeños. El movimiento debería ayudarlos a sentirse bien con su cuerpo y a usar de manera expresiva sus recientemente descubiertas habilidades. Pero enseñar a niños de tres años ciertos bailes o pasos específicos sólo les proporcionan respuestas a preguntas que ni siquiera se han planteado. Estas lecciones son el equivalente para el movimiento de los libros para colorear. El adorable recital al final del curso tradicionalmente marca el fin de las carreras de muchos bailarines en potencia, y el niño que aun así sigue, eventualmente tendrá que desaprender los malos hábitos y trabajar para redescubrir su relación física personal con el ritmo y la música. De manera ideal, el salón de clases tendría que crear un ambiente para el aprendizaje. Cuando se

Galopar

Brincar

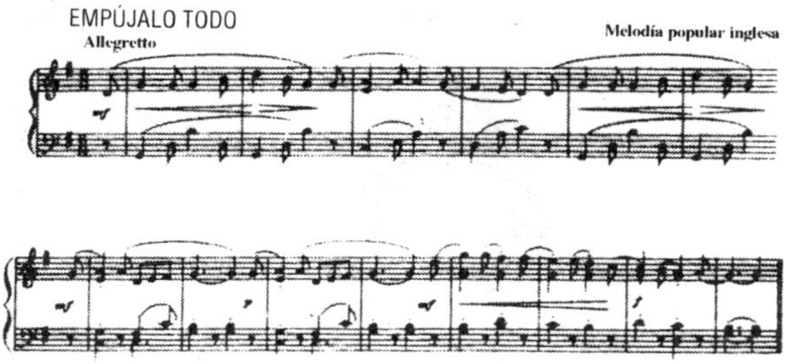

Saltar

enseña el movimiento desde un punto de vista creativo, el énfasis se pone en desarrollar el potencial individual y en usar la danza para descubrir y expresar los sentimientos interiores. Todas las artes le sirven mejor al niño si se le enseñan desde este punto de vista personalizado. John Wiener no tiene espejos en sus estudios de danza: "No nos preocupa tanto cómo se *ve* el movimiento, sino cómo se *siente*... por eso le llamo el espejo interior". La eurritmia, es decir, moverse y sentir el ritmo, estimula a los niños a experimentar la música en un nivel directo, físico.

¿Por qué razón en estos tiempos liberados, cuando cada periódico o revista que uno mira habla sobre cambiar los papeles sexuales y las profesiones asignadas por sexo, mi hijo era el único varón en una clase de danza creativa para infantes de tres años de edad? Porque a pesar de que manifestamos interés, seguimos perpetuando los estereotipos anticuados. Como madre de familia, quiero que mi hijo crezca sintiéndose bien con su cuerpo. Aun cuando uno sea lo suficientemente pasado de moda como para pensar que el baile es una actividad que no les va a los hombres, no creo que haya que preocuparse de que hacer algo de danza creativa a esta edad pudiera forzar a un pequeño a hacer una elección temprana de su carrera. Privar a los niños de la oportunidad de usar de manera expresiva su cuerpo les quita mucho más que una posible profesión en el futuro. Los varones son por lo general mucho más activos físicamente que las niñas y necesitan oportunidades para canalizar de manera útil su energía. Debido a las expectativas de la sociedad, frecuentemente es difícil para los hombres expresar sus sentimientos, pero nosotros podemos ayudar a nuestros hijos a hacerlo a través de sus habilidades físicas naturales, y todos saldremos beneficiados con ello. Y sin embargo, ahí están los números y un día, a pesar de todos mis esfuerzos, mi pequeño se dará cuenta de que es el único varón en un grupo de puras niñas, y probablemente se unirá a todos los hombres del mundo que piensan que bailar es sólo para las mujeres.

Los deportes para niños pequeños se tratan muchas veces de la misma manera represora que la danza. Sé bien que hay reglas específicas para cada deporte así como maneras correctas de usar el equipo, pero a la edad de tres o cuatro años aún no es tiempo de introducir esas reglas. Darles muchas reglas sólo sirve para que el chico pierda espontaneidad. No espere que un pequeño de esta edad se acerque a un deporte como si fuera adulto o de otra manera que como se acerca al dibujo, a hacer música o a pensar. Déjelo que se ponga los esquís y salga a la nieve o déjelo que corra detrás de las pelotas en una cancha de tenis cargando una raqueta para que se le despierte el interés por un deporte.

En realidad usted no tiene que enseñarle a un niño la manera "correcta" de hacer alguna cosa. Él la observará y aprenderá aquello para lo que esté listo, y sus preguntas le advertirán de su nivel de preparación. Si responde a sus dudas, ésa será la manera más efectiva de enseñarle las reglas, porque sólo las preguntará cuando esté listo para aprender. Y antes de eso, ¡guarde en casa los libros con las reglas y deje que su hijo se divierta! Algunas veces los niños tienen tanta energía que sólo quieren correr. Déles un espacio cerrado y grande para hacerlo y canalice el movimiento a juegos tales como las estatuas de marfil, el semáforo de luz verde y roja, los encantados y otros por el estilo si ve que el chico se está "alocando" demasiado.

La música también puede inspirar cierto tipo de actividades predecibles, como saltar (de rana o de conejo) y brincar. La canción "Brincando", que antes presentamos, alterna unas notas para "correr" con otras para "caminar". A esta edad los pequeños aún no tendrán la coordinación necesaria para brincar de un pie al otro, pero si sólo lo hacen con uno ya están escuchando el sonido rítmico de la canción y están moviendo su cuerpo siguiendo el ritmo y relacionando el sonido con el ritmo. Elogie este esfuerzo aunque no sea el "correcto".

28. La música

No es poco frecuente que un pequeño de cuatro años empiece a leer; algunos ya conocen muchas letras del alfabeto y manifiestan su deseo de escribirlas. Enseñarles libros y programas de televisión educativa así como ver a los adultos que leen aumentará gradualmente su interés por la lectura; y hacer garabatos les ayudará a adquirir bases para la escritura. No queremos empujar a los niños a que lean demasiado pronto, pero sí podemos proporcionarles muchas actividades preliminares, y adecuadas para su edad, que de manera natural estimulen el interés en la lectura. Después de que éste se haya hecho evidente, mostraremos a los pequeños que cada letra es el símbolo de un sonido. ¡Y lo mismo es cierto para la notación musical! Hasta los niños pequeños entienden que las imágenes de las cosas representan a esos objetos, y ellos miran durante muchos años libros de imágenes antes de que puedan entender el alfabeto. Las técnicas más efectivas para enseñar la notación musical a los niños muy pequeños son parecidas a las que se usan en la preparación para la lectura.

Un chico que nunca ha sido expuesto a la palabra escrita crecerá siendo iletrado, lo cual desgraciadamente le sucede a la mayoría en el área de la música. Los pequeños no sólo aprenden a leer lo que otros han escrito, sino que deben aprender también a expresarse en la escritura. La notación musical es el alfabeto básico de la música; ser letrado en este campo significa ser capaz de leer y de escribir música. Si se les enseña pronto y de manera placentera el concepto de "leer" notas musicales, se pondrán las bases para que luego sean letrados en ella. Sería absurdo esperar que un pequeño entienda y lea el alfabeto antes de que tenga edad suficiente para entender el concepto de abstracción; de modo que debemos empezar por enseñarles

símbolos realistas de objetos en los libros de imágenes, para después pasar a enseñarles los símbolos abstractos para los sonidos. La investigación reciente ha demostrado que los niños aprenden mucho más y antes de lo que podemos imaginar; pero esto no debe entenderse como que deberían leer y escribir letras, tocar instrumentos como los adultos o memorizar las notas musicales, sino sólo significa que están aprendiendo una serie de cosas diversas que culminarán finalmente en su capacidad para hacer algunas de ellas. Saltar etapas de desarrollo puede resultar muy impresionante, pero no proporciona los fundamentos efectivos para construir después sobre ellos el aprendizaje. Los pequeños deben escuchar sonidos antes de poder hablar, y deben hablar antes de poder escribir. De manera análoga, empezamos por oír música y después hacemos música, y debemos desarrollar una sensibilidad personal para ésta antes de aprender habilidades musicales. El deseo de aprender esas habilidades es algo que debe venir del propio niño, no debe ser impuesto por un adulto, pues sólo entonces el pequeño estará listo para descubrir la relación entre la música y los símbolos.

La idea de ejercitar ciertas actividades preliminares adecuadas a la edad del niño antes de familiarizarlo con las notas musicales se propone en pri-

mer lugar mostrarle "imágenes" realistas del ritmo. El "golpe" es lo más fácil de escuchar, y todos los pequeños empiezan a expresar la música a través del ritmo, exactamente igual que lo hacen los pueblos primitivos. Por eso es lógico introducir primero las imágenes de símbolos de patrones rítmicos antes de pasar a los símbolos para las notas melódicas. Esas imágenes me recuerdan las fotografías de juguetes que se pegaban sobre una caja para indicar al chico lo que había dentro de ella, y que después se reemplazarían con una palabra sobre una etiqueta. Mary Helen Richards da varios ejemplos de imágenes que representan ritmos y que aquí reproduzco.[1]

Un pequeño puede entender fácilmente que cuando se ven unas baquetas tocando un tambor eso representa "golpear", y cuando estas baquetas se dejan en el aire eso significa "descansar". La flor, el elefante o el pájaro grandes representan un sonido largo, mientras que los pequeños representan sonidos cortos. En poco tiempo los niños podrán seguir esos dibujos y "leer" el ritmo, lo cual es una actividad precursora de la lectura musical.

[1] Mary Helen Richards, *Threshold to Music*, Fearon Publishers, Palo Alto, California, 1964.

Así como escuchar precede a la adquisición del lenguaje, lo mismo sucede cuando se quiere introducir la música. Se pueden inventar juegos simples y disfrutables que sirvan para cumplir con ese objetivo. Puesto que el niño aprende a través del movimiento físico, estos juegos le permitirán de modo natural realizar mucho movimiento, además de que siempre deberán estimularlo a hacer música. Se puede empezar escondiendo algo y haciendo sonidos cada vez más fuertes con un instrumento musical conforme el chico se vaya acercando a encontrarlo. Una variación de esto podría ser tocar cada vez más rápido o una melodía más bonita. Después cambie de lugar y deje que él imagine una forma de hacerle saber a usted si está bien encaminada para encontrar lo que escondió. Se pueden tocar notas bajas para significar humor, y altas o bajas para significar tamaño.

Cuando la gente empiece a reconocer la importancia de la música como una habilidad básica en la vida, las fábricas de juguetes inventarán juegos y juguetes que introduzcan la notación musical. Las escuelas deben considerar la música como una de las actividades principales, y todos los niños deberían ser capaces de leer música en el tercer grado de primaria, así como ahora pueden leer libros. En Hungría, los métodos de Zoltan Kodaly para enseñar música a los niños pequeños han logrado este objetivo sin la introducción demasiado temprana de los símbolos abstractos de la notación musical.

Todos los bebés aman la música y responden a ella, mientras que la mayoría de los niños de diez años ya encuentran que las "lecciones" de música son una pesada tarea. Hacer música como juego puede proporcionar mucho del aprendizaje que parece tan aburrido para el niño mayor. Recuerde que a los infantes no se les tiene que enseñar a hacer garabatos, sino sólo se debe estimularlos y proporcionarles los materiales adecuados. Los adultos que observan a un pequeño que garabatea aprenden mucho sobre el proceso de aprendizaje para crear símbolos y sobre cómo ayudar mejor a su progreso. Como toda la educación verdaderamente efectiva, la educación musical también debe tomar sus ideas de los mismos niños. Es inadecuado que los pequeños toquen canciones muy bien, de la misma manera que es inadecuado que dibujen imágenes que parecen arte de adultos. Sin embargo, eso no quiere decir que deban esperar hasta que puedan tocar como adultos para que se les den instrumentos.

Aun los cantos más simples de los niños constituyen las bases para entender y hacer buena música. Según Kodaly, estos cantos utilizan sólo las porciones básicas de la escala musical que los niños pueden escuchar y cantar: do, re, mi, sol y la. La maestra Nancy Montgomery, quien enseña música a niños en edad preescolar, señala algunos cantos que quizá usted pueda recordar de su propia niñez y compartirlos con su pequeño:[2]

La cabra de Bill Grogan	El hombre de los dulces
Bim Bom	Che Che Koolay
Lavarse los dientes	Pollos y un pollo
Adelante	¿Le diste de comer a mi vaca?
Dulce	Palomitas de maíz
¡Mosca!	Luz roja, luz roja
Ey, pequeño	Sheenasha
Yo lo vi	La canción del teléfono
Jambo	Tres pequeños changuitos
Juan el conejo	Tongo
Luna no te vayas	¿Cómo te llamas?
Mi mamá le dijo a la tuya	¿Quién construyó el bote?
No más pastel	¿Quién dio de comer a los pollos?
Crema de cacahuate y gelatina	¿Quién se llevó la galleta?

Una manera importante para apoyar el florecimiento de la creatividad a esta edad consiste en estimular al niño a construir canciones y cantos. El "na, na, na, na, na, yo primero", que tanto altera los nervios de los adultos, es en realidad una canción muy simple y fácil de aprender y recordar para un niño. Debe hacerse tanto énfasis en crear música como en aprenderla o tocarla. Es muy común que los esfuerzos creativos en otras áreas estimulen la música o la creación lírica. En una ocasión mi hijo trabajaba en un collage y espontáneamente empezó a cantar esta canción:

Goma, goma, pega a mi goma,
goma, goma, pega a mi goma,
goma, goma, pega a mi goma,
pega a mi goma mi papel.

Una recopilación excelente de cantos infantiles es el libro *Naranja dulce*, publicado por el Colegio de México.

[2] Por supuesto, aquí habría que buscar las canciones adecuadas en nuestro país. (N. del T.)

Dos patitos que conocía,
gordos; flaquitos, eran dos,
pero el pequeñito que tenía las plumas
mandaba a los otros con su cuac cuac cuac.
Por el río bajaban,
iban y venían, bajaban y subían.
Pero el pequeñito que tenía las plumas
mandaba a los otros con su cuac cuac cuac.
Mandaba a los otros con su cuac cuac cuac.

Tedy mi osito, Tedy mi osito, date la vuelta
Tedy mi osito, Tedy mi osito, toca el piso
Tedy mi osito, Tedy mi osito, lee las noticias
Tedy mi osito, Tedy mi osito, límpiate los zapatos
Tedy mi osito, Tedy mi osito, sube las escaleras
Tedy mi osito, Tedy mi osito, reza tus oraciones
Tedy mi osito, Tedy mi osito, apaga la luz
Tedy mi osito, Tedy mi osito, ¡buenas noches!

Nunca vi una vaca morada.
Y espero no verla jamás.
Pero de todos modos preferiría
ver una que ser así yo.

Llueve, llueve.
El viejito ronca,
se acostó a dormir con dolor de cabeza
y no se levantó hasta que amaneció.

Cinco changuitos brincaban en la cama
y uno se cayó y se dio en la cabeza.
Mamá llamó al doctor y ese señor dijo:
"No más changuitos brincando en la cama".

Cuatro changuitos... tres... dos... uno.

Cinco patitos fueron a nadar
en el estanque lejos de aquí.

Mamá pata decía cuac cuac cuac,
pero sólo cuatro pudieron regresar.

Cuatro patitos... tres... dos... uno.

Había cinco en la cama cuando el más pequeño empezó a decir:
Muévanse, muévanse.
Y todos se movieron hasta que uno se cayó (pausa):
Había cuatro en la cama cuando el más pequeño empezó a decir:
Muévanse, muévanse.
Y todos se movieron hasta que uno se cayó (pausa).
(Sigue con los números tres y dos.)
Había uno en la cama cuando el más pequeño empezó a decir:
¡Buenas noches!

¿Quién se robó las galletas que estaban en este frasco?
(Nombre) se las robó del frasco.
¿Quién, yo?
Sí, tú.
No puede ser.
Entonces, ¿quién?
(Otro nombre) se las robó del frasco.
¿Quién, yo?
Sí, tú.
No puede ser.
Entonces, ¿quién?
(Se repite usando los nombres de otros niños.)

Una manera fácil de empezar es escribir nuevas palabras a las viejas canciones. Un grupo de jardín de niños le escribió esta letra a una canción ya existente llamada "Bingo":

Canción para niños de cuatro años:

1. Había un salón de puros de cuatro años
   y cada uno era distinto.
   Coro.
   Nosotros los de cuatro años, nosotros los de cuatro años,
   nosotros los de cuatro años somos todos muy diferentes.

2. La cara de cara de cada uno es distinta
   y distintos son sus ojos.
   Coro.
3. Los colores favoritos también son diferentes
   y el color de pelo lo es también.
   Coro.
4. Nuestros nombres son especiales, nuestros zapatos son distintos y todos usamos ropas mucho muy variadas.
   Coro.
5. Algunos tienen hermanos, algunos tienen hermanas y algunos tenemos primos también.
   Coro.

Los niños aprenden mucho más sobre pintura cuando pintan que cuando copian o colorean las imágenes de un museo; y lo mismo ocurre con la música: asimilan más si la crean que si la repiten como pericos.

La televisión educativa ha hecho mucho por ayudar a los niños a leer las letras y los números. Los resultados han sido mucho más efectivos que los métodos tradicionales de educación, porque se ha reconocido que el aprendizaje puede ser algo disfrutable y natural y que la enseñanza no tiene que ser una introducción forzada de información para niños que no la desean. Si esta experiencia se aplicara a la notación musical, el mundo se enriquecería porque tendría una generación de hacedores de música. Depende de nosotros como padres presionar a la televisión educativa, las escuelas y las fábricas de juguetes para que reconozcan lo necesaria que es la música en nuestra sociedad.

Índice analítico

Esta obra se terminó de imprimir
en agosto de 1999, en
Impresora Carbayón, S.A. de C.V.
Calz. de la Viga 590
C.P. 08300, México, D.F.